U0947397

新农村教育研究丛书

编写委员会

丛书主编　**周险峰**

◇ 湖南省普通高等学校哲学社会科学重点研究基地-湖南科技大学农村教育改革与发展研究基地成果

◇ 湖南省高校创新平台开放基金项目“改革开放以来我国农村教师政策执行绩效评估研究——以湖南为例”（项目编号：11K025）成果

农村教师政策执行绩效问题研究

周险峰　彭　礼　吴泽峰　等＼著

中国·武汉

内 容 提 要

本书主要研究了我国农村教师政策的变迁，概括了改革开放以来农村教师政策发展的主要特征。其政策内容研究涉及农村教师的招录政策、待遇政策及管理考核政策等。在对农村教师政策历史回顾的基础上，分析了近年来比较受人关注的“农硕”、“特岗”、“免费师范生”、城乡教师交流等政策各自出台的背景、政策内容、执行中存在的问题及其原因，并提出了改进建议。为了进一步解决农村教师队伍建设存在的问题，书中就农村教师吸引力问题进行了政策分析，同时分析了美国农村教师政策以资借鉴。本书资料丰富，论述有见地，提出的建议切实可行，具有较高借鉴价值和现实意义。

图书在版编目(CIP)数据

农村教师政策执行绩效问题研究/周险峰等著. —武汉：华中科技大学出版社，2020.9
（新农村教育研究丛书）
ISBN 978-7-5680-6639-6

Ⅰ.①农… Ⅱ.①周… Ⅲ.①农村-师资培养-教育政策-研究-中国 Ⅳ.①G525.1

中国版本图书馆 CIP 数据核字(2020)第 183741 号

农村教师政策执行绩效问题研究 周险峰 等 著
Nongcun Jiaoshi Zhengce Zhixing Jixiao Wenti Yanjiu

策划编辑：周晓方 杨 玲
责任编辑：苏克超
封面设计：原色设计
责任校对：封力煊
责任监印：周治超
出版发行：华中科技大学出版社(中国·武汉) 电话：(027)81321913
武汉市东湖新技术开发区华工科技园 邮编：430223
录 排：武汉正风天下文化发展有限公司
印 刷：湖北新华印务有限公司
开 本：710mm×1000mm 1/16
印 张：14.25 插页：2
字 数：309 千字
版 次：2020 年 9 月第 1 版第 1 次印刷
定 价：78.00 元

总 序

Introduction

农村教育是一个发展变化着的历史范畴。农村教育概念的提出，显然是基于城乡差别或对立的二元社会经济结构及寻求其现代化变革的冲动这一历史事实。

所谓城乡二元社会经济结构，按照一般的理解，是指以社会化大生产为主要特点的城市经济和以小生产为主要特点的农村经济并存的社会经济结构。经济的二元性必然造成差距明显的“城”、“乡”社会发展的“二元”形态。例如，在我国，城乡二元社会经济结构就被认为有如下表现：城市经济以现代化的大工业生产为主，而农村经济以典型的小农经济为主；城市的道路、通信、卫生和教育等基础设施发达，而农村的基础设施落后；城市的人均消费水平远远高于农村；相对于城市，农村人口众多等。20世纪50年代以来，不同学术领域如发展经济学、现代化理论、区域科学等，都比较注重研究经济增长模式和现代化道路的选择问题。其中，在研究发展中国家或地区的经济增长模式和现代化道路选择的问题的时候，这些理论家们倾向于认为，这种二元状态是发展中国家或地区（自然包括中国）的社会经济发展中存在的突出矛盾，也是发展中国家或地区相对贫困和落后的重要原因。发展中国家或地区要想推动其社会经济的现代化发展，可以说在很大程度上就是要实现城乡二元社会经济结构向现代社会经济结构的转换。人们对走出二元社会经济结构有很高的预期，有学者认为，走出二元结构既有利于经济和社会的现代化，又有利于农业面貌的改变、工业效益的提高、社会公平的实现、社会心理的平衡和城乡环境的改善等。从根本上而言，我国的改革开放就是试图实现二元社会经济结构的现代化转换，显然，这种转换有我国自身发展的特色追求。

城乡二元结构的概念和理论，经历了一个形成、发展和完善的发展轨迹。最初提出的二元结构，主要是指二元经济结构和社会结构。20 世纪 70 年代以后，二元结构研究几乎成为一种研究范式或研究方法论，这种二元结构研究逐渐延伸到经济以外的政治、文化、社会等各个领域，引起国际社会的关注和认同。

教育研究也不例外。正是基于城乡二元社会经济结构的事实，以及受相关研究的启发，1991 年在山东泰安召开的第一次农村教育国际研讨会提出了“农村教育”的概念，并将其定义为“扫盲教育、基础教育、职业和技能教育、成人继续教育所组成的为农村发展服务的综合化教育体系”①。2003 年 1 月 20 日至 23 日，国际农村教育研讨会在河北省保定市召开。这次研讨会是由联合国教科文组织、联合国教科文组织中国委员会和国际农村教育研究与培训中心共同主办的。大会的主题就是教育为农村转型服务。从中不难看出相关影响。

不过，截至目前，学界对什么是“农村教育”并无共识。为了避免将“农村教育”与“城市教育”对立起来，在 2003 年河北保定召开的国际农村教育研讨会上，有人提出，从“为农村发展服务的教育”这一起点出发，农村现在越来越需要高等教育，与农村有关的高等教育、中等教育都应纳入“农村教育”之中。据称，这一观点得到了绝大多数代表的肯定，于是大会决定把“农村教育”的定义改为“包括扫盲、基础教育、职业和技术教育、成人继续教育以及有关高等教育在内的为农村发展服务的综合化教育体系”。从内涵上看，这种界定蕴涵了一种试图将“农村教育”作为一种地域性的“在农村的教育”变为“为了农村发展的教育”的价值追求。其用意是很好的，其实际意义也是很明显的。

不过，本人倒是觉得，把农村教育定义为“以农业为基础产业的农村的区域性教育”②更有实际意义。原因很简单，区域性首先表现为地域界划，其中蕴涵着区域发展的综合性的发展特征。“农村”与“城市”本身首先就是一种区域性概念，正是因为区域性发展差异或者说是发展不平衡才有“城市”和“农村”之别；也正是因为这种发展差异或不平衡，才有“农村教育”和“城市教育”之分。强调差异

① 孙志河. 2003 年国际农村教育研讨会综述[J]. 职教论坛，2003(5)：32-33.

② 李少元. 农村教育论[M]. 南京：江苏教育出版社，1996：1.

或差距，并不就必然强调对立，而是更好地着眼于农村教育的现状(这种现状包括现A 基础、发展条件或水平差异等)，以采取有针对性的措施，发展农村教育。对于“在农村的教育”，我们只有在与“城市教育”发展差异或不平衡的比较中才会有对它的清醒认识，否则，过于强调“为了农村的教育”而泛化农村教育概念，很容易造成决策偏差，比如投资方向偏差等。近年来，一个显著的事实是，城乡差别依然明显，甚至有扩大趋势，农村教育与城市教育的发展差距也在拉大，这不能不说与某些认识偏差有关。“新农村教育研究丛书”所称的农村教育首先是指“在农村的教育”。这种教育正随着社会结构的整体转型而寻求变革，或者说为了整个社会的转型而正寻求自身的价值定位、实质性改变。这样看来，在发展农村教育的时候，我们似乎可将农村教育定义为“在农村的教育”、“为了农村的教育”、“具有农村特点的教育”。强调它是“在农村的教育”，主要侧重于其现有的发展状况，以采取针对性的措施；强调它是“为了农村的教育”，主要侧重于扩大农村教育的范围，以凝聚发展农村教育的社会或教育力量；强调它是“具有农村特点的教育”，是为了避免农村教育发展中的单一的城市化发展方向。我以为，当前农村教育发展，首先要特别留意那些“在农村的教育”，这是正确把握农村教育问题的关键。

农村教育在我国有着悠久的历史。例如，早在先秦时期就有“四民”分业定居的倡议，教育自然与“农”有关。不过，那时的“农村教育”更多的是一种农村社会教育，其形式比较单一。到近代工业产生以前，“农村教育”远远没有引起社会的广泛注意。我国开始出现农村教育与城市教育的真正分野并引起社会的深切关注，应该是在20世纪初。当时出现了大批关注农村教育、研究农村教育、实践农村教育的教育思想家和学术团体，曾掀起声势浩大、影响深远的农村教育思潮，其研究成果和实践经验已经成为丰厚的历史遗产。1949年后，特别是改革开放以来，农村、农业、农民“三农”问题一直是党中央、国务院极力解决的社会发展战略问题，发展农村教育、研究农村教育也因此具有特殊的时代意义，由此也产生了大量的关于农村教育的研究成果，这些成果为我国农村教育的发展提供了很好的理论参照。

但是，由于特殊的历史发展境遇和制度安排，我国“三农”问题依然严峻，农村教育发展依然困难重重。那么，究竟如何才能解决“三农”问题，走出农村教育发展的困境呢？有人曾对我国二元社会关系的变迁进行过大致梳理，认为改革开放以前我国二元社会结构特征是城乡差异明显和城乡分隔刚性，而改革开放以后我国二元社会结构特征是城乡差异更加明显和城乡分隔开始弹性化。走出二元社会结构应该树立城乡一体的新观念，创建促进城乡一体的新制度和新机制。

这样看来，农村教育问题的解决、城乡教育差距的缩小甚至消除，从根本上而言，有赖于社会新观念、新制度、新机制的产生。

促使社会新观念、新制度、新机制的根本性形成，教育无疑对此责无旁贷。因为在当代，教育被广泛认为是解决社会问题的有效途径。“百年大计，教育为本”已成社会的共识。特别是当“三农”问题依然严峻，农村教育问题也依然困难重重的时候，我们尤其有必要继续加强对教育特别是农村教育的研究。湖南省普通高等学校哲学社会科学重点研究基地-湖南科技大学农村教育改革与发展研究基地，正是在这种时代的感召下成立的，该基地成员也正是出于一种崇高的历史使命感来从事农村教育问题的研究的。“新农村教育研究丛书”也正是我们为农村教育的发展尽自己的绵薄之力而面世的。

农村教育是一个结构性概念，“新农村教育研究丛书”也试图根据农村教育的结构类型，分门别类地进行研究，并且试图结合我国农村社会变革的大背景，不断丰富自己的研究内容，以及时追踪或把握农村教育中的发展问题。这样看来，“新农村教育研究丛书”将是一个开放的结构空间，欢迎有识之士的加盟。消除教育发展差距，共谋社会均衡发展，这是编写本丛书的宗旨，我相信，这也是我们社会的一种很热切的期盼。

是为序。

周险峰

二〇一〇年十月二十五日

二〇二〇年八月修订

前 言

Preface

改革开放以来，为了发展我国农村教育，提高农村教育质量，深层次解决“三农”问题，各级政府及教育行政部门出台了大量的农村教师政策。原因很简单，农村教育发展、农村教育质量保障与提升都离不开高素质的农村教师队伍建设。也正是基于此，一直以来，我们密切关注农村教师政策及其实施问题。大体而言，改革开放以来，我国农村教师政策的变迁可以分为以下四个时期：拨乱反正期(1978—1984 年)、体制改革期(1985—1992 年)、体制转型期(1993—2000 年)、城乡均衡发展期(2001 年至今)。我国每个时期的农村教师政策既表现出很强的阶段性，也表现出一定的连续性。研究发现，从发展历程看，我国农村教师政策表现出如下特点：其一，教师政策目的从调整恢复向全面深化转变；其二，教师政策理念从非专业化、半专业化向专业化转变；其三，教师政策价值取向从稳定的数量满足型向高素质的质量提高型转变；其四，教师政策的功能从单一走向综合。

正是有日益完善的农村教师政策体系，我国的农村教师队伍才不断发展壮大，农村教师质量也在不断提高。但是，我们的研究也发现，我国农村教师政策存在的问题（自然包括政策执行问题）也不少，这里仅列举数端，供读者参考。

第一，兼顾性不够。就时代对教育及教师的质量要求看，出台硬性的、统一性的教师政策是完全有必要的。但是，政策既要着眼于远景，更要基于现实。由于兼顾不够，就不可避免地存在我国教师政策的统一性要求与对农村教师政策倾斜及适度弹性问题、政策的方向性与执行的变异性问题、政策的连贯性与及时调整变通的矛盾性问题等。因区域发展不平衡，同样的政策，执行情况差异较大，区域之A　对接不便。

第二，配套性欠缺。我国农村教师政策虽然不断走向科学化并为我国农村师资队伍的建设及质量提升、发展以及壮大农村教育做出了重大贡献，但从整体看，相关政策名目繁多，配套不够，特别是近年来出台的“农硕计划”“特岗计划”“免费师范生”等政策，相关政策执行起来比较困难。国家层面的政策与地方性政策之间的耦合程度不高，也引起地方执行困难，补救无方而又修补频繁，造成教师无所适从。因此政策制定的科学化水平需要进一步提高。

第三，适切性较差。对农村教师队伍建设的质量要求，存在过高过急的问题，一些政策的预期具有浪漫主义的不切实际，忽视了我国农村教育所处的发展起点及水平。地方政府的财力和条件也无法支撑，以致政策执行起来缺乏必要的保障条件，政策落空现象屡有发生，影响了相关政策的严肃性和公正性。

第四，关怀性缺失。对农村教师存在责任要求过高而权益赋予过少的强烈反差。农村教师政策执行绩效不高，最主要的问题是农村教师待遇始终偏低，发展机遇过少，在教师发展权益的保护、申诉等方面也缺乏细则。

第五，随意性较大。地方政府在对农村教师政策的认识上，无论就政策的重要性还是政策执行的严肃性等方面的认识都有待进一步提高。执行中随意性比较大，打折扣现象比较严重。

第六，保障性较低。我国农村教师供给侧改革力度不够，职前教师教育在教育体系中的地位不高，没有提高到应有的高度，培养质量堪忧。师范生是教师包括农村教师补充的最主要来源，其培养质量直接与教师队伍建设的质量相关。目前的教师教育存在不少问题，主要与相关投入保障不力有关。

当然，以上认识主要基于我们的研究，也许因为研究视野及样本所限，相关结论有些偏差，但不论怎么说，农村教师政策制定的科学性、执行的严肃性及保障的有效性问题始终值得注意。

本研究可以说是对政策执行问题研究的一种尝试，还有很多问题没能研究清楚，似乎也无法研究清楚。只能有待后来者。

本书杀青之际，适逢我国上上下下掀起振兴乡村的热潮，这预示着我国的农村教育、农村教师会面临着一个新的发展机遇。但愿以上所称的问题成为一个历史性的问题，而不会遗留到未来。

本书是集体努力的成果。各章节撰写者如下：前言、后记：周险峰（湖南科技大学，教授，博士）；第一章，彭礼（湖南软件职业学院，硕士）；第二章，柏晓露（安A 省合肥市长丰县北城世纪城初级中学，硕士）、周险峰、吴泽峰（湖南省娄底市第九小学，硕士）；第三章，黄小芳（湖南软件职业学院，硕士）、周险峰、吴泽峰；第四章，刘梦凡（湖南省湘潭县易俗河镇中心学校，硕士）、彭礼、吴泽峰；第五章，欧阳娅屏（湘潭县中路铺镇中心小学，硕士）、吴泽峰、周险峰；第六章，于思琪（湖南大学，硕士）、唐松林（湖南大学，教授，博士）；第七章，罗铁慧（湖南长沙县委改革办副主任，硕士）、彭礼、吴泽峰；第八章，张园园（湖南科技大学，硕士）、周险峰。全书框架由周险峰负责，统稿由周险峰、彭礼、吴泽峰负责，校对由彭礼、吴泽峰负责。

作 者

2020 年 6 月

目录

contents

第一章　改革开放以来农村教师政策演变与发展

1978年12月，中共十一届三中全会在北京召开。会议结束了粉碎“四人帮”之后党和国家的工作在徘徊中曲折前进的局面，做出了把党和国家的工作重心转移到经济建设上来、启动农村改革、实行改革开放等伟大决定。改革开放四十年来，我国教育事业取得了令人瞩目的发展和进步，农村教育也成就斐然。四十多年来农村教育的发展、农村师资队伍建设等均与农村教师政策的调整紧密相连。本研究以1985年《中共中央关于教育体制改革的决定》、1993年《中国教育改革和发展纲要》、2001年《基础教育课程改革纲要（试行）》为节点，将四十年来的农村教师政策分为拨乱反正期（1978—1984年）、体制改革期（1985—1992年）、体制转型期（1993—2000年）、城乡均衡发展期（2001年至今）。

另外，本研究参考石长林教授的研究，将农村教师政策体系分为农村教师要求政策、农村教师待遇政策、农村教师管理政策。相关概念界定如下。

农村教师要求政策是指党和政府为了满足教育事业的需要、提高教育发展的质量、保证人才培养的水平，对教师队伍及其个体在职业要求、培养培训等方面做出的战略性、准则性规定，包括教师职业要求、教师培养要求、教师培训要求。[①] 农村教师要求政策除了作为

① 石长林，中国教师政策研究——基于教育政策内容的视角[D].武汉：华中师范大学，2005：17-19.

教师需要具备的一般性要求外，还需要符合农村教育的特殊性。

农村教师待遇政策是指党和政府为了稳定和扩大教师队伍、提高教师队伍素质以及激励教师积极性，根据教师职业的特点和教师付出的劳动与做出的贡献，对教师的地位、教师的职业权利、教师的工资及其他福利等方面做出的战略性、准则性规定。[①]

农村教师管理政策是指党和政府为了保持教师队伍的活力、调动教师工作积极性，根据教师职业的特点和教师管理的规律，对教师的选拔、任用、考核、奖惩及管理体制等方面做出的战略性、准则性规定。[②] 对农村教师政策而言，还包括农村教师补充政策。

第一节 拨乱反正期的农村教师政策内容（1978—1984 年）

1978 年 12 月，中共十一届三中全会在北京召开。会议重新确立了党的马克思主义路线，做出了把党和国家的工作重心转移到经济建设上来、启动农村改革、实行改革开放等伟大决定。自此开始了全面的拨乱反正工作。1978 年到 1984 年是教育改革的准备时期，主要任务就是拨乱反正，恢复教育秩序。与此相适应，这一时期也是农村教育秩序恢复和农村教师政策的调整期。这一阶段的农村教师政策既有宏观层面关于教师的一般性政策，也有专门针对农村教师的政策。

一、农村教师要求政策

1. 农村教师职业要求

1979 年 11 月，《教育部、财政部、国家劳动总局关于在全国普通中学和小学公办教师中试行班主任津贴的通知》规定：班主任应挑选工作好、思想好、作风好，具有一定教学水平、管理学生经验和组织能力的教师担任。[③]

1980 年 9 月，教育部在《关于师范教育的几个问题的请示报告》中指出，教师都应当经过师范学校或其他学校的严格训练，并且具备以下条件：有比较渊博的知识，有现代化的科学知识；掌握教育科学，懂得教育规律；有高尚的道德品质和精神境界。[④]

1983 年 8 月，教育部《关于中小学教师队伍调整整顿和加强管理的意见》提出了合格的中小学教师质量标准的原则规定：

(1) 拥护中国共产党的领导，热爱社会主义祖国，努力学习马克思列宁主义、毛泽东思想，忠诚社会主义教育事业，认真贯彻党的教育方针，刻苦钻研教育、教学业

---

① 石长林. 中国教师政策研究——基于教育政策内容的视角[D]. 武汉：华中师范大学，2005：19.

② 石长林. 中国教师政策研究——基于教育政策内容的视角[D]. 武汉：华中师范大学，2005：20.

③ 中央教育科学研究所. 中小学工作手册[M]. 北京：法律出版社，1985：380.

④ 国家教育委员会师范教育司. 师范教育文件选编 1980—1987[M]. 长春：东北师范大学出版社，1989：6.

务，关心爱护学生，既教书又育人，积极做好本职工作，思想言行堪为学生的表率。

（2）高中教师应具备高等师范学校（或其他高等学校）本科毕业的学历或同等学力；初中教师应具备高等师范学校（或其他高等学校）专科毕业的学历或同等学力；小学教师应具备中等师范学校毕业的学历或同等学力。

（3）懂得教育规律并掌握教育教学基本原则和方法，基本胜任教育教学工作。

（4）能够努力使用普通话进行教学。

（5）身体健康，能够坚持教育教学工作。①

1984 年 7 月，教育部《关于加强中小学教师普通话培训工作的通知》指出：各级教师进修院校的教师应明确树立普通话是教师职业语言的思想，把掌握普通话作为教师必备的基本功。②

1984 年 10 月，教育部、全国教育工会颁发《中小学教师职业道德要求（试行）》，对中小学教师职业道德提出了六条要求。

2. 农村教师培养要求

1978 年 10 月，教育部印发《关于加强和发展师范教育的意见》，明确了培训中小学教师的要求，提出“统筹规划，建立师范教育网”和“加强领导，认真办好师范教育”。③

1980 年 6 月 13 日至 18 日，教育部召开全国师范教育工作会议。会议认为，师范教育是教育事业中的“工作母机”，是造就培养人才的基地，会议重申师范教育的基本任务是培养师资。高等师范院校本科，主要是培养中等学校师资；师范专科学校，培养初级中等学校师资；中等师范学校和幼儿师范学校，培养小学师资和幼儿园师资。为保证师资队伍质量。上述基本规定，未经批准，不能轻易变动。④

1980 年 9 月，教育部在《关于师范教育的几个问题的请示报告》中指出：各级教师进修院校是培训中小学在职教师和学校行政管理干部的基地，是我国师范教育体系中的有机组成部分；各级师范学校应该进一步加强领导，挖掘潜力，更积极地担负一部分中小学在职教师的培训任务，主要采取举办函授、夜校、讲习班、短训班等多种形式，提高在职教师的业务水平。不论参加何种形式的学习，凡经过授权机构考核，达到国家规定的标准者，发给毕业证书，承认其学历，在使用和晋级上同等对待。⑤

---

① 全国人大常委会法制工作委员会研究室. 中华人民共和国法律法规及司法解释分类汇编 行政法卷（第 6 卷）[M]. 北京：中国民主法制出版社，2000：3831.

② 黑龙江语言文字工作委员会办公室. 语言文字规范化工作手册[M]. 哈尔滨：黑龙江教育出版社，1991：106.

③ 李友芝，李春年，柳传欣，葛嘉训. 中国近现代师范教育史资料（第三册）[M]. 北京：人民教育出版社，1983：1135.

④ 宋嗣廉，韩力学. 中国师范教育通览（中卷）[M]. 长春：东北师范大学出版社，1998：223.

⑤ 国家教育委员会师范教育司. 师范教育文件选编 1980—1987[M]. 长春：东北师范大学出版社，1989：7.

1982年，教育部《关于中等师范学校招生工作的通知》指出：为了贯彻小学教师地方化的原则和逐步解决农村、山区和边远地区缺少小学师资的问题，各省、市、自治区在分配中师招生指标时，应适当增加缺乏小学师资的农村、山区和边远地区的招生名额。对这些地区考生的录取分数线可适当放宽。①

1983年5月，《中共中央、国务院关于加强和改革农村学校教育若干问题的通知》指出：有关高等学校要为农村培养和输送专门人才，为农村各类学校培训师资。要尽快把各类职业学校专业课教师队伍建设好。当前，可选调一部分科技人员担任专职或兼职教师；也可将部分教师经过培训，改任或兼任专业课教师；还可由学校教师与农村的能工巧匠结合起来进行教学。有关高等院校和中等专业学校，应分工承担农村职业教育的师资培训和教学辅导工作。还要从大专院校和中等专业学校分配一定比例的毕业生，到农村各类中等学校任教。根据加强和改革农村学校教育的需要，制定师范教育的发展规划，在课程设置、教学内容、教学方法等方面逐步加以改革。②

3. 农村教师培训要求

1977年，教育部颁布《关于加强中小学在职教师培训工作的意见》，提出了六点意见：深入揭批“四人帮”，正确执行党的知识分子政策，调动广大教师的社会主义积极性；坚持又红又专的方向，明确培训目标和要求；建立和健全师资培训机构；动员各方面力量，组织好培训师资的队伍；从实际出发，采用多种培训形式；制定规划，加强领导。其中，第五条意见明确提出：举办函授教育。对于分散在广大农村地区的教师，这是行之有效的方法。函授自学应当同面授辅导紧密结合，以提高教学效果。③

1980年，教育部颁布《关于进一步加强中小学在职教师培训工作的意见》提出：制定和调整中小学在职教师培训规划；充分发挥各级教师进修院校、师范院校和各级教学研究室（部）的作用；逐步实行全国统一的教学计划，搞好进修教材建设；建立和健全在职教师进修的考核制度；大力改善教师进修院校的办学条件；结合培训工作，做好部分中小学教师的调整工作；加强师训工作的领导。④ 并明确提出：制定和调整规划，要深入调查研究，切实弄清教师文化业务水平的现状，从实际出发，分类指导，根据“教什么，学什么”、“缺什么，补什么”的原则，把长远的文化、专业知识的系统学习和搞好当前教学工作的教材教法学习结合起来，做到层层有培训规划，人人有进修计划，不重复不遗漏。⑤

---

① 国家教育委员会师范教育司．师范教育文件选编 1980—1987[M]．长春：东北师范大学出版社，1989：477．

② 中共中央、国务院关于加强和改革农村学校教育若干问题的通知[J]．人民教育，1983(6)．

③ 何东昌．中华人民共和国重要教育文献（共三册）[M]．海口：海南出版社，1998：1588-1589．

④ 浙江教育学院教育理论研究室．教育政策法令选编（1978—1981）[M]．杭州：浙江教育学院教育理论研究室，1981：81-85．

⑤ 浙江教育学院教育理论研究室．教育政策法令选编（1978—1981）[M]．杭州：浙江教育学院教育理论研究室，1981：82．

1982 年 6 月，教育部发布《关于试行中学教师进修高等师范专科、本科教学计划的通知》，并印发《中学教师进修高等师范专科十二个专业的教学计划（试行草案）》、《中学教师进修高等师范本科七个专业的教学计划（试行草案）》。

1982 年 8 月，教育部发布《关于试行小学教师进修中等师范教学计划的通知》，并印发《小学教师进修中等师范教学计划（实行草案）》。

1983 年 5 月，《中共中央、国务院关于加强和改革农村学校教育若干问题的通知》指出：要加强师范教育，加强教师进修院校的建设。①

1984 年 7 月，教育部《关于加强中小学教师普通话培训工作的通知》指出：要把中小学教师的普通话培训，列入师资培训计划；今后在语文教师培训活动中，要把普通话语音知识作为一门必修课列入教学计划，做到有要求、有人教、有教材、有考查。②

二、农村教师待遇政策

1. 农村教师地位

1977 年 5 月，邓小平在题为《尊重知识、尊重人才》的报告中指出，一定要在党内造成一种空气：尊重知识，尊重人才。要反对不尊重知识分子的错误思想。③

1977 年 8 月，邓小平在《关于科学和教育工作的几点意见》中指出：就今天的现状来说，要特别注意调动教育工作者的积极性，要强调尊重教师。④

1978 年 3 月，中共中央、国务院在北京召开全国科学大会，邓小平在讲话中强调，知识分子的绝大多数已经是工人阶级的一部分。此后，邓小平又多次在教育工作会议等场合重申：绝大多数教职员工热爱社会主义，勤勤恳恳地为社会主义教育事业服务，为民族、为国家、为无产阶级立了大的功劳。为人民服务的教育工作者是崇高的革命的劳动者；无论是从事科研工作的，还是从事教育工作的，都是劳动者。⑤

1980 年，《中共中央、国务院关于普及小学教育若干问题的决定》提出：必须造成尊师的良好社会风气，提高教师的社会地位，建设一支稳定、合格的教师队伍。我们的教师，担负着传授科学文化知识、培养社会主义新人的光荣任务，理应受到全社会的尊敬。⑥

1983 年 5 月，《中共中央、国务院关于加强和改革农村学校教育若干问题的通

---

① 中共中央、国务院关于加强和改革农村学校教育若干问题的通知[J]. 人民教育，1983(6).

② 黑龙江语言文字工作委员会办公室. 语言文字规范化工作手册[M]. 哈尔滨：黑龙江教育出版社，1991：105-106.

③ 陈大白. 北京高等教育文献资料选编 1977—1992[M]. 北京：首都师范大学出版社，2008：9.

④ 陈大白. 北京高等教育文献资料选编 1977—1992[M]. 北京：首都师范大学出版社，2008：10.

⑤ 人民教育出版社教育室. 毛泽东、周恩来、刘少奇、邓小平论教育[M]. 北京：人民教育出版社，1994：289.

⑥ 金国华. 教育行政法规汇编与点评[M]. 北京：中国法制出版社，2012：208.

知》指出：建设一支稳定、合格的教师队伍，是办好农村学校的关键，必须及早抓好这项基本建设，教育投资要着重保证这方面的需要；各级党政领导必须认真落实知识分子政策，以极大的热情关心教师，提高教师的政治地位、社会地位和工资待遇，注意改善其工作条件和生活条件，在全社会形成尊重教师的良好风尚。①

2. 农村教师工资

1978 年 12 月，教育部、财政部联合发出通知，规定学校的民办教师和计划内长期顶编代课教师可与公办教师一样实行一次性年终奖金。②

1979 年 11 月，教育部、财政部、国家劳动总局发布《关于在全国普通中学和小学公办教师中试行班主任津贴的通知》，颁布的《关于普通中学和小学班主任津贴试行办法（草案）》规定了班主任津贴标准。原则上每个班（学生 40 人至 50 人）设班主任一人。根据现有学校布点、校舍条件不同，每个班学生人数有多有少，班主任工作量有大有小，班主任津贴应有所区别。津贴标准一般定为：中学每班学生人数在 35 人以下发 5 元，36 人至 50 人发 6 元，51 人以上发 7 元；小学每班学生人数在 35 人以下发 4 元，36 人至 50 人发 5 元，51 人以上发 6 元。每班人数在 20 人以下的，可酌情减发。③

1980 年 9 月，教育部《关于师范教育的几个问题的请示报告》指出：为了鼓励品学兼优的高、初中毕业生报考师范院校，鼓励广大教师从事人民教育事业，最根本的措施是提高人民教师的社会地位，逐步改善他们的经济待遇和工作条件。④

1980 年 12 月，《中共中央、国务院关于普及小学教育若干问题的决定》提出：现在，小学教师平均工资居于全国各行业之末，中学教师是倒数第二，这是极不合理的。必须切实改革中小学教师工资制度，适当提高他们的工资待遇。在工资制度正式改革前，应当给予一些临时补贴。与此同时，中小学要开始实行教龄津贴制度，以鼓励教师终生从事教育事业。具体方案，由国家计委、财政部、劳动总局会同教育部迅速提出；国家给予民办教师的补助费应该有所增加，由各地根据实际情况，做出具体规定；国家给予民办教师的补助费应全部直接发给本人，同时，社队应按全劳力给他们记工分，切实执行男女同工同酬的原则。社队不要向民办教师派农活，也不应给他们分包产出。⑤

1981 年 9 月，教育部《关于增加中小学民办教师补助费的办法》提出：核算分配

---

① 中共中央、国务院关于加强和改革农村学校教育若干问题的通知[J]. 人民教育，1983(6).

② 《中国教育年鉴》编辑部. 中国教育年鉴 1949—1981 年[M]. 北京：中国大百科全书出版社，1984：107.

③ 赵德之. 教育依法理财指南：教育财政法律法规制度汇编[M]. 长沙：湖南人民出版社，2004：835.

④ 国家教育委员会师范教育司. 师范教育文件选编 1980—1987[M]. 长春：东北师范大学出版社，1989：6.

⑤ 金国华.，教育行政法规汇编与点评[M]. 北京：中国法制出版社，2012：208.

增加民办教师补助费，一律以1980至1981学年初教育事业统计年报中国家给补助费的中小学、农(职)业中学的民办教师人数为准；在国家规定补助费标准的基础上，平均每人全年增加补助费50元，一个季度每人平均增加十二元五角，从1981年10月1日起执行。具体分配和使用的原则是：按人算钱、按钱包干、专款专用。任何单位和个人都不准以任何借口挪用。补助费的范围是：小学、中学、农(职)业中学中，凡经过整顿，由县一级教育行政部门发给了任用证书，或正式批准确认，并已按国家规定领取民办教师补助费的直接从事中、小学教育工作的专职教师。①

1981年9月，教育部《关于中小学教职工工资的办法》规定：为改善中小学教职工生活待遇，调动他们的积极性。教育部决定调整中小学教职工的工资，提高工资的对象是1978年底以前参加工作的教职工。一般升一级，其中极少数教学、工作成绩显著，贡献较大、教龄较长，与同类人员相比工资偏低的优秀骨干教职工也可以升两级。这次升级的教职工，在现行工资标准的基础上，采取先补、后靠、再升级的办法。②

1983年5月，中共中央、国务院《关于加强和改革农村学校教育若干问题的通知》指出：教育部应从速制定中小学教师的职称制度，在整顿教师队伍的基础上经过试点逐步推开。要采取措施，鼓励教师终生从事教育事业，由国家计委、财政部、劳动人事部会同教育部提出方案，先从小学教师开始，实行教龄津贴制度。为鼓励教师到农村，特别是到老、少、山、边、穷地区任教，除荣誉鼓励外，要适当增加生活补贴，还可保留城市户口，定期轮换。对坚持在上述地区任教20年以上、业务水平高的教师，各地在可能条件下，还可给予某些特殊照顾。对民办教师应逐步实行社队统筹工资制，有条件的地区还应建立民办教师的福利基金，解除他们的后顾之忧。根据国家财力、物力的状况，每年安排一定的劳动指标，在考核合格的民办教师中，转一部分为公办教师。③

1984年12月，国务院《关于筹措农村学校办学经费的通知》指出：要采取有效措施，逐步改变中小学教师生活待遇偏低的状况，使教师这个职业成为最受人羡慕的职业之一。农村中小学民办教师全部实行工资制，逐步做到不再分公办、民办。由于各地经济发展水平相差悬殊，国家对农村教师工资标准不作统一规定。在国家拨给的教育事业费包干的基础上和逐步提高中小学教师生活待遇的前提下，可把农村教师的工资放开，允许富裕地区解决得更好一些，其工资多少，由乡教育事业费管理委员会讨论决定。贫困地区农村教师增加工资，可从国家拨给的教育事业费的增加部分

---

① 何东昌.中华人民共和国重要教育文献(共三册)[M].海口：海南出版社，1998：1980.

② 候海涛，等.新编工资与工资法规实务全书(工资宝典)[M].北京：企业管理出版社，1996：760-761.

③ 中共中央、国务院关于加强和改革农村学校教育若干问题的通知[J].人民教育，1983(6).

中予以补助。在学校工作的职工,他们的工资、福利也要相应提高。[①]

三、农村教师管理政策

1. 农村教师的选拔、任用与补充

1978 年 1 月,《国务院批转〈教育部关于加强中小学教师队伍管理工作的意见〉的通知》提出:中小学公办教师的管理、调配工作,应由县以上各级教育行政部门负责。教师的调动,需经县以上教育行政部门同意。公办教师的自然减员,应由教育部门于当年如数从民办(代课)教师中选择补充。加强对民办教师的管理。选用民办教师,要根据教育事业发展的实际需要,由县教育行政部门统筹规划。民办教师的任用,要本着任人唯贤、德才兼备的原则,经学校、大队提名,公社选择推荐,县教育行政部门审查(包括文化考查)批准,发给任用证书。辞退或调换民办教师,也需征得学校同意,由公社提出,报县教育局批准,并收回任用证书。[②]

1983 年 5 月,《中共中央、国务院关于加强和改革农村学校教育若干问题的通知》指出:要整顿教师队伍,各级党政领导应采取坚决措施,使合格教师进得来、留得住,不合格的另行安排。中小学教师和各级教育事业编制人员的管理、调配、自然减员的补充和高、中等师范院校毕业生的分配,应由县以上教育行政部门负责。要保证师范院校毕业生分配到中小学任教,不得任意截留。[③]

1983 年 8 月,国家教育委员会《关于中小学教师队伍调整整顿和加强管理的意见》指出:中小学教师和各级教育事业编制人员的管理、调配自然减员的补充和高、中等师范学校毕业生的分配、派遣,应由县以上教育行政部门负责。要保证师范院校毕业生分配到中小学任教,不得任意截留。中小学教师队伍调整整顿后出现缺额和事业发展新增师资以及补充自然减员的师资,均由国家分配高等师范学校、其他高等学校和中等师范学校毕业生解决(不足部分,采取择优录用在职的合格中小学民办教师的办法解决)。不允许不合格人员进入教师队伍。[④]

2. 农村教师考核

1978 年《全日制小学暂行工作条例(试行草案)》和《全日制中学暂行工作条例(试行草案)》进一步明确要建立教师的定期考核制度。

1980 年 12 月,《中共中央、国务院关于普及小学教育若干问题的决定》规定:中小学教师应主要由国家派遣,由教育行政部门管理,也允许社队、企业自行招聘。招

---

① 劳凯声,贺向东,吴安民,等.中国成人教育政策法规全书[M].北京:中国物资出版社,1998:913.

② 冯克诚.中华人民共和国教育法律法规(基础教育・2005 版)[M].北京:学苑音像出版社,腾图电子出版社,2005:424.

③ 中共中央、国务院关于加强和改革农村学校教育若干问题的通知[J].人民教育,1983(6).

④ 全国人大常委会法制工作委员会研究室.中华人民共和国法律法规及司法解释分类汇编行政法卷(第 6 卷)[M].北京:中国民主法制出版社,2000:3832.

聘的教师要经过考核，取得合格证书才能任教。目前，民办教师的比例过大，应采取适当措施，逐步提高公办教师的比例。逐步减少民办教师比例，国家每年安排一定的专用劳动指标，经过严格考核，将合格的民办教师分期分批转为公办教师。民办教师中的骨干更应早转。另外，师范院校每年都要招收一部分民办教师。通过上述办法，在几年内使民办教师比例降到百分之三十以下。①

1981 年 10 月，教育部转发的《河北省关于整顿民办教师队伍经验的通知》指出：对民办教师的工作态度、业务水平、教学效果、文化程度进行全面考核，以工作态度和教学效果为主，一般都采取听（课）、看（教案和学生作业）、查（学生近年成绩）、谈（开学生和家长座谈会）、测（文化测验）等方法对教师进行考核。经过考核，将民办教师分为三类：合格的，即能胜任教学工作的；虽然考核不合格，但还能勉强进行教学，而且有培养前途的；不合格的，即不能胜任教学工作，而且继续培养提高都有困难的。对第一类发给合格证书；第二类的发给试用证书，待文化业务水平提高后再经过考核，合格者可换发合格证书，仍不合格者，予以辞退；第三类的为精简转业对象。②

1983 年 8 月，国家教育委员会《关于中小学教师队伍调整整顿和加强管理的意见》指出：从政治思想表现和工作态度、教学业务能力和教学效果、文化程度三个方面，由县级教育行政部门对每个教师进行一次全面考核，作为培训提高和调整安排教师工作的依据。对教师的政治思想和工作态度的考察，应重在现实表现。对教师教学业务能力和专业知识的考核，应以实际教学业务能力和教学效果为主，并应根据其所教学科的内容和范围拟定合理的评定办法。对教师文化程度的评定，要根据其应具备的学历确定考试内容和范围，并要拟定科学的评定标准。在这次全面考核中应建立起经常的考核制度，考绩记入档案，并作为教师评定职称、晋升的重要依据。③各级教育行政部门，应就中小学教师的任用、职责、考核、晋升、奖惩、进修提高等一系列管理问题，逐步制定出切实可行的办法，建立起一套科学的管理制度。还应对民办教师的任用、考核、进修提高、经济待遇、劳保福利和管理体制等做出政策性规定，并制定出管理办法。④

1984 年 7 月，教育部《关于加强中小学教师普通话培训工作的通知》指出：要建立必要的检查考核制度。在教师过教材关、合格教师考核、民办教师转正和吸收新教师考查时，原则上都应把汉语拼音和普通话作为一项内容，并根据不同地区、不同学科和不同年龄，区别对待，提出切合实际的不同要求。

---

① 金国华. 教育行政法规汇编与点评[M]. 北京：中国法制出版社，2012：207-208.

② 魏峰. 弹性与韧性：乡土社会民办教师政策运行的民族志[M]. 上海：上海三联书店，2009：64.

③ 全国人大常委会法制工作委员会研究室. 中华人民共和国法律法规及司法解释分类汇编行政法卷（第 6 卷）[M]. 北京：中国民主法制出版社，2000：3831.

④ 全国人大常委会法制工作委员会研究室. 中华人民共和国法律法规及司法解释分类汇编行政法卷（第 6 卷）[M]. 北京：中国民主法制出版社，2000：3832.

四、主要特点

改革开放初期，大量不合格的民办教师与数量严重不足的合格教师并存。因此，这一阶段的农村教师政策主要以民办教师为中心，目的是通过相关制度、政策的调整来恢复农村教师队伍建设的已有秩序，为农村教育的发展建立一支稳定的、综合素质较高的教师队伍。具体表现在以下几个方面。

一是大力发展师范教育，为农村学校培养受过正规教育和培训的教师。1978 年 10 月，发布《教育部关于加强和发展师范教育的意见》；1983 年 5 月，发布《中共中央、国务院关于加强和改革农村学校教育若干问题的通知》。

二是通过民办教师的培训、培养、考核、转正等政策，促使民办教师转为公办教师。1983 年 8 月，国家教育委员会《关于中小学教师队伍调整、整顿和加强管理的意见》提出：根据国家财力状况，每年安排一定的劳动指标，在考核合格的民办教师中，转一部分为公办教师；从高等、中等师范学校招生指标中，划出一定比例，按一定条件，招收中、小学民办教师，逐步减少民办教师的比例。①

三是规范民办教师的管理，提高民办教师的待遇。1978 年 1 月，国务院批转教育部《关于加强中小学教师队伍管理工作的意见》提出，加强对民办教师的管理，选用民办教师，要根据教育事业发展的实际需要，由县教育行政部门统筹规划。② 1980 年，《中共中央、国务院关于普及小学教育若干问题的决定》提出，国家给予民办教师的补助费应全部直接发给本人，同时，社队应按全劳力给他们记工分，切实执行男女同工同酬的原则。③

四是明确教师应具备的职业要求，教师作为专业人员的身份开始清晰。1980 年 9 月，教育部《关于师范教育的几个问题的请示报告》提出，教师都应当经过师范学校或其他学校的严格训练，并且具备以下条件：有比较渊博的知识，有现代化的科学知识；掌握教育科学，懂得教育规律；有高尚的道德品质和精神境界。④ 1983 年 8 月，教育部《关于中小学教师队伍调整整顿和加强管理的意见》提出了合格的中小学教师质量标准。

第二节　体制改革期的农村教师政策内容（1985—1992 年）

中共十一届三中全会以后，经过几年时间的发展，到 20 世纪 80 年代中期，政治、

---

① 国家教育委员会政策法规司. 中华人民共和国基础教育现行法规汇编 1949—1992[M]. 北京：北京师范大学出版社，1993：304.

② 冯克诚. 中华人民共和国教育法律法规（基础教育 · 2005 版）[M]. 北京：学苑音像出版社，腾图电子出版社，2005：424.

③ 金国华. 教育行政法规汇编与点评[M]. 北京：中国法制出版社，2012：208.

④ 国家教育委员会师范教育司. 师范教育文件选. 1980—1987[M]. 长春：东北师范大学出版社，1989：6.

经济、文化、教育等领域基本上得到调整和恢复，但社会总体发展依然缓慢。在这样的背景下，体制改革逐渐从政治领域拓展到经济、科技等领域。1985 年 5 月，中共中央颁布《关于教育体制改革的决定》，在总结与批判新中国成立以来我国教育事业发展的基础上，对教育体制改革的目的、内容等进行了详细的规定。如果说 1978 年到 1984 年拨乱反正期是教育改革的准备阶段，那么，从 1985 年开始则进入了教育改革的推进阶段。这一时期的教师政策逐渐向制度化、规范化方向转变，教育步入了良性发展的快车道。

一、农村教师要求政策

1. 农村教师职业要求

1985 年 5 月 27 日，发布《中共中央关于教育体制改革的决定》，指出：只有具备合格学历或有考核合格证书的，才能担任教师。① 针对中等职业技术教育师资，《中共中央关于教育体制改革的决定》指出：各单位和部门办的学校，要首先依靠自身力量解决专业技术师资问题，同时，可以聘请外单位的教师、科学技术人员兼任教师，还可以请专业技师、能工巧匠来传授技艺。要建立若干职业技术师范院校，有关大专院校、研究机构都要担负培训职业技术师资的任务，使专业师资有一个稳定的来源。②

1986 年，《中华人民共和国义务教育法》第十三条规定：国家采取措施加强发展师范教育，加速培养、培训师资，有计划地实现小学教师具有中等师范学校毕业以上水平，初级中等学校的教师具有高等师范专科学校毕业以上水平。国家建立教师资格考核制度，对合格教师颁发资格证书。师范院校毕业生必须按照规定从事教育工作。国家鼓励教师长期从事教育事业。③ 第十四条规定：教师应当热爱社会主义教育事业，努力提高自己的思想、文化、业务水平，爱护学生，忠于职责。④

1986 年 9 月，国家教育委员会颁布《中小学教师考核合格证书试行办法》，规定《教材教法考试合格证书》的基本要求是“思想品德好；教材教法考试及格”，《专业合格证书》的基本要求是“思想品德好；文化专业知识考试及格；具有一定的教学能力”。⑤

1990 年 3 月 12 日，国务院批准《学校体育工作条例》。该条例第 17 条规定：体育教师应当热爱学校体育工作，具有良好的思想品德、文化素质，掌握体育教育的理

① 聂阳阳. 青少年发展政策选编及评析(下)[M]. 北京：北京理工大学出版社，2012：92.

② 聂阳阳. 青少年发展政策选编及评析(下)[M]. 北京：北京理工大学出版社，2012：93.

③ 孙琬钟，张春生，吴念祖，等. 中华人民共和国法律释义全书(第 2 卷)[M]. 2 版. 北京：中国言实出版社，1997：1119.

④ 孙琬钟，张春生，吴念祖，等. 中华人民共和国法律释义全书(第 2 卷)[M]. 2 版. 北京：中国言实出版社，1997：1119.

⑤ 杨放. 教育法规全书[M]. 海口：南海出版公司，1990：348.

论和教学方法。[①]

1990年,《国家教委关于进一步加强中小学德育工作的几点意见》提出:必须切实加强教师的思想政治工作。中小学教师是工人阶级的一个组成部分,肩负着培养社会主义事业接班人的历史重任,必须具有坚定的工人阶级立场、高尚的道德情操、认真负责的工作态度和艰苦奋斗的工作作风。[②]

1991年,国家教委、全国教育工会颁布《中小学教师职业道德规范》。

1992年3月14日,国家教育委员会发布《中华人民共和国义务教育法实施细则》,规定:学校和教师不得对学生实施体罚、变相体罚或者其他侮辱人格尊严的行为;对品行有缺陷、学习有困难的儿童、少年应当给予帮助,不得歧视。[③]

2. 农村教师培养要求

1985年5月,《中共中央关于教育体制改革的决定》提出:把发展师范教育和培训在职教师作为发展教育事业的战略措施。[④]

1986年3月,国家教育委员会下发《关于加强和发展师范教育的意见》指出:积极进行教育和教学改革,不断提高师范教育质量。[⑤] 设立适合农村中学需要的双学科专业。[⑥] 加强师范生的思想政治教育和专业思想教育,是培养合格教师的重要内容。要使他们成为有理想、有道德、有文化、有纪律、热爱教育事业的一代新师资。师范学校要把精神文明建设放在特别重要的地位,要把热爱教育事业和师德教育贯穿整个培养过程的始终,使学生在校期间就能立志把从事中小学教师工作作为自己的终身职业。同时,在专业素质方面,要使学生具有较扎实的业务基础和运用知识的能力;有正确的教育思想,懂得教育规律,掌握好教师的基本功;有一定的文化艺术修养。[⑦] 要改革陈腐的传统教学方法,培养和启迪学生独立思考的能力与创造精神。[⑧] 要加强教学的针对性,讲求实际效果。要建立稳定的实习基地和实习点,增加实习时间,认真总结教育实践的规律,完善实习制度。各级教育行政部门和中小学要对师范

---

① 孙承文.体育理论与实践教程[M].4版.北京:中国林业出版社,2016:501-502.

② 《中国教育年鉴》编辑部.中国教育年鉴1991[M].北京:人民教育出版,1992:872-873.

③ 最高人民检察院《法律手册》编委会.教育管理与学生维权常用法律法规精编[M].北京:中国检察出版社,2013:23.

④ 聂阳阳.青少年发展政策选编及评析(下)[M].北京:北京理工大学出版社,2012:92.

⑤ 张乐天.高等教育政策的回顾与反思(1977—1999)[M].南京:南京师范大学出版社,2008:245.

⑥ 张乐天.高等教育政策的回顾与反思(1977—1999)[M].南京:南京师范大学出版社,2008:244.

⑦ 张乐天.高等教育政策的回顾与反思(1977—1999)[M].南京:南京师范大学出版社,2008:245.

⑧ 张乐天.高等教育政策的回顾与反思(1977—1999)[M].南京:南京师范大学出版社,2008:245.

生的实习给予积极支持和妥善安排。要加强学生基本功训练，从入学抓起，在平时严格训练的积累中使学生逐步增长组织管理能力、口头表达能力、文字书写能力。[①] 师专、中师、幼师要坚持定向招生，努力做到初中、小学、幼儿教师地方化。高等师范本科院校也要适当扩大定向招生的比例，对边远地区和少数民族地区给予更多的照顾。[②]

1992 年 3 月，国家教育委员会发布《中华人民共和国义务教育法实施细则》，规定：省级人民政府应当制定规划、采取措施，加强和发展师范教育，并组织其他高等学校为实施义务教育培养师资。[③]

3. 农村教师培训要求

1985 年 5 月，发布《中共中央关于教育体制改革的决定》，指出：必须对现有的教师进行认真的培训和考核，把发展师范教育和培训在职教师作为发展教育事业的战略措施。要大力提倡和鼓励教师密切结合教学进行自学和互教；要为在职教师举办函授和广播电视讲座；要切实办好教师进修院校，并且利用现有设施，分期分批轮训教师；还要有计划地动员、挑选和组织高等学校的一部分教员和高年级学生、研究机构的一部分研究人员和党政机关的一部分具备条件的干部，参加帮助培训中小学教师的工作。总之，要争取在 5 年或者更长一点的时间内使绝大多数教师能够胜任教学工作。[④]

1986 年 9 月，国家教育委员会下发《关于建立高等师范学校师资培训中心和培训点的通知》。

1986 年 12 月，《国家教委关于加强在职中小学教师培训工作的意见》对师资培训的任务和要求、师资培训的渠道和形式、保证师资培训的质量、师资培训的办学条件、师资培训工作的领导等做出了规定。要求在今后 5 年或者更长一点时间内，师资培训工作的重点，是通过认真的培训，使现有不具备合格学历或不胜任教学的教师，绝大多数能够胜任教学工作，并取得考核合格证书或合格学历。对于少数不具备最基本的文化基础知识和初步教学能力的教师，应组织他们参加教材、教法进修，使他们熟悉所教学科的教学大纲和教材，掌握基本的教学原则和方法，具有初步的教学能力[⑤]。在制定规划时，要注意加强中小学“短线”学科教师、初中教师和职业中学教师

---

① 张乐天. 高等教育政策的回顾与反思（1977—1999）[M]. 南京：南京师范大学出版社，2008:245.

② 张乐天. 高等教育政策的回顾与反思（1977—1999）[M]. 南京：南京师范大学出版社，2008:246.

③ 最高人民检察院《法律手册》编委会. 教育管理与学生维权常用法律法规精编[M]. 北京：中国检察出版社，2013:25.

④ 聂阳阳. 青少年发展政策选编及评析(下)[M]. 北京：北京理工大学出版社，2012:92.

⑤ 安克思. 中华人民共和国现行教育政策法规文件全集(共十卷)[M]. 延吉：延边人民出版社，2001:5343.

的培训。对于经济文化落后地区，基础教育薄弱地区，实现上述要求的期限可以延长。[①] 鉴于中小学和农职业中学师资培训任务十分繁重和艰巨，为了争取按期完成培训任务，必须充分调动各教师进修院校、高等学校、中等专业学校以及广播、电视、电化教育机构和社会各方面力量的积极性，广开渠道，举办多种层次、多种形式的培训。[②] 教师进修院校（包括教育学院、教师进修学院和教师进修学校）承担中小学和农职业中学教师职后继续教育的重任，是培训在职中小学和农职业中学教师的一个基本渠道。[③]

1990 年 3 月，国务院批准《学校体育工作条例》中的第 19 条规定：各级教育行政部门和学校应当有计划地安排体育教师进修培训。[④]

1990 年 6 月，国家教委印发《中学教师进修高等师范专科 12 个专业教学计划的通知》。

1991 年 12 月，国家教委颁发《关于开展小学教师继续教育的意见》。

1992 年 3 月，国家教委发布《中华人民共和国义务教育法实施细则》，第 33 条规定：各级教育主管部门应当加强实施义务教育学校的教师培训工作，使教师的思想政治素质和业务水平达到义务教育法规定的要求。各级人民政府应当加强培训工作，提高实施义务教育学校校长的思想政治素质和管理水平。校长和教师的在职培训工作，由县级以上地方各级教育主管部门负责组织。[⑤]

1992 年 5 月，国家教委颁布《关于加快中学教师学历培训步伐的意见》。

1992 年 8 月，国家教委、国家计委、人事部、财政部联合发布《关于进一步改善和加强民办教师工作若干问题的意见》指出：大力加强民办教师培训，大力提高民办教师的政治思想和业务素质，要把民办教师的培训工作纳入整个中小学师资队伍培训。培训总体规划统筹安排，采取有力措施，使这一工作落到实处，抓出成效。民办教师的进修培训要从农村的实际出发，多种形式并举，以在职自修和短期集中培训为主。通过函授、广播、电视、自学考试、专业合格证书考试、进修和教研活动等多种渠道、多种形式培训，提高民办教师素质，培训的重点是中青年民办教师。[⑥]

---

① 安克思. 中华人民共和国现行教育政策法规文件全集（共十卷）[M]. 延吉：延边人民出版社，2001：5344.

② 安克思. 中华人民共和国现行教育政策法规文件全集（共十卷）[M]. 延吉：延边人民出版社，2001：5344.

③ 安克思. 中华人民共和国现行教育政策法规文件全集（共十卷）[M]. 延吉：延边人民出版社，2001：5344.

④ 孙承文. 体育理论与实践教程[M]. 4 版. 北京：中国林业出版社，2016：502.

⑤ 最高人民检察院《法律手册》编委会. 教育管理与学生维权常用法律法规精编[M]. 北京：中国检察出版社，2013：25.

⑥ 李文俊. 最新高校管理法律法规与政策执行标准全书（第二卷）[M]. 北京：中国教育出版社，2005：513.

二、农村教师待遇政策

1. 农村教师地位

1985 年 1 月，第六届全国人民代表大会常务委员会第九次会议通过决议，决定每年 9 月 10 日为教师节。

1985 年 5 月，发布《中共中央关于教育体制改革的决定》指出：建立一支有足够数量的、合格而稳定的师资队伍，是实行义务教育，提高基础教育水平的根本大计。为此，要采取特定的措施提高中小学教师和幼儿教师的社会地位和生活待遇，鼓励他们终身从事教育事业。[①] 要在全社会范围内，大力树立和发扬尊重各级各类教师的良好风尚，使教师工作成为最受人尊重的职业之一。[②]

1986 年 4 月，《中华人民共和国义务教育法》第 14 条规定：全社会应当尊重教师。国家保障教师的合法权益，采取措施提高教师的社会地位，改善教师的物质待遇，对优秀的教育工作者给予奖励。[③]

1992 年 8 月，国家教委、国家计委、人事部、财政部联合发布《关于进一步改善和加强民办教师工作若干问题的意见》指出：各级政府和教育行政部门对民办教师和公办教师要真正做到"四个一样"，即政治上一样待遇、工作上一样要求、组织上一样管理、生活上一样关心。在入党、评选先进、晋升职务、加入工会组织等方面，对民办教师和公办教师要一视同仁。[④]

2. 教师职业权利

1985 年 5 月，《中共中央关于教育体制改革的决定》规定：要建立和健全以教师为主体的教职工代表大会制度，加强民主管理和民主监督。[⑤]

1986 年 5 月，《小学教师职务试行条例》、《中学教师职务试行条例》对小学、中学教师各级职务的设置、职责、任职条件、考核和评审等均做出了相应的规定。

1986 年 4 月，《中华人民共和国义务教育法》第 16 条规定：禁止侮辱、殴打教师，违反该规定的，根据不同情况，分别给予行政处分，行政处罚；造成损失的，责令赔偿损失；情节严重构成犯罪的，依法追究刑事责任。[⑥]

1990 年 3 月，国务院批准《学校体育工作条例》，第 19 条规定：对体育教师的职务聘任、工资待遇应当与其他任课教师同等对待。按照国家有关规定，有关部门应当

---

① 聂阳阳. 青少年发展政策选编及评析(下)[M]. 北京：北京理工大学出版社，2012：92.

② 聂阳阳. 青少年发展政策选编及评析(下)[M]. 北京：北京理工大学出版社，2012：95.

③ 孙琬钟，张春生，吴念祖，等. 中华人民共和国法律释义全书(第 2 卷)[M]. 2 版. 北京：中国言实出版社，1997：1119.

④ 龚德隆. 学校法律实务大全(下卷)[M]. 呼伦贝尔：内蒙古文化出版社，2000：1505.

⑤ 聂阳阳. 青少年发展政策选编及评析(下)[M]. 北京：北京理工大学出版社，2012：96.

⑥ 孙琬钟，张春生，吴念祖，等. 中华人民共和国法律释义全书(第 2 卷)[M]. 2 版. 北京：中国言实出版社，1997：1120.

妥善解决体育教师的工作服装和粮食定量，体育教师组织课间操(早操)、课外体育活动和课余训练、体育竞赛应当计算工作量。学校对妊娠、产后的女体育教师，应当按照《女职工劳动保护规定》给予相应的照顾。[①]

3. 农村教师工资

1985 年 8 月，国务院工资制度改革小组、劳动人事部发布了《关于高等学校、中等专业学校、中小学教职工工资制度改革问题的通知》，印发了《高等学校教职工工资制度改革实施方案》、《中等专业学校教职工工资制度改革实施方案》、《中小学教职工工资制度改革实施方案》、《关于教师教龄津贴的若干规定》四个方案。《中小学教职工工资制度改革实施方案》规定：教职员实行以职务工资为主要内容的结构工资制，结构工资由基础工资、职务工资、工龄津贴和奖励工资四个部分组成。教师同时实行教龄津贴，各类学校毕业生分配到"老、少、山、边、穷"地区和调入上述地区从事中小学教育工作的教职员，待遇从优。民办教师的待遇问题，应根据国发〔1984〕174 号《国务院关于筹措农村学校办学经费的通知》的原则精神，由各省、自治区、直辖市人民政府确定。[②]《关于教师教龄津贴的若干规定》对教师教龄津贴执行范围、教龄津贴标准、教龄计算办法做出了具体规定，提出中等专业学校、教师进修学校、技工学校、普通中学、职业中学、农业中学、工读学校、盲聋哑学校、小学、弱智儿童学校和幼儿园的公办教师，均可实行教龄津贴。民办教师或长期顶编代课教师转为上述学校公办教师后的教龄计算，应按其工龄计算的有关规定办理。民办教师是否实行教龄津贴制度，由各地根据实际情况决定。[③]

1987 年 11 月，国务院为了改善中小学教师生活待遇，促进基础教育事业的发展，发出《关于提高中小学教师工资待遇的通知》，规定从 1987 年 10 月起，将中小学教师和幼儿园教师现行的工资标准提高 10%。[④]

1988 年 1 月，劳动人事部、国家教育委员会发布《提高中小学教师工资标准的实施办法》，规定：从 1987 年 10 月起可以将中小学和幼儿园教师现行的各级工资标准(基础工资、职务工资之和，下同)均提高 10%，也可以在不超过工资标准提高 10%的增资总额范围内，将增资总额的大部分用于提高工资标准，小部分用于调整中小学教师内部的工资关系。[⑤]

---

① 孙承文.体育理论与实践教程[M].北京：中国林业出版社，2016：502.

② 教育部教育管理信息中心，咸立亭.中华人民共和国教育法律法规全书(第 2 册)[M].北京：兵器工业出版社，2001：561-563.

③ 教育部教育管理信息中心，咸立亭.中华人民共和国教育法律法规全书(第 2 册)[M].北京：兵器工业出版社，2001：564-565.

④ 国务院法制办公室.中华人民共和国法规汇编 1987—1988(第 8 卷)[M].北京：中国法制出版社，2005：260.

⑤ 国家计委体改法规司.企业经营管理适用法规文件集成 下[M].北京：中国法制出版社，1992：2339.

1988 年 9 月，国务院发出《关于提高部分专业技术人员工资的通知》，规定：提高中小学班主任津贴标准，建立中小学教师超课时酬金制度。班主任津贴标准提高的幅度和教师超课时酬金的具体数额，由各地结合实际情况自行确定。[①]

1988 年 12 月，人事部、国家教委、财政部联合发出《关于提高中小学班主任津贴标准和建立中小学教师超课时酬金制度的实施办法》规定：从 1988 年第四季度起，提高中小学班主任津贴标准和建立中小学教师超课时酬金制度。[②]

1992 年 8 月，国家教委、国家计委、人事部、财政部联合发布《关于进一步改善和加强民办教师工作若干问题的意见》规定：改善民办教师的工资福利待遇。①在国家调整公办教师工资时，应相应增加民办教师工资，由各地政府根据实际情况做出具体规定。②民办教师较多的地区，在一定时期内，可实行以县为单位的民办教师国家补助费（应扣除民办教师转为公办教师的部分）总额包干制，精减民办教师数量，不减补助费，节余部分专项用于提高在职民办教师工资待遇。③各省区要分别规定不同经济水平地区民办教师工资的最低保证数。目前，原则上以县（市）为单位，民办教师的工资收入（包括国补部分和集体自筹部分）不得低于该县公办教师平均工资额（按国家统计局工资总额构成的口径）的三分之二。有条件的地方，尤其是富裕地区应该解决得更好一些，实现与公办教师同工同酬。[③]

4. 农村教师福利

1985 年 11 月，财政部《关于建筑税若干问题的通知》中规定：为了尽快改善中小学校教师的住宿条件，缓和当前中小学校教师宿舍严重不足的状况，对各级教育主管部门用地方财政资金和自筹资金安排中小学校教师宿舍的建设投资，给予特案免征建筑税。[④]

1986 年 9 月，国务院办公厅转发《国家教委、国家计委、财政部、劳动人事部关于实施〈义务教育法〉若干问题的意见》，第 27 条规定：切实解决中小学教师的医疗问题；中小学公办教师看病、住院、转院和经费报销等，与当地党政机关和事业单位的干部享受同等待遇；改善民办教师待遇。各地应逐步建立民办教师福利基金，用于解决民办教师的福利待遇，医疗保健和退休后的“老有所养”问题。[⑤]

1988 年 6 月，国家教委、财政部、人事部发布的《关于农村年老病残民办教师生

---

① 国家计委体改法规司．企业经营管理适用法规文件集成 下[M]．北京：中国法制出版社，1992：2340.

② 国家教委财务司．全国教育事业财务制度选编（一）[M]．北京：国家教委财务司，1992：414.

③ 龚德隆．学校法律实务大全（下卷）[M]．呼伦贝尔：内蒙古文化出版社，2000：1505.

④ 中华人民共和国审计署财政审计司．财政审计法规选编[M]．北京：中国财政经济出版社，1991：882.

⑤ 国务院法制办公室．中华人民共和国法规汇编 1985—1986（第 7 卷）[M]．北京：中国法制出版社，2005：482.

活补助费的暂行规定》，对补助对象、补助条件、补助标准、经费来源、审批手续等做出了说明：补助对象是经县以上教育行政部门审查批准发给任用证书，享受国家民办教师补助费并符合相应补助条件的现任中小学民办教师；鉴于各地经济文化发展很不平衡，生活补助费标准全国不作统一规定，由各省、自治区、直辖市根据当地经济情况自行制定。但最低标准不得少于现行民办教师补助费中的国家补助部分；在不新增民办教师和财政负担的前提下，农村年老病残民办教师生活补助费的资金来源，从国家已下达的民办教师补助费、农村征收的教育事业费附加和集体自筹中解决。[①]

1992年8月，国家教委、国家计委、人事部、财政部联合发布《关于进一步改善和加强民办教师工作若干问题的意见》规定：各地政府应从当地实际出发，在民办教师福利、医疗保健、建房、粮食供应、购买生产生活资料等方面，制定体现尊师重教的优惠政策。要积极开展对民办教师家属的扶贫工作，在资金、技术、信息等方面，为他们脱贫致富提供帮助。要进一步改进和完善民办教师老有所养办法，探索符合中国国情的民办教师社会保险福利制度。有条件的地方应逐步提高现行年老病残民办教师离岗后生活补助费标准。各地应积极创造条件，逐步建立民办教师保险福利基金。有条件的地区可在社会保障福利方面逐步缩小民办教师同公办教师的差别，参照公办教师的有关规定办理。[②]

三、农村教师管理政策

1. 农村教师的选拔、任用与补充

1986年3月，国家教委下发《关于加强和发展师范教育的意见》规定：要在认真试点的基础上，实行教师职务聘任制，建立和完善教师的考核、晋升制度。[③]

1986年5月，《小学教师职务试行条例》第三条规定：小学教师职务实行聘任或任命制。聘任或任命教师职务，必须经过教师职务评审委员会从政治思想、文化专业知识水平、教育教学能力、工作成绩和履行职责等方面进行评审，认定具备担任相应职务的条件，由学校或县以上教育行政部门领导进行聘任或任命。聘任或任命教师担任职务应有一定的任期，每一任期一般为3年至5年，可以续聘或连任。小学教师职务的评审工作，由省、地、县三级教育行政部门分级领导，并在地、县两级分别设立小学教师职务评审委员会。各级评审委员会，由同级教育主管部门批准。学校或学区设立评审小组，由县级教育行政部门批准。[④]

---

① 财政部文教行政财务司.社会文教行政财务制度选编(1987.1—1988.12)[M].北京：中国财政经济出版社，1989：471-473.

② 龚德隆.学校法律实务大全(下卷)[M].呼伦贝尔：内蒙古文化出版社，2000：1506.

③ 张乐天.高等教育政策的回顾与反思(1977—1999)[M].南京：南京师范大学出版社，2008：247.

④ 何明清.最新教育法百科全书(第三卷)[M].长春：吉林电子出版社，2004：1050，1052.

1986 年 5 月,《中学教师职务试行条例》第三条规定:中学教师职务实行聘任或任命制。聘任或任命教师职务,必须经过教师职务评审委员会从政治思想、文化专业知识水平、教育教学能力、工作成绩和履行职责等方面进行评审,认定具备担任相应职务的条件,由学校或县以上教育行政部门领导进行聘任或任命。聘任或任命教师担任职务应有一定的任期,每一任期一般为 3 年至 5 年。可以续聘或连任。中学教师职务的评审工作,由省、地、县三级教育行政部门领导,并分别设立中学教师职务评审委员会。各级评审委员会,由同级教育主管部门批准。学校设立评审小组,由县级教育行政部门批准。①

1986 年 5 月,《关于中小学教师职务试行条例的实施意见》第 4 条规定:根据中小学教师队伍的现实情况,目前中小学教师职务一般宜实行任命制。有条件的地区或学校,可以实行聘任制。第 7 条规定:中小学各级教师任职条件,分别由各级教师职务评审委员会评审。②

1987 年 8 月,国家教委发出《关于印发〈全国高等师范学校师资"七五"规划要点〉的通知》,在附件《全国高等师范学校师资"七五"规划要点》中规定:做好教师职称改革工作,实行教师职务聘任制,以职称改革为中心,做好各方面的管理改革工作,健全教师管理制度,制定好有关定编、设岗、限额、合理结构、退休、调整、聘任等一系列政策措施。③

1986 年 12 月,国家教委、劳动人事部、国家计委联合颁发《关于下达 1986 年从中小学民办教师中选招公办教师专项劳动指标的通知》指出:今后,各地一律不得再吸收新民办教师,如果发现擅自吸收的,必须坚决清退,并追究领导者的责任。④

1992 年 8 月,国家教委、国家计委、人事部、财政部联合发布《关于进一步改善和加强民办教师工作若干问题的意见》规定:坚决控制并通过多种渠道进一步减少民办教师数量,任何单位都不能以任何理由再行吸收新的民办教师;在此前提下,通过师范学校定向招生和"民转公",逐步将一部分优秀民办教师选招为公办教师,对经过培训仍不合格的民办教师要予以辞退,对超编人员也要辞退或者将其调整到缺编单位,要认真执行年老病残民办教师离岗制度。在千方百计保证农村学校师资需求的同时,坚决清退未经县以上教育行政部门批准,乡村自行录用的所谓"计划外民办教师"和代课教师。辞退不合格民办教师和清退"计划外民办教师"后,短时间补充不上公办教师的,可以由县以上教育行政部门进行严格考试,聘请具有高中毕业以上文化程

① 何明清.最新教育法百科全书(第三卷)[M].长春:吉林电子出版社,2004:1053,1055.

② 国家教育委员会教师管理办公室.中小学教师职务试行条例及有关文件汇编[M].武汉:武汉大学出版社,1986:22-23.

③ 国家教委高校师资培训交流北京中心.高等师范学校师资队伍建设有关文件资料汇编[M].北京:北京师范大学出版社,1988:8-9.

④ 孟旭,马书义.中国民办教师现象透视[M].南宁:广西教育出版社,1999:202.

度，具备教师资格的人为临时代课教师。聘请临时代课教师要签订合同，明确规定聘期、权利、义务和待遇。通过调整整顿，逐步增大公办教师的比重，减少民办教师数量，进一步提高队伍的整体素质。①

2. 农村教师考核

1986 年 5 月，中央职称改革工作领导小组发布《关于转发国家教育委员会中小学教师职务试行条例等文件的通知》，颁布了《小学教师职务试行条例》、《中学教师职务试行条例》、《关于中小学教师职务试行条例实施意见》。《小学教师职务试行条例》、《中学教师职务试行条例》对建立教师的考核制度以及考核内容、考核办法作了规定，指出：学校要对被聘任或任命的教师的政治思想表现、文化专业知识水平、教育教学能力、工作成绩和履行职责的情况进行考核，建立考绩档案，为教师职务的评审和聘任或任命提供依据。②

1986 年 5 月，《关于中小学教师职务试行条例的实施意见》规定：评审教师任职条件，先由学校行政领导对被评审的教师从政治思想、文化专业知识水平、教育教学能力、工作成绩和履行职责等五个方面在平时考核的基础上进行全面考核。考核要重视政治思想品质、职业道德和教育教学工作的实绩。考核教育教学工作实绩，不能片面地看学生的分数，而要着重看教师在德、智、体等方面使学生在原有基础上获得提高所做出的成绩。③

1986 年 9 月，国家教委发布《关于中小学教师考核合格证书试行办法》规定：考核合格证书适用于不具备国家规定合格学历的中小学(含农职业中学文化课)教师。考核合格证书暂设《教材教法考试合格证书》和《专业合格证书》两种。④

1986 年 9 月，国务院办公厅转发《国家教育委员会等部门关于实施〈义务教育法〉若干问题意见的通知》规定：建立教师考核制度。对不具备国家规定学历和不能胜任教学工作的中小学教师，应组织他们在职进修学习并进行考核。省、自治区、直辖市教育主管部门应根据国家有关规定，制定具体考核标准和考核办法。考核合格者，发给证书。努力做到只有具备合格学历或有所任学科《专业合格证书》的，才能担任教师。⑤

3. 农村教师奖惩

1986 年 9 月，国务院办公厅转发《国家教育委员会等部门关于实施〈义务教育法〉若干问题意见的通知》规定：建立奖励制度。对普及义务教务工作中成绩卓著的

---

① 龚德隆. 学校法律实务大全(下卷)[M]. 呼伦贝尔：内蒙古文化出版社，2000：1504.

② 劳凯声. 班主任工作实用全书[M]. 北京：开明出版社，2000：1078，1080.

③ 冯克诚，申杲华. 学校管理制度方法操作规范[M]. 北京：开明出版社，1996：776.

④ 杨放. 教育法规全书[M]. 海口：南海出版公司，1990：347.

⑤ 全国人民代表大会常务委员会法制工作委员会. 中华人民共和国法律及有关法规汇编 1985 年—1986 年[M]. 北京：法律出版社，1987：162-163.

教师，由国家授予称号。具体办法另定。各省、自治区、直辖市可建立相应的奖励制度，具体办法自定。[①]

1989 年 7 月，国家教委、人事部、全国教育工会发布《嘉奖优秀教师和教育工作者暂行办法》。

1992 年 8 月，国家教委、国家计委、人事部、财政部联合发布《关于进一步改善和加强民办教师工作若干问题的意见》规定：要大力表彰优秀民办教师，宣传他们教书育人、为人师表、无私奉献的感人事迹，增强广大民办教师教书育人的历史责任感和荣誉感，让全社会更多地了解和理解民办教师。[②]

1992 年 10 月，国家教委颁布《教师和教育工作者奖励暂行规定》。

四、主要特点

第一，农村教师政策的出发点从政策的恢复与调整向教育体制改革转变。1985 年，《中共中央关于教育体制改革的决定》指出：十一届三中全会以后，经过指导思想的拨乱反正，党中央对教育工作做出了一系列新的论断和决策，我国教育事业得到了恢复，开始走上了蓬勃发展的道路。但是，轻视教育、轻视知识、轻视人才的错误思想仍然存在，教育工作方面的"左"的思想影响还没有完全克服，教育工作不适应社会主义现代化建设需要的局面还没有根本扭转。要从根本上改变这种状况，必须从教育体制入手，有系统地进行改革。[③]

第二，农村教师的培养和培训得到前所未有的重视，建立合格教师队伍被提升到战略的高度。1985 年，《中共中央关于教育体制改革的决定》强调：建立一支有足够数量的、合格而稳定的师资队伍，是实行义务教育、提高基础教育水平的根本大计；把发展师范教育和培训在职教师作为发展教育事业的战略措施。[④] 因此，大力加强和发展师范教育，关注以民办教师为代表的农村在岗教师的继续教育和在职培训问题，以使他们达到合格教师标准，成为这一时期农村教师政策的重点。

第三，关注农村教师生存状况，提高农村教师的社会地位和经济待遇，建立稳定的农村教师队伍，是这一时期农村教师政策的重点。1988 年 6 月，国家教委、财政部、人事部发布《关于农村年老病残民办教师生活补助费的暂行规定》。1992 年 8 月，国家教委、国家计委、人事部、财政部联合发布的《关于进一步改善和加强民办教师工作若干问题的意见》规定：改善民办教师的工资福利待遇。但这些政策与规定主要停留在具体措施的层面上。同时，由于基础教育实行"地方管理、分级负责"的原则，农村教师的实际待遇与地方财政特别是乡镇一级的财政息息相关。

---

① 全国人民代表大会常务委员会法制工作委员会. 中华人民共和国法律及有关法规汇编 1985 年—1986 年[M]. 北京：法律出版社，1987：163.

② 龚德隆. 学校法律实务大全(下卷)[M]. 呼伦贝尔：内蒙古文化出版社，2000：1505.

③ 孙霄兵. 常用教育法律法规[M]. 北京：教育科学出版社，2010：317-318.

④ 孙霄兵. 常用教育法律法规[M]. 北京：教育科学出版社，2010：320.

第三节 体制转型期的农村教师政策内容(1993—2000年)

1992年初,邓小平同志在南方谈话中提出:计划多一点还是市场多一点,不是社会主义与资本主义的本质区别;经济发展得快一点,必须依靠科技和教育。① 1993年2月,党中央和国务院印发《中国教育改革和发展纲要》提出:在20世纪90年代,随着经济体制、政治体制和科技体制改革的深化,教育体制改革要采取综合配套、分步推进的方针,加快步伐,改革包得过多、统得过死的体制,初步建立起与社会主义市场经济体制和政治体制、科技体制改革相适应的教育新体制。② 在这样的时代背景下,农村教师政策也逐渐带有市场化、现代化的特征。

一、农村教师要求政策

1. 农村教师职业要求

1993年2月,《中国教育改革和发展纲要》提出:教师是人类灵魂的工程师,必须努力提高自己的思想政治素质和业务水平;热爱教育事业,教书育人,为人师表;精心组织教学,积极参加教育改革,不断提高教学质量。③

1993年10月,《中华人民共和国教师法》颁布,第三条规定:教师是履行教育教学职责的专业人员,承担教书育人、培养社会主义事业建设者和接班人、提高民族素质的使命。教师应当忠诚于人民的教育事业。第十条规定:国家实行教师资格制度。中国公民凡遵守宪法和法律,热爱教育事业,具有良好的思想品德,具备本法规定的学历或者经国家教师资格考试合格,有教育教学能力,经认定合格的,可以取得教师资格。同时,《中华人民共和国教师法》还对教师应当履行的义务和应具备的学历等资格条件做出了要求。④

1995年12月,国务院发布《教师资格条例》,从教师资格分类与使用、教师资格条件、教师资格考试、教师资格认定、罚则等方面做出了具体规定。

1995年12月,《教师资格认定的过渡办法》主要从教师资格过渡的范围、教师资格的分类及适用范围、教师资格的申请、教师资格的认定、教师资格证书、实施教师资格过渡工作的要求等方面做出规定。

1997年8月,《中小学教师职业道德规范》对教师职业道德提出8条要求:依法执教、爱岗敬业、热爱学生、严谨治学、团结协作、尊重家长、廉洁从教、为人师表。⑤

---

① http://gd.people.com.cn/n/2014/0811/c123932-21952148.html.

② http://www.moe.gov.cn/jyb_sjzl/moe_177/tnull_2484.html.

③ http://www.moe.gov.cn/jyb_sjzl/moe_177/tnull_2484.html.

④ http://www.moe.gov.cn/s78/A02/zfs__left/s5911/moe_619/tnull_1314.html.

⑤ 特岗教师招聘考试命题研究中心.教育理论综合知识(小学 含幼儿园)[M].北京:中国经济出版社,2011:308.

1997 年 12 月，国家教委师范教育司印发《关于在中小学教师继续教育中加强教师职业道德教育的意见》，对中小学教师职业道德教育的意义、指导思想、目标、内容、途径、方法、考核等问题作了说明。[①]

1998 年 12 月，教育部制订《面向 21 世纪教育振兴行动计划》提出：大力提高教师队伍的整体素质，特别要加强师德建设；师范院校要继续把说好普通话、写好规范字、提高语言文字能力作为素质教育的重要内容。[②]

1999 年 6 月，中共中央、国务院印发《关于深化教育改革，全面推进素质教育的决定》提出：提高教师队伍的整体素质；全面实施教师资格制度，开展面向社会认定教师资格工作。[③]

2000 年 9 月，教育部依据《中华人民共和国教师法》和《教师资格条例》，制定了《〈教师资格条例〉实施办法》。

2. 农村教师培养要求

1993 年 2 月，中共中央、国务院发布《中国教育改革和发展纲要》规定：进一步加强师资培养培训工作。进一步扩大师范院校定向招生的比例，建立师范毕业生服务期制度，保证毕业生到中小学任教。其他高等院校也要积极承担培养中小学和职业技术学校师资的任务。[④]

1993 年 10 月，《中华人民共和国教师法》颁布，第十八条规定：各级人民政府和有关部门应当办好师范教育，并采取措施，鼓励优秀青年进入各级师范学校学习。第二十一条规定：各级人民政府应当采取措施，为少数民族地区和边远贫困地区培养、培训教师。[⑤]

1995 年 10 月，国家教委印发《关于〈中华人民共和国教师法〉若干问题的实施意见》规定：地方人民政府及其有关部门，应当制定和实施教师的培养规划，保证本地区教师队伍有可靠的补充来源。国家对少数民族地区或者边远贫困地区教师的培养实行定向招生分配制度。各级师范学校应当根据国家下达的招生计划，保证完成教师培养任务。国家对师范生免收学费，并实行专业奖学金制度。[⑥]

1996 年 12 月，国家教委印发《关于师范教育改革和发展的若干意见》，主要包括：师范教育改革和发展的指导思想和主要任务；健全和完善有中国特色的师范教育体系；积极推进办学体制和管理体制改革；进一步改革和完善招生就业制度和办法；进一步加强和改进德育工作；深化教学改革，加强科学研究；加强中小学教师培训工

---

① 教育部师范教育司. 师范教育工作资料汇编(1996 年—2000 年)[M]. 长春：东北师范大学出版社，2001：344-346.

② http://www.moe.gov.cn/jyb_sjzl/moe_177/tnull_2487.html.

③ http://www.moe.gov.cn/jyb_sjzl/moe_177/tnull_2478.html.

④ http://www.moe.gov.cn/jyb_sjzl/moe_177/tnull_2484.html.

⑤ http://www.moe.gov.cn/s78/A02/zfs__left/s5911/moe_619/tnull_1314.html.

⑥ 教育部法制办公室. 高等教育法律法规规章选编[M]. 北京：教育科学出版社，2005：641.

作;加强师范院校教师队伍建设;各级政府要努力增加师范教育投入;加快法规建设;加强科学管理;认真制定师范教育事业发展规划;加强领导;认真落实师范教育在教育事业中优先发展的战略地位。①

1998 年 12 月,教育部制订《面向 21 世纪教育振兴行动计划》提出:实施"跨世纪园丁工程",大力提高教师队伍素质;要加强和改革师范教育,提高新师资的培养质量。实力较强的高等学校要在新师资培养以及教师培训中做出贡献。②

1999 年 6 月,中共中央、国务院印发《关于深化教育改革,全面推进素质教育的决定》提出:把提高教师实施素质教育的能力和水平作为师资培养、培训的重点。加强和改革师范教育,大力提高师资培养质量。调整师范学校的层次和布局,鼓励综合性高等学校和非师范类高等学校参与培养、培训中小学教师的工作。③

2000 年 12 月,中共中央办公厅、国务院办公厅发布《关于适应新形势进一步加强和改进中小学德育工作的意见》提出:采取多种有效方式,大力加强教师职业道德教育;在实施"中小学教师继续教育工程"中,要将职业道德教育作为必修课程,要建立教师职业道德教育培训制度,师范院校要设立教师职业道德教育必修课。④

3. 农村教师培训要求

1993 年 2 月,中共中央、国务院发布《中国教育改革和发展纲要》规定:进一步加强师资培养培训工作。要制订教师培训计划,促进教师特别是中青年教师不断进修提高,使绝大多数中小学教师更好地胜任教育教学工作。到 20 世纪末,通过师资补充和在职培训,绝大多数中小学教师要达到国家规定的合格学历标准,小学和初中教师中具有专科和本科学历者的比重逐年提高。⑤

1993 年 7 月,国家教委颁布《关于加强小学骨干教师培训工作的意见》。

1993 年 10 月,《中华人民共和国教师法》第十八条规定:各级教师进修学校承担培训中小学教师的任务。非师范学校应当承担培养和培训中小学教师的任务。第十九条规定:各级人民政府教育行政部门、学校主管部门和学校应当制定教师培训规划,对教师进行多种形式的思想政治、业务培训。⑥

1994 年 4 月,国家教委印发《关于开展在职小学教师进修高等师范专科学历工作的通知》,对在职小学教师进修高等师范专科学历工作的发展方针、原则、办学方式等方面作了规定。

---

① 教育部法制办公室. 学前教育政策法规规章汇编[M]. 北京:首都师范大学出版社,2014:281-287.

② http://www.moe.gov.cn/jyb_sjzl/moe_177/tnull_2487.html.

③ http://www.moe.gov.cn/jyb_sjzl/moe_177/tnull_2478.html.

④ 国务院法制办公室. 中华人民共和国教育法典[M]. 3 版. 北京:中国法制出版社,2016:146.

⑤ http://www.moe.gov.cn/jyb_sjzl/moe_177/tnull_2484.html.

⑥ http://www.moe.gov.cn/s78/A02/zfs__left/s5911/moe_619/tnull_1314.html.

1994 年 7 月，国务院发布《关于〈中国教育改革和发展纲要〉的实施意见》规定：要有计划地对中小学的校长、教师进行培训。到 20 世纪末，使 95％以上的小学教师和 80％以上的初中教师达到国家规定的合格学历标准。有条件的经济发展程度较高的地区要逐步提高中小学教师的学历层次。①

1994 年 11 月，国家教委印发《关于开展小学新教师试用期培训的意见》，对新教师试用期培训的目标、对象、内容和要求、形式、时间、考核等方面做出了规定。

1995 年 10 月，国家教委印发《关于〈中华人民共和国教师法〉若干问题的实施意见》规定：各地应当设立教师培训的专项经费，各级人民政府的教育行政部门、学校主管部门、各级各类学校及其他教育机构，应当制订教师培训规划和计划，保障教师进修培训的权利。教师的进修培训应当根据学校的安排，因地制宜，学用结合，以自学为主，不脱产为主。②

1998 年 12 月，教育部制订《面向 21 世纪教育振兴行动计划》提出：3 年内，以不同方式对现有中小学校长和专任教师进行全员培训和继续教育，巩固和完善中小学校长岗位培训和持证上岗制度。加强中小学教师继续教育的教材建设。中小学专任教师及师范学校在校生都要接受计算机基础知识培训。③

1999 年 6 月，中共中央、国务院印发《关于深化教育改革，全面推进素质教育的决定》提出：开展以培训全体教师为目标、骨干教师为重点的继续教育，使中小学教师的整体素质明显提高。中小学专任教师以及师范学校在校生都要接受计算机基础知识和技能培训。④

1999 年 9 月，教育部发布《中小学教师继续教育规定》，规定了中小学教师继续教育的内容与类别、组织管理、条件保障、考核与奖惩事项。

1999 年 10 月，教育部发布《关于在民族贫困地区开展“中小学教师综合素质培训”工作的通知》，下发了《21 世纪民族贫困地区中小学教师综合素质培训计划》。

2000 年 3 月，教育部《关于实施“中小学教师继续教育工程”的意见》中规定：要加强农村、少数民族和边远贫困地区中小学教师的培训。各地要结合实际，采取措施，加快农村、少数民族和边远贫困地区中小学教师学历补偿教育的步伐，确保完成普九任务。同时，不失时机地积极开展中小学教师继续教育，选择符合当地需要的培训内容，采取有效培训方式，提高教师的实际教学能力，帮助教师树立为农村社会经济发展服务的意识，为培养各类农村实用人才提供师资保障。要进一步加强东部地区对西部地区中小学教师培训工作的支持帮助，加强发达地区对少数民族和贫困地区的教育对口支援工作，切实帮助这些地区解决教师培训中存在的实际困难。逐步

---

① http://old.moe.gov.cn/publicfiles/business/htmlfiles/moe/moe_177/200407/2483.html.

② 教育部法制办公室.高等教育法律法规规章选编[M].北京：教育科学出版社，2005：642.

③ http://www.moe.gov.cn/jyb_sjzl/moe_177/tnull_2487.html.

④ http://www.moe.gov.cn/jyb_sjzl/moe_177/tnull_2478.html.

形成符合农村、少数民族和边远贫困地区实际的中小学教师培训机制，促进教师整体素质的提高。①

二、农村教师待遇政策

1. 农村教师地位

1993 年 2 月，中共中央、国务院发布《中国教育改革和发展纲要》，强调指出：要下决心，采取重大政策和措施，提高教师社会地位，大力改善教师的工作、学习和生活条件，努力使教师成为最受人尊重的职业。②

1993 年 10 月，《中华人民共和国教师法》第四条规定：全社会都应当尊重教师。第 6 条规定：每年 9 月 10 日为教师节。③

1994 年 7 月，国务院发布《关于〈中国教育改革和发展纲要〉的实施意见》规定：各级领导必须进一步确立依靠广大教职工特别是教师办好学校的思想，充分调动教师的积极性和创造性，提高他们的社会地位。各级政府要制定表彰、奖励优秀教师和优秀教育工作者的规定和办法，通过舆论宣传以及搞好每年一度的教师节活动等多种途径，促进全社会进一步形成尊师重教的良好风气。④

1995 年 3 月，《中华人民共和国教育法》第四条规定：全社会应当尊重教师。⑤

2. 农村教师职业权利

1993 年 10 月，《中华人民共和国教师法》第七条规定了教师享有 6 种职业权利，第三十五条、三十六条、三十八条、三十九条对侵犯教师利益的行为应承担的法律责任进行了规定。

1995 年 3 月，《中华人民共和国教育法》第三十条规定：学校及其他教育机构应当按照国家有关规定，通过以教师为主体的教职工代表大会等组织形式，保障教职工参与民主管理和监督。⑥ 第三十三条规定：国家保护教师的合法权益，改善教师的工作条件和生活条件，提高教师的社会地位；教师的工资报酬、福利待遇，依照法律、法规的规定办理。⑦

---

① 教育部政策研究与法制建设司. 中华人民共和国现行教育法规汇编：1996—2001（下卷）[M]. 北京：高等教育出版社，2002：126.

② http://www.moe.gov.cn/jyb_sjzl/moe_177/tnull_2484.html.

③ http://www.moe.gov.cn/s78/A02/zfs__left/s5911/moe_619/tnull_1314.html.

④ http://old.moe.gov.cn/publicfiles/business/htmlfiles/moe/moe_177/200407/2483.html.

⑤ 全国人民代表大会法制工作委员会. 中华人民共和国现行法律全集（第三卷）[M]. 北京：中国建材工业出版社，1998：2091.

⑥ 全国人民代表大会法制工作委员会. 中华人民共和国现行法律全集（第三卷）[M]. 北京：中国建材工业出版社，1998：2094-2095.

⑦ 全国人民代表大会法制工作委员会. 中华人民共和国现行法律全集（第三卷）[M]. 北京：中国建材工业出版社，1998：2095.

1996年3月，国家教委发布《小学管理规程》，第34条规定：小学校长应充分尊重教职工的民主权利，听取他们对于学校工作的意见、建议。教职工应服从校长的领导，认真完成本职工作。职工对学校工作的意见、建议，必要时可直接向主管部门反映，任何组织和个人不得阻挠。[①] 第41条规定：小学应建立教职工（代表）大会制度，加强民主管理和民主监督。大会可定期召开，不设常设机构。[②]

3. 农村教师工资

1993年2月，中共中央、国务院发布《中国教育改革和发展纲要》规定：改革教育系统工资制度，提高教师工资待遇，逐步使教师的工资水平与全民所有制企业同类人员大体持平；要建立符合教育特点的工资制度和正常的工资增长机制，切实保证教师的工资水平随国民收入的增长逐步提高。要贯彻按劳分配原则，克服平均主义、论资排辈的倾向，使贡献大的、教学质量高的教师有更高的工资收入。改革过于集中统一的工资管理体制，在国家宏观调控的前提下，使地方、部门和学校享有自主权。国家规定教育系统工资制度的基本原则和基本工资标准，由各省、自治区、直辖市政府和中央主管部门，在不低于基本工资标准的前提下确定具体工资标准，不搞全国“一刀切”。学校具有调整内部工资关系、增加工资和学校基金分配的自主权。[③] 各地要改进民办教师工资管理体制和统筹办法，增加民办教师补助费，改善民办教师待遇，逐步使民办教师与公办教师同工同酬。[④]

1993年10月，《中华人民共和国教师法》对教师享有的待遇进行了法律上的规定。第二十五条规定：教师的平均工资水平应当不低于或者高于国家公务员的平均工资水平，并逐步提高。第二十七条规定：地方各级人民政府对教师以及具有中专以上学历的毕业生到少数民族地区和边远贫困地区从事教育教学工作的，应当予以补贴。第三十一条规定：各级人民政府应当采取措施，改善国家补助、集体支付工资的中小学教师的待遇，逐步做到在工资收入上与国家支付工资的教师同工同酬。[⑤]

1993年11月，国务院发布《关于机关和事业单位工作人员工资制度改革问题的通知》，印发《机关工作人员工资制度改革方案》和《事业单位工作人员工资制度改革方案》，规定：从1993年10月1日起，对机关和事业单位工作人员现行工资制度进行改革。根据《事业单位工作人员工资制度改革方案》，教职工的工资由专业技术职务工资和津贴构成；专业技术职务工资，是工资构成中的固定部分和体现按劳分配的主要内容。专业技术职务工资标准，是按照专业技术职务序列设置的，每一职务分别设

---

① 最高人民检察院《法律手册》编委会.教育管理与学生维权常用法律法规精编[M].北京：中国检察出版社，2007：47.

② 最高人民检察院《法律手册》编委会.教育管理与学生维权常用法律法规精编[M].北京：中国检察出版社，2007：48.

③ http://www.moe.gov.cn/jyb_sjzl/moe_177/tnull_2484.html.

④ http://www.moe.gov.cn/jyb_sjzl/moe_177/tnull_2484.html.

⑤ http://www.moe.gov.cn/s78/A02/zfs__left/s5911/moe_619/tnull_1314.html.

立若干工资档次;津贴是工资构成中活的部分,与专业技术人员的实际工作数量和质量挂钩,多劳多得,少劳少得,不劳不得。①

1994 年 7 月,国务院发布《关于〈中国教育改革和发展纲要〉的实施意见》规定:农村实施义务教育各类学校公办教师的工资,一般由县级财政负责支付,经济发达的农村,也可以由乡级财政负责支付。民办教师工资,属政府支付部分,由县级财政负责;乡筹部分,在征收的教育费附加中支付。保证实现《中华人民共和国教师法》和《中国教育改革和发展纲要》所规定的教师工资待遇的目标,使教师的平均工资水平不低于或者高于国家公务员平均工资水平。要建立有效机制,决不允许拖欠教师工资,人事、财政部门应制订相应的提高教师工资的规划和计划。各地区、各部门在国家规定的政策内可根据实际情况,具体制定教师的津贴标准和范围。要采取特殊措施较大速度地改善优秀骨干教师的待遇。要采取措施提高民办教师待遇,逐步做到民办教师与公办教师同工同酬。②

1995 年 3 月,《中华人民共和国教育法》第五十五条规定:各级人民政府教育财政拨款的增长应当高于财政经常性收入的增长,并使按在校学生人数平均的教育费用逐步增长,保证教师工资和学生人均公用经费逐步增长。③

1995 年 8 月,国家教委发布《关于实施〈中华人民共和国教育法〉若干问题的意见》规定:各级教育行政部门要会同人事、财政、计划等有关部门,建立和完善教师工资按时足额发放的保障机制,建立正常的工资增长机制和教师工资水平监控机制。要以实施《中华人民共和国教育法》为契机,对拖欠教师工资问题进行检查,并督促有关地区尽快兑现。④

1995 年 10 月,国家教委印发《关于〈中华人民共和国教师法〉若干问题的实施意见》规定:农村公办教师的工资和民办教师工资的国家补助部分,由县级财政负责支付,县级财政确有困难的,由上级地方人民政府采取措施予以解决,但经济发达的地区经省级人民政府批准可由乡级财政负责支付。民办教师工资中集体统筹部分,由农村教育费附加予以保证。除经济发达的农村地区外,农村教育费附加首先保证民办教师集体统筹部分工资的发放,不得用以充抵民办教师工资中应由财政支付的部分。《中华人民共和国教师法》第三十一条所称国家补助、集体支付工资的中小学教师是指现阶段农村小学中经政府认定的民办教师。同条所称"同工同酬"是指:民办教师和公办教师在同等条件下,履行相同的教师职责,在工资收入上享受同等待遇。⑤

---

① 中国法制出版社,公务员法及相关文件类编 公务员工资·福利·保险[M].北京:中国法制出版社,2005:40.

② http://old.moe.gov.cn/publicfiles/business/htmlfiles/moe/moe_177/200407/2483.html.

③ 最高人民检察院《法律手册》编委会.教育管理与学生维权常用法律法规精编[M].北京:中国检察出版社,2013:9.

④ 金国华.教育行政法规汇编与点评[M].北京:中国法制出版社,2012:345-346.

⑤ 教育部法制办公室.高等教育法律法规规章选编[M].北京:教育科学出版社,2005:643-644.

1997 年 8 月，国务院办公厅发布《关于保障教师工资按时发放有关问题的通知》规定：各地要加快建立按时足额发放教师工资的保障机制。农村实施义务教育各类学校公办教师的工资，一般由县级财政负责支付，经济发达的农村，也可以由乡级财政负责支付。民办教师工资，属政府支付部分，由县级财政负责；乡筹部门，在征收的教育费附加中支付。各级人民政府要对教育经费特别是教师工资实行全额预算，足额拨款，不留缺口。要按照《中华人民共和国教育法》规定，落实农村教育费附加的征收工作，保证教师工资的发放。财政补贴县要将补贴首先用于保障教师工资发放。①

1997 年 9 月，人事部、财政部发布《关于 1997 年调整机关、事业单位工作人员工资标准等问题的通知》，印发《1997 年调整机关工作人员工资标准实施方案》、《1997 年调整事业单位工作人员工资标准实施方案》，规定从 1997 年 10 月 1 日起，机关、事业单位工作人员继续在考核的基础上正常晋升工资档次。

1999 年 8 月，国务院办公厅转发《人事部、财政部关于调整机关事业单位工作人员工资标准和增加离退休人员离退休费三个实施方案的通知》，决定从 1999 年 7 月 1 日起调整机关、事业单位工作人员工资标准和相应增加离退休人员离退休费。

4. 农村教师福利

1993 年 2 月，中共中央、国务院发布《中国教育改革和发展纲要》规定：在住房和其他社会福利方面实行优待教师的政策；在住房制度改革中，要对教职工住房的建设、分配、销售或租赁，实行优先、优惠政策，逐步社会化。教职工住房建设的责任在地方政府和主管部门，基建投资实行多渠道筹集的办法。地方政府和主管部门要增加对教职工住房建设的投资。各地逐步建立医疗、退休保险等方面的教师保障制度。对离职民办教师，给予生活补助，有条件的地方要逐步建立民办教师保险福利基金。②

1993 年 10 月，《中华人民共和国教师法》第二十六条规定：中小学教师和职业学校教师享受教龄津贴和其他津贴。第二十八条规定：县、乡两级人民政府应当为农村中小学教师解决住房提供方便。第二十九条规定：教师的医疗同当地国家公务员享受同等的待遇；定期对教师进行身体健康检查，并因地制宜安排教师进行休养。医疗机构应当对当地教师的医疗提供方便。第三十条规定：教师退休或者退职后，享受国家规定的退休或者退职待遇。县级以上地方人民政府可以适当提高长期从事教育教学工作的中小学退休教师的退休金比例。③

1994 年 7 月，国务院发布《关于〈中国教育改革和发展纲要〉的实施意见》规定：切实解决教师尤其是农村教师看病难、报销难的问题。按规定享受公费医疗的教师

---

① 何明清. 最新教育法百科全书(第四卷)[M]. 长春：吉林电子出版社，2004：1471.

② http://www.moe.gov.cn/jyb_sjzl/moe_177/tnull_2484.html.

③ http://www.moe.gov.cn/s78/A02/zfs__left/s5911/moe_619/tnull_1314.html.

要同当地公务员享受同等医疗待遇。[①]

1999年6月，中共中央、国务院印发《关于深化教育改革，全面推进素质教育的决定》，提出继续关心和改善教师的工作条件和生活待遇。[②]

1995年10月，国家教委印发《关于〈中华人民共和国教师法〉若干问题的实施意见》规定：公办教师的医疗，依照《中华人民共和国教师法》第二十九条第一款的规定，同当地国家公务员享受同等待遇，地方各级人民政府应当积极鼓励建立民办教师福利基金。[③]

三、农村教师管理政策

1. 农村教师的选拔、任用与补充

1993年2月，《中国教育改革和发展纲要》规定：积极推进以人事制度和分配制度改革为重点的学校内部管理体制改革。在合理定编的基础上，对教职工实行岗位责任制和聘任制，在分配上按照工作实绩拉开差距。师范院校要定向招收部分民办教师入学深造。各地要根据当地的实际情况，每年划拨一定数量的劳动指标，从优秀民办教师中选招公办教师。通过多种途径，逐步减少民办教师的比重。[④]

1993年10月，《中华人民共和国教师法》第十六条规定：国家实行教师职务制度。第十七条规定：学校和其他教育机构应当逐步实行教师聘任制。教师的聘任应当遵循双方地位平等的原则，由学校和教师签订聘任合同，明确规定双方的权利、义务和责任。实施教师聘任制的步骤、办法由国务院教育行政部门规定。[⑤]

1995年3月，《中华人民共和国教育法》第三十四条规定：国家实行教师资格、职务、聘任制度，通过考核、奖励、培养和培训，提高教师素质，加强教师队伍建设。[⑥]

1995年10月，国家教委印发《关于〈中华人民共和国教师法〉若干问题的实施意见》规定：国务院和地方人民政府每年划拨指标后，应从民办教师中选招公办教师；扩大师范学校招收民办教师入学的比例；对经培训仍不能胜任教育教学工作的民办教师，由县级教育行政部门批准辞退；对老年、病残民办教师离岗后的生活予以妥善安置。[⑦]

1998年12月，教育部制订《面向21世纪教育振兴行动计划》提出：实行教师聘任制和全员聘用制，加强考核，竞争上岗，优化教师队伍。2000年前后，要通过提高

---

① http://old.moe.gov.cn/publicfiles/business/htmlfiles/moe/moe_177/200407/2483.html.

② http://www.moe.gov.cn/jyb_sjzl/moe_177/tnull_2478.html.

③ 教育部法制办公室.高等教育法律法规规章选编[M].北京：教育科学出版社，2005：644.

④ http://www.moe.gov.cn/jyb_sjzl/moe_177/tnull_2484.html.

⑤ http://www.moe.gov.cn/s78/A02/zfs__left/s5911/moe_619/tnull_1314.html.

⑥ 最高人民检察院《法律手册》编委会.教育管理与学生维权常用法律法规精编[M].北京：中国检察出版社，2013：7.

⑦ 教育部法制办公室.高等教育法律法规规章选编[M].北京：教育科学出版社，2005：644.

生师(包括职工)比、下岗、分流富余人员等途径,优化中小学教职工队伍,提高办学效益。同时,要拓宽教师来源渠道,向社会招聘具有教师资格的非师范类高等学校优秀毕业生到中小学任教,改善教师队伍结构。认真解决边远山区和贫困地区中小学教师短缺问题。要进一步完善师范毕业生的定期服务制度,对高校毕业生(包括非师范类)到边远贫困的农村地区任教,采取定期轮换制度,并享受国家规定的工资倾斜政策。鼓励各级政府机关公务员到中小学任教。①

1999 年 6 月,中共中央、国务院印发《关于深化教育改革,全面推进素质教育的决定》提出:拓宽教师来源渠道,引入竞争机制,完善教师职务聘任制,提高教育质量和办学效益。中小学根据学校编制聘用教师,可面向社会公开招聘,经县以上教育行政部门审批。加强编制管理,精简富余人员,富余人员原则上在教育系统内部进行培训和安排。各地要认真做好各级各类学校转岗教师的管理服务工作,进一步建立和完善人才流动的社会化服务体系,搞好人才供求信息的收集和发布工作。合理配置教师资源。各地要制定政策,鼓励大中城市骨干教师到基础薄弱学校任教或兼职,中小城市(镇)学校教师以各种方式到农村缺编学校任教,加强农村与薄弱学校教师队伍建设。城镇中小学教师原则上要有一年以上在薄弱学校或农村学校任教经历,才可聘为高级教师职务。采取优惠政策,吸引和鼓励教师到经济不发达地区、边远地区和少数民族地区任教。经济发达地区和城市也要采取多种形式,帮助少数民族地区和农村提高教师队伍水平。②

2000 年 9 月,教育部发布《〈教师资格条例〉实施办法》,对教师资格认定条件、资格认定申请、资格认定及其资格证书管理等做出具体规定。

2. 农村教师考核

1993 年 10 月,《中华人民共和国教师法》第二十二条规定:学校或者其他教育机构应当对教师的政治思想、业务水平、工作态度和工作成绩进行考核。教育行政部门对教师的考核工作进行指导、监督。第二十三条规定:考核应当客观、公正、准确,充分听取教师本人、其他教师以及学生的意见。第二十四条规定:教师考核结果是受聘任教、晋升工资、实施奖惩的依据。③

1995 年 10 月,国家教委印发《关于〈中华人民共和国教师法〉若干问题的实施意见》规定:中小学教师考核的办法,由省级教育行政部门根据国家有关规定制定;中等专业学校、技工学校教师考核办法,由省级教育行政部门会同有关主管部门根据国家有关规定制定。学校应根据省级教育行政部门的规定,制定本校的教师考核办法。教师的考核应当坚持全面考核、以工作成绩为主,做到客观、公正、准确。考核结果分

---

① http://www.moe.gov.cn/jyb_sjzl/moe_177/tnull_2487.html.

② http://www.moe.gov.cn/jyb_sjzl/moe_177/tnull_2478.html.

③ http://www.moe.gov.cn/s78/A02/zfs__left/s5911/moe_619/tnull_1314.html.

为优秀、称职、不称职等若干等级，作为受聘任教、工资确定、实施奖惩的重要依据。教师考核结果要记入业务档案。考核优秀者，可优先晋升工资、晋升教师职务；考核称职者，可定期晋升工资、续聘、晋升教师职务；考核不称职的可根据情况不晋升工资或者低聘、解聘教师职务。①

1996 年 3 月，国家教委发布《小学管理规程》，第 36 条规定：小学要加强教师队伍管理，按国家有关规定实行教师资格、职务、聘任制度，建立、健全业务考核档案。要加强教师思想政治教育、职业道德教育，树立敬业精神。对认真履行职责的优秀教师应予奖励。②

3. 农村教师奖惩

1993 年 2 月，中共中央、国务院发布《中国教育改革和发展纲要》规定：各级政府和学校，对优秀教师和教育工作者，要进行精神、物质奖励，对有突出贡献的教师要给予特殊津贴或奖励，并形成制度。提倡和鼓励各级政府、社会团体、企业和个人建立教师奖励基金。③

1993 年 6 月，国家教委、人事部、财政部发布《特级教师评选规定》指出，特级教师是国家为了表彰特别优秀的中小学教师而特设的一种既具先进性又有专业性的称号。对特级教师的评选条件、评选程序、待遇等做出了要求。④

1993 年 10 月，《中华人民共和国教师法》第三十三条规定：教师在教育教学、培养人才、科学研究、教学改革、学校建设、社会服务、勤工俭学等方面成绩优异的，由所在学校予以表彰、奖励。国务院和地方各级人民政府及其有关部门对有突出贡献的教师，应当予以表彰、奖励。对有重大贡献的教师，依照国家有关规定授予荣誉称号。第三十四条规定：国家支持和鼓励社会组织或者个人向依法成立的奖励教师的基金组织捐助资金，对教师进行奖励。第三十七条规定，教师有下列情形之一的，由所在学校、其他教育机构或教育行政部门给予行政处分或者解聘：故意不完成教育教学任务，给教育教学工作造成损失的；体罚学生，经教育不改的；品行不良、侮辱学生，影响恶劣的。情节严重，构成犯罪的，依法追究刑事责任。⑤

1994 年 3 月，国务院发布《教学成果奖励条例》，对教师教学成果奖励方面做出规定。

---

① 教育部法制办公室. 高等教育法律法规规章选编[M]. 北京：教育科学出版社，2005：642.

② 最高人民检察院《法律手册》编委会. 教育管理与学生维权常用法律法规精编[M]. 北京：中国检察出版社，2013：49.

③ http://www.moe.gov.cn/jyb_sjzl/moe_177/tnull_2484.html.

④ 何东君. 中华人民共和国改革开放 30 年年鉴 1978—2008[M]. 北京：新华出版社，2008：1115-1116.

⑤ http://www.moe.gov.cn/s78/A02/zfs__left/s5911/moe_619/tnull_1314.html.

1995 年 10 月，国家教委印发《关于〈中华人民共和国教师法〉若干问题的实施意见》规定：国务院教育行政部门、有关部门和地方各级人民政府及其有关部门组织实施的教师奖励，依照《优秀教师和优秀教育工作者奖励暂行规定》、《教学成果奖励条例》及有关法律、法规执行。社会组织和公民个人对教师进行奖励的，应当征求县级以上教育行政部门的意见。①

1998 年 1 月，国家教委颁发《教师和教育工作者奖励规定》，对教师奖励做出具体规定。

1998 年 3 月，国家教委发布《教育行政处罚暂行实施办法》，第 18 条规定：教师有下列情形之一的，由教育行政部门给予撤销教师资格、自撤销之日起 5 年内不得重新申请认定教师资格的处罚：弄虚作假或以其他欺骗手段获得教师资格的；品行不良、侮辱学生，影响恶劣的。受到剥夺政治权利或因故意犯罪受到有期徒刑以上刑事处罚的教师，永久丧失教师资格。上述被剥夺教师资格教师的教师资格证书应由教育行政部门收缴。第 19 条规定：参加教师资格考试的人员有作弊行为的，其考试成绩作废，并由教育行政部门给予 3 年内不得参加教师资格考试的处罚。②

四、主要特点

第一，教师作为专业人员的身份在法律上得以正式确认，农村教师的专业化程度逐渐得到前所未有的重视。1994 年《中华人民共和国教师法》规定：教师是履行教育教学职责的专业人员。1995 年颁布的《教师资格条例》，从教师资格分类与使用、教师资格条件、教师资格考试、教师资格认定、罚则等方面对教师职业准入做出了具体规定和要求，教师资格认证制度开始逐渐建立，农村教师作为专业人员的身份得到进一步加强。

第二，农村教师政策的市场化取向明显。20 世纪 90 年代中后期，相关政策虽然对农村教师待遇进行了很多原则上的规定，但在市场化的背景下，由于管理体制即实际执行权力的地方化，农村教师待遇政策在落地时呈现出明显的差异化特征。同时，教师聘任制的逐步实行也表明教师的人事制度改革受社会主义市场经济体制改革的影响，带有明显的市场化倾向。1998 年《面向 21 世纪教育振兴行动计划》规定：实行教师聘任制和全员聘用制，加强考核，竞争上岗，优化教师队伍。2000 年前后，要通过提高生师（包括职工）比、下岗、分流富余人员等途径，优化中小学教职工队伍，提高办学效益。③

---

① 教育部法制办公室.高等教育法律法规规章选编[M].北京：教育科学出版社，2005：642.

② http://www.moe.gov.cn/srcsite/A02/s5911/moe_621/199803/t19980306_81873.html.

③ http://www.moe.gov.cn/jyb_sjzl/moe_177/tnull_2487.html.

第四节 城乡均衡发展时期的农村教师政策内容(2001年至今)

进入21世纪以后,社会主义市场经济体制基本形成,综合国力和人民的生活水平都空前增强。与此同时,社会分层也逐渐增强,公平与效率问题获得空前关注。在这样的时代背景下,改革开放以来,长期以来执行的城市优先发展的教育政策逐渐向城市反哺农村、城乡均衡发展转变。促进教育公平、推进城乡教育统筹发展成为这一时期农村教师政策的主旋律。

一、农村教师要求政策

1. 农村教师职业要求

2001年5月,国务院发布《关于基础教育改革与发展的决定》,要求:全面实施教师资格制度,严把教师进口关;实施教师资格准入制度,严格教师资格条件,坚决辞退不具备教师资格的人员。①

2001年5月,教育部印发《关于首次认定教师资格工作若干问题的意见》,就教师资格性质、认定教师资格范围和程序作了具体的说明。

2001年8月,教育部印发《教师资格证书管理规定》,对教师资格证书管理做出具体规范。

2002年,《国务院办公厅关于完善农村义务教育管理体制的通知》规定:全面实行教师资格制度。农村中小学任教人员必须具备相应的教师资格,对不具备教师资格的人员要及时调整出教师队伍。②

2003年9月,《国务院关于进一步加强农村教育工作的决定》要求:依法执行教师资格制度,严格掌握教师资格认定条件,积极探索建立教师资格定期考核考试制度。要将师德修养和教育教学工作实绩作为选聘教师和确定教师专业技术职务的主要依据。坚持依法从严治教,加强教师队伍管理,对严重违反教师职业道德、严重失职的人员,坚决清除出教师队伍。严格掌握校长任职条件,积极推行校长聘任制。农村中小学校长必须具备良好的思想政治道德素质、较强的组织管理能力和较高的业务水平。校长应具有中级以上教师职务,一般有5年以上教育教学工作经历。③

2003年10月,《教育部关于进一步加强中小学教师队伍管理和职业道德教育的通知》要求:加快推进面向社会人员认定教师资格工作,进一步完善教师职业准入机制,积极探索建立教师资格定期考核考试制度,严禁聘用不具备教师资格的人员担任

---

① http://www.jledu.gov.cn/dd/wxzl/zgzygwy/2001/0529/2483.html.

② http://www.moe.gov.cn/jyb_xxgk/gk_gbgg/moe_0/moe_8/moe_25/tnull_239.html.

③ http://www.gov.cn/zhengce/content/2008-03/28/content_5747.htm.

教师。要严格掌握教师资格认定条件，进一步规范认定程序，实现教师资格认定工作科学化、制度化、规范化；采取多种形式，深入开展师德和法制教育。①

2004 年 3 月，《国务院批转教育部〈2003—2007 年教育振兴行动计划〉的通知》要求：加强教师职业道德建设，将教师职业道德修养和教学实绩，作为选聘教师、评定专业技术职务资格和确定待遇的主要依据。②

2005 年 12 月，《国务院关于深化农村义务教育经费保障机制改革的通知》要求：深化教师人事制度改革，依法全面实施教师资格准入制度。③

2006 年 6 月 29 日，第十届全国人民代表大会常务委员会第二十二次会议修订了《中华人民共和国义务教育法》，该法第二十九条规定：教师在教育教学中应当平等对待学生，关注学生的个体差异，因材施教，促进学生的充分发展。教师应当尊重学生的人格，不得歧视学生，不得对学生实施体罚、变相体罚或者其他侮辱人格尊严的行为，不得侵犯学生合法权益。第三十条规定：教师应当取得国家规定的教师资格。④

2010 年 7 月，《国家中长期教育改革和发展规划纲要（2010—2020 年）》发布，要求：完善并严格实施教师准入制度，严把教师入口关。国家制定教师资格标准，提高教师任职学历标准和品行要求。建立教师资格证书定期登记制度。加强师德建设。加强教师职业理想和职业道德教育，增强广大教师教书育人的责任感和使命感。教师要关爱学生，严谨笃学，淡泊名利，自尊自律，以人格魅力和学识魅力教育感染学生，做学生健康成长的指导者和引路人。⑤

2012 年 8 月，《国务院关于加强教师队伍建设的意见》发布，要求：加强教师思想政治教育和师德建设，全面提高教师思想政治素质，构建师德建设长效机制。建立健全教育、宣传、考核、监督与奖惩相结合的师德建设工作机制。严格教师资格和准入制度。修订《教师资格条例》，提高教师任职学历标准、品行和教育教学能力要求。全面实施教师资格考试和定期注册制度。⑥

2015 年 6 月，国务院办公厅发布《关于印发乡村教师支持计划（2015—2020 年）的通知》，要求：将师德教育作为乡村教师培训的首要内容，推动师德教育进教材、进课堂、进头脑，贯穿培训全过程。全面提升乡村教师信息技术应用能力，全面提高乡村教师思想政治素质和师德水平。开展多种形式的师德教育，把教师职业理想、职业道德、法治教育、心理健康教育等融入职前培养、准入、职后培训和管理的全过程。落

---

① http://www.moe.gov.cn/jyb_xxgk/gk_gbgg/moe_0/moe_9/moe_40/tnull_144.html.

② http://www.gov.cn/zhengce/content/2008-03/28/content_5687.htm.

③ http://www.gov.cn/zhengce/content/2008-03/28/content_5545.htm.

④ http://www.moe.gov.cn/s78/A02/zfs__left/s5911/moe_619/201001/t20100129_15687.html.

⑤ http://www.moe.gov.cn/jyb_xwfb/s6052/moe_838/201008/t20100802_93704.html.

⑥ http://www.gov.cn/zhengce/content/2012-09/07/content_5390.htm.

实教育、宣传、考核、监督与奖惩相结合的师德建设长效机制。[①]

2017 年 1 月,《国务院关于印发国家教育事业发展“十三五”规划的通知》发布,要求:加强师德师风建设,落实大中小学师德师风建设长效机制,加强教师思想政治工作,完善师德师风考评监督机制。[②]

2018 年 11 月,教育部印发《新时代高校教师职业行为十项准则》、《新时代中小学教师职业行为十项准则》、《新时代幼儿园教师职业行为十项准则》,明确新时代教师职业规范。新时代中小学教师职业行为十项准则分别是坚定政治方向、自觉爱国守法、传播优秀文化、潜心教书育人、关心爱护学生、加强安全防范、坚持言行雅正、秉持公平诚信、坚守廉洁自律、规范从教行为。新时代幼儿园教师职业行为十项准则分别是坚定政治方向、自觉爱国守法、传播优秀文化、潜心培幼育儿、加强安全防范、关心爱护幼儿、遵循幼教规律、秉持公平诚信、坚守廉洁自律、规范保教行为。[③]

2. 农村教师培养要求

2001 年 5 月,国务院发布《关于基础教育改革与发展的决定》要求:完善以现有师范院校为主体、其他高等学校共同参与、培养培训相衔接的开放的教师教育体系。加强师范院校的学科建设,鼓励综合性大学和其他非师范类高等学校举办教育院系或开设获得教师资格所需课程。支持西部地区师范院校的建设。以有条件的师范大学和综合性大学为依托,建设一批开放式教师教育网络学院。推进师范教育结构调整,逐步实现三级师范向二级师范的过渡。有条件的地区要培养具有专科学历的小学教师和本科学历初中教师,逐步提高高中教师的学历,扩大教育硕士的培养规模和招生范围。制订适应中小学实施素质教育需要的师资培养规格与课程计划,探索新的培养模式,加强教学实践环节,增强师范毕业生的教育教学与终身发展能力。[④]

2004 年 3 月,《国务院批转教育部〈2003—2007 年教育振兴行动计划〉的通知》,要求:全面推动教师教育创新,构建开放灵活的教师教育体系;改革教师教育模式,将教师教育逐步纳入高等教育体系,构建以师范大学和其他举办教师教育的高水平大学为先导,专科、本科、研究生三个层次协调发展,职前职后教育相互沟通,学历与非学历教育并举,促进教师专业发展和终身学习的现代教师教育体系。[⑤]

2006 年 6 月 29 日,第十届全国人民代表大会常务委员会第二十二次会议修订了《中华人民共和国义务教育法》,该法第三十二条规定:县级以上人民政府应当加强教师培养工作,采取措施发展教师教育。[⑥]

---

① http://www.gov.cn/zhengce/content/2015-06/08/content_9833.htm.

② http://www.gov.cn/zhengce/content/2017-01/19/content_5161341.htm.

③ http://www.moe.gov.cn/srcsite/A10/s7002/201811/t20181115_354921.html.

④ http://www.jledu.gov.cn/dd/wxzl/zgzygwy/2001/0529/2483.html.

⑤ http://www.gov.cn/zhengce/content/2008-03/28/content_5687.htm.

⑥ http://www.moe.gov.cn/s78/A02/zfs__left/s5911/moe_619/201001/t20100129_15687.html.

2007年5月，国务院办公厅转发教育部、财政部、中央编办、人事部《关于教育部直属师范大学师范生免费教育实施办法（试行）的通知》规定：从2007年秋季入学的新生起，在北京师范大学、华东师范大学、东北师范大学、华中师范大学、陕西师范大学和西南大学六所部属师范大学实行师范生免费教育。要通过部属师范大学的试点，积累经验，建立制度，为培养造就大批优秀教师和教育家奠定基础。①

2010年7月，《国家中长期教育改革和发展规划纲要（2010—2020年）》发布，要求：加强教师教育，构建以师范院校为主体、综合大学参与、开放灵活的教师教育体系。深化教师教育改革，创新培养模式，增强实习实践环节，强化师德修养和教学能力训练，提高教师培养质量。②

2012年8月，《国务院关于加强教师队伍建设的意见》发布，要求：提高教师培养质量，完善教师培养培训体系。构建以师范院校为主体、综合大学参与、开放灵活的中小学教师教育体系。完善师范生招生制度，科学制订招生计划，确保招生培养与教师岗位需求有效衔接，实行提前批次录取，选拔乐教适教的优秀学生攻读师范类专业。发挥教育部直属师范大学师范生免费教育的示范引领作用，鼓励支持地方结合实际实施师范生免费教育制度。制定师范类专业认证标准，开展专业认证和评估，规范师范类专业办学，建立教师培养质量评估制度。③

2015年6月，国务院办公厅发布《关于印发乡村教师支持计划（2015—2020年）的通知》，要求：鼓励地方政府和师范院校根据当地乡村教育实际需求加强本土化培养，采取多种方式定向培养“一专多能”的乡村教师。④

2016年5月，国务院办公厅印发《关于加快中西部教育发展的指导意见》，要求：以地方师范院校为基地，采取免费教育、学费补偿、贷款代偿等多种方式，为乡村学校定向培养更多的合格、优秀教师。⑤

2017年1月，《国务院关于印发国家教育事业发展“十三五”规划的通知》要求：全面推动教师教育改革创新，着力提高教师培养质量；逐步扩大农村教师特岗计划实施规模，鼓励地方政府和师范院校加强本土化培养，采取多种方式定向培养“一专多能”的乡村教师。⑥

2018年2月，教育部、国家发展改革委、财政部、人力资源社会保障部、中央编办联合印发《教师教育振兴行动计划（2018—2022年）》，提出：发挥师范院校主体作用，加强教师教育体系建设。加大对师范院校的支持力度，不断优化教师教育布局结构，

---

① http://www.moe.gov.cn/jyb_xxgk/moe_1777/moe_1778/tnull_27694.html.

② http://www.moe.gov.cn/jyb_xwfb/s6052/moe_838/201008/t20100802_93704.html.

③ http://www.gov.cn/zhengce/content/2012-09/07/content_5390.htm.

④ http://www.gov.cn/zhengce/content/2015-06/08/content_9833.htm.

⑤ http://www.gov.cn/zhengce/content/2016-06/15/content_5082382.htm.

⑥ http://www.gov.cn/zhengce/content/2017-01/19/content_5161341.htm.

基本形成以国家教师教育基地为引领、师范院校为主体、高水平综合大学参与、教师发展机构为纽带、优质中小学为实践基地的开放、协同、联动的现代教师教育体系。[①]针对农村教师，提出“乡村教师素质提高行动”。各地要以集中连片特困地区县和国家级贫困县为重点，通过公费定向培养、到岗退费等多种方式，为乡村小学培养补充全科教师，为乡村初中培养补充“一专多能”教师，优先满足老少边穷岛等边远贫困地区教师补充需要。加大紧缺薄弱学科教师和民族地区双语教师培养力度。[②]

2018年4月，《国务院办公厅关于全面加强乡村小规模学校和乡镇寄宿制学校建设的指导意见》发布，要求：适应一些乡村小规模学校教师包班、复式教学需要，注重培养一批职业精神牢固、学科知识全面、专业基础扎实的“一专多能”乡村教师。[③]

3. 农村教师培训要求

2001年5月，国务院发布《关于基础教育改革与发展的决定》，要求：以转变教育观念，提高职业道德和教育教学水平为重点，紧密结合基础教育课程改革，加强中小学教师继续教育工作，健全教师培训制度，加强培训基地建设。加大信息技术、外语、艺术类和综合类课程师资的培训力度，应用优秀的教学软件，开展多媒体辅助教学。加强中青年教师的培训工作。在教师培训中，要充分利用远程教育的方式，就地就近进行，以节省开支。对贫困地区教师应实行免费培训。加强骨干教师队伍建设。实施“跨世纪园丁工程”等教师培训计划，培养一大批在教育教学工作中起骨干、示范作用的优秀教师和一批教育名师。在教育对口支援工作中，援助地区的学校要为受援地区的学校培养、培训骨干教师。[④]

2003年9月，《国务院关于进一步加强农村教育工作的决定》要求：加强农村教师和校长的教育培训工作。构建农村教师终身教育体系，实施“农村教师素质提高工程”，开展以新课程、新知识、新技术、新方法为重点的新一轮教师全员培训和继续教育。坚持农村中小学校长任职资格培训和定期提高培训制度。切实保障教师和校长培训经费投入。[⑤]

2004年3月，《国务院批转教育部〈2003—2007年教育振兴行动计划〉的通知》要求：完善教师终身学习体系，加快提高教师和管理队伍素质。组织实施以新理念、新课程、新技术和师德教育为重点的新一轮教师全员培训，组织优秀教师高层次研修和骨干教师培训，不断提高在职教师的学历、学位层次和实施素质教育的能力。加强农村教师和校长的教育培训工作。强化学校管理人员培训，加快培养一大批高素质、高水平的中小学校长、高等学校管理骨干和教育行政领导，全面提高管理干部素质。将

① http://www.moe.gov.cn/srcsite/A10/s7034/201803/t20180323_331063.html.
② http://www.moe.gov.cn/srcsite/A10/s7034/201803/t20180323_331063.html.
③ http://www.gov.cn/zhengce/content/2018-05/02/content_5287465.htm.
④ http://www.jledu.gov.cn/dd/wxzl/zgzygwy/2001/0529/2483.html.
⑤ http://www.gov.cn/zhengce/content/2008-03/28/content_5747.htm.

干部培训与终身教育结合起来，构建开放灵活的干部培训体系。①

2005 年 5 月，《教育部关于进一步推进义务教育均衡发展的若干意见》发布，指出：各地要努力增加教师培训经费，加强农村学校、城镇薄弱学校骨干教师培训工作。要组织师范院校、普通高等学校和教师培训机构，加大对农村学校、城镇薄弱学校教师的培训力度。要探索新的培训方式和手段，积极推进农村中小学现代远程教育工程和教师网联计划，充分发挥现代信息技术和计算机网络在教师培训中的作用，增强培训的针对性、实效性和广泛性。帮助农村学校、城镇薄弱学校建立校本研修制度。②

2010 年 6 月，教育部、财政部出台《关于实施“中小学教师国家级培训计划”的通知》，规定：通过实施“国培计划”，培训一批“种子”教师，使他们在推进素质教育和教师培训方面发挥骨干示范作用；开发教师培训优质资源，创新教师培训模式和方法，推动全国大规模中小学教师培训的开展；重点支持中西部农村教师培训，引导和鼓励地方完善教师培训体系，加大农村教师培训力度，显著提高农村教师队伍素质；促进教师教育改革，推动高等师范院校面向基础教育，服务基础教育。③

2010 年 7 月，《国家中长期教育改革和发展规划纲要(2010—2020 年)》发布，要求：完善培养培训体系，做好培养培训规划，优化队伍结构，提高教师专业水平和教学能力；完善教师培训制度，将教师培训经费列入政府预算，对教师实行每五年一周期的全员培训；对义务教育教师进行全员培训，组织校长研修培训；对专科学历以下小学教师进行学历提高教育，使全国小学教师学历逐步达到专科以上水平。④

2012 年 8 月，《国务院关于加强教师队伍建设的意见》发布，要求：完善教师专业发展标准体系，建立教师学习培训制度。实行五年一周期不少于 360 学时的教师全员培训制度，推行教师培训学分制度。采取顶岗置换研修、校本研修、远程培训等多种模式，大力开展中小学、幼儿园教师特别是农村教师培训。推动信息技术与教师教育深度融合，建设教师网络研修社区和终身学习支持服务体系，促进教师自主学习，推动教学方式变革。推动各地结合实际，规范建设县(区)域教师发展平台。⑤

2012 年 9 月，国务院发布《关于深入推进义务教育均衡发展的意见》，要求实行教师资格证有效期制度，加强教师培训，增强培训效果，提升教师师德修养和业务能力。⑥

2015 年 6 月，国务院办公厅发布《关于印发乡村教师支持计划(2015—2020 年)的通知》，要求全面提升乡村教师能力素质。到 2020 年前，对全体乡村教师、校长进

---

① http://www.gov.cn/zhengce/content/2008-03/28/content_5687.htm.

② http://www.moe.gov.cn/srcsite/A06/s3321/200505/t20050525_81809.html.

③ http://www.moe.gov.cn/srcsite/A10/s7034/201006/t20100630_146071.html.

④ http://www.moe.gov.cn/jyb_xwfb/s6052/moe_838/201008/t20100802_93704.html.

⑤ http://www.gov.cn/zhengce/content/2012-09/07/content_5390.htm.

⑥ http://www.gov.cn/zhengce/content/2012-09/07/content_5339.htm.

行360学时的培训。要把乡村教师培训纳入基本公共服务体系,保障经费投入,确保乡村教师培训时间和质量。省级人民政府要统筹规划和支持全员培训,市、县级人民政府要切实履行实施主体责任。按照乡村教师的实际需求改进培训方式,采取顶岗置换、网络研修、送教下乡、专家指导、校本研修等多种形式,增强培训的针对性和实效性。从2015年起,"国培计划"集中支持中西部地区乡村教师校长培训。鼓励乡村教师在职学习深造,提高学历层次。①

2016年5月,国务院办公厅印发《关于加快中西部教育发展的指导意见》,要求:加大乡村教师培训力度,"国培计划"集中支持乡村教师培训。扩大农村学校教育硕士师资培养计划规模。②

2018年2月,《教师教育振兴行动计划(2018—2022年)》提出"乡村教师素质提高行动",要求:加强县区乡村教师专业发展支持服务体系建设,强化县级教师发展机构在培训乡村教师方面的作用。培训内容针对教育教学实际需要,注重新课标、新教材和教育观念、教学方法培训,赋予乡村教师更多选择权,提升乡村教师培训实效。推进乡村教师到城镇学校跟岗学习,鼓励引导师范生到乡村学校进行教育实践。"国培计划"集中支持中西部乡村教师校长培训。③

2018年4月,《国务院办公厅关于全面加强乡村小规模学校和乡镇寄宿制学校建设的指导意见》发布,要求:改革教师培养培训。加强实践培养,结合推进城乡教师交流支教,遴选一批乡村教师到城镇学校跟岗实习培养。通过送教下乡、集中研修等方式,加大对乡村学校校长、教师特别是小规模学校教师的培训力度,增强乡村教师培训的针对性和实效性,全面提升两类学校教师教书育人能力与水平。"国培计划"优先支持艰苦边远贫困地区乡村教师培训。④

二、农村教师待遇政策

1. 农村教师地位

2003年9月,《国务院关于进一步加强农村教育工作的决定》提出:数百万农村教师辛勤耕耘在农村教育工作第一线,为我国教育事业发展和农村现代化建设做出了卓越贡献。特别是长期工作在"老、少、边、穷"地区的乡村教师,克服困难,爱岗敬业,艰苦奋斗,无私奉献,应该得到全社会的尊重。中央和地方各级人民政府要定期对做出突出贡献的优秀农村教师和教育工作者予以表彰奖励,在全社会形成尊师重教、关心支持农村教育的良好氛围。⑤

---

① http://www.gov.cn/zhengce/content/2015-06/08/content_9833.htm.

② http://www.gov.cn/zhengce/content/2016-06/15/content_5082382.htm.

③ http://www.moe.gov.cn/srcsite/A10/s7034/201803/t20180323_331063.html.

④ http://www.gov.cn/zhengce/content/2018-05/02/content_5287465.htm.

⑤ http://www.gov.cn/zhengce/content/2008-03/28/content_5747.htm.

2006 年 6 月 29 日，第十届全国人民代表大会常务委员会第二十二次会议修订《中华人民共和国义务教育法》，该法第二十八条规定：全社会应当尊重教师。①

2010 年 7 月，《国家中长期教育改革和发展规划纲要（2010—2020 年）》发布，提出：教育大计，教师为本。有好的教师，才有好的教育。提高教师地位，维护教师权益，改善教师待遇，使教师成为受人尊重的职业。②

2. 农村教师职业权利

2006 年 6 月 29 日，第十届全国人民代表大会常务委员会第二十二次会议修订了《中华人民共和国义务教育法》，该法第三十条规定：国家建立统一的义务教育教师职务制度。教师职务分为初级职务、中级职务和高级职务。③

2010 年 7 月，《国家中长期教育改革和发展规划纲要（2010—2020 年）》发布，要求：建立健全教职工代表大会制度。④

2012 年 8 月，《国务院关于加强教师队伍建设的意见》发布，要求：研究完善符合村小学和教学点实际的职务（职称）评定标准，职务（职称）晋升向村小学和教学点专任教师倾斜。城镇中小学教师在评聘高级职务（职称）时，要有一年以上在农村学校或薄弱学校任教经历。切实保障教师合法权益和待遇，完善教师参与治校治学机制。建立健全教职工代表大会制度，保障教职工参与学校决策的合法权利。完善中小学学校管理制度，发挥好党组织的领导核心和政治核心作用，健全校长负责制，实行校务会议等制度，完善教职工参与的科学民主决策机制。⑤

2015 年 6 月，国务院办公厅发布《关于印发乡村教师支持计划（2015—2020 年）的通知》，要求：职称（职务）评聘向乡村学校倾斜。各地要研究完善乡村教师职称（职务）评聘条件和程序办法，实现县域内城乡学校教师岗位结构比例总体平衡，切实向乡村教师倾斜。乡村教师评聘职称（职务）时不作外语成绩（外语教师除外）、发表论文的刚性要求，坚持育人为本、德育为先，注重师德素养，注重教育教学工作业绩，注重教育教学方法，注重教育教学一线实践经历。⑥

3. 农村教师工资

2001 年 2 月 24 日，国务院办公厅转发《人事部、财政部关于调整机关事业单位工作人员工资标准和增加离退休人员离退休费四个实施方案的通知》。

2001 年 9 月 23 日，国务院办公厅转发《人事部财政部关于从 2001 年 10 月 1 日

---

① http://www.moe.gov.cn/s78/A02/zfs__left/s5911/moe_619/201001/t20100129_15687.html.

② http://www.moe.gov.cn/jyb_xwfb/s6052/moe_838/201008/t20100802_93704.html.

③ http://www.moe.gov.cn/s78/A02/zfs__left/s5911/moe_619/201001/t20100129_15687.html.

④ http://www.moe.gov.cn/jyb_xwfb/s6052/moe_838/201008/t20100802_93704.html.

⑤ http://www.gov.cn/zhengce/content/2012-09/07/content_5390.htm.

⑥ http://www.gov.cn/zhengce/content/2015-06/08/content_9833.htm.

起调整机关事业单位工作人员工资标准和增加离退休人员离退休费三个实施方案的通知》。

2003年11月17日，国务院办公厅转发《人事部、财政部关于2003年7月1日调整机关事业单位工作人员工资标准和增加离退休人员离退休费三个实施方案的通知》。

2001年5月，国务院发布《关于基础教育改革与发展的决定》，提出：确保农村中小学教师工资发放是地方各级人民政府的责任。①

2002年4月，国务院办公厅发出《关于完善农村义务教育管理体制的通知》，要求：地方各级人民政府要按照"一要吃饭，二要建设"的原则，调整财政支出结构，确保农村中小学教职工工资按时足额发放。

2003年9月，《国务院关于进一步加强农村教育工作的决定》要求：建立和完善农村中小学教职工工资保障机制。根据农村中小学教职工编制和国家有关工资标准的规定，省级人民政府要统筹安排，确保农村中小学教职工工资按时足额发放，进一步落实省长（主席、市长）负责制。安排使用中央下达的工资性转移支付资金，省、地（市）不得留用，全部补助到县，主要补助经过努力仍有困难的县用于工资发放，在年初将资金指标下达到县。各地要抓紧清理补发历年拖欠的农村中小学教职工工资。国务院办公厅将对发生新欠农村中小学教职工工资的情况按省（自治区、直辖市）予以通报。②

2004年3月，《国务院批转教育部〈2003—2007年教育振兴行动计划〉的通知》，要求：建立和完善农村中小学投入保障机制，确保农村中小学教职工工资按时足额发放。③

2005年5月，《教育部关于进一步推进义务教育均衡发展的若干意见》发布，提出：要采取有力措施，实现同一区域同类教师工资待遇基本相同，并逐步提高农村中小学教师在高级专业职务聘任和表彰奖励中的比例，努力改善在农村地区工作的教师待遇。④

2005年12月，《国务院关于深化农村义务教育经费保障机制改革的通知》，要求：巩固和完善农村中小学教师工资保障机制。中央继续按照现行体制，对中西部及东部部分地区农村中小学教师工资经费给予支持。省级人民政府要加大对本行政区域内财力薄弱地区的转移支付力度，确保农村中小学教师工资按照国家标准按时足额发放。⑤

2006年6月29日，第十届全国人民代表大会常务委员会第二十二次会议修订了《中华人民共和国义务教育法》，该法第三十一条规定：完善农村教师工资经费保障

---

① http://www.jledu.gov.cn/dd/wxzl/zgzygwy/2001/0529/2483.html.

② http://www.gov.cn/zhengce/content/2008-03/28/content_5747.htm.

③ http://www.gov.cn/zhengce/content/2008-03/28/content_5687.htm.

④ http://www.moe.gov.cn/srcsite/A06/s3321/200505/t20050525_81809.html.

⑤ http://www.gov.cn/zhengce/content/2008-03/28/content_5545.htm.

机制。教师的平均工资水平应当不低于当地公务员的平均工资水平。[①]

2006年10月,人事部、财政部、教育部印发了《高等学校、中小学、中等职业学校贯彻〈事业单位工作人员收入分配制度改革方案〉三个实施意见的通知》。其中《中小学贯彻〈事业单位工作人员收入分配制度改革方案〉的实施意见》明确规定:中小学实行岗位绩效工资制度;义务教育学校教师的平均工资水平应当不低于当地公务员的平均工资水平;实施义务教育经费保障机制改革的地区,应将当地出台的、教师应享受的津贴补贴项目纳入绩效工资核定范围。

2010年7月,《国家中长期教育改革和发展规划纲要(2010—2020年)》发布,要求:不断改善教师的工作、学习和生活条件,吸引优秀人才长期从教、终身从教。依法保证教师平均工资水平不低于或者高于国家公务员的平均工资水平,并逐步提高。落实教师绩效工资。对长期在农村基层和艰苦边远地区工作的教师,在工资、职务(职称)等方面实行倾斜政策,完善津贴补贴标准。[②]

2012年8月,《国务院关于加强教师队伍建设的意见》发布,要求:强化教师工资保障机制。依法保证教师平均工资水平不低于或者高于国家公务员的平均工资水平,并逐步提高,保障教师工资按时足额发放。健全符合教师职业特点、体现岗位绩效的工资分配激励约束机制。进一步做好义务教育学校教师绩效工资实施工作,按照管理以县为主、经费省级统筹、中央适当支持的原则,确保绩效工资所需资金落实到位。对长期在农村基层和艰苦边远地区工作的教师,实行工资倾斜政策。推进非义务教育教师绩效工资实施工作。[③]

2015年6月,国务院办公厅发布《关于印发乡村教师支持计划(2015—2020年)的通知》提出:各地要依法依规落实乡村教师工资待遇政策。[④]

2018年4月,《国务院办公厅关于全面加强乡村小规模学校和乡镇寄宿制学校建设的指导意见》发布,要求:提高乡村教师待遇。进一步落实和完善乡村教师工资待遇政策,核定绩效工资总量时向两类学校适当倾斜,统筹考虑当地公务员实际收入水平,加强督促检查,确保中小学教师平均工资收入水平不低于或高于当地公务员平均工资收入水平。认真落实乡村教师享受乡镇工作补贴、集中连片特困地区生活补助和艰苦边远地区津贴等政策;因地制宜稳步扩大集中连片特困地区乡村教师生活补助政策实施范围,鼓励有条件的地方提高补助标准,并依据学校艰苦边远程度实行差别化补助。[⑤]

---

① http://www.moe.gov.cn/s78/A02/zfs__left/s5911/moe_619/201001/t20100129_15687.html.

② http://www.moe.gov.cn/jyb_xwfb/s6052/moe_838/201008/t20100802_93704.html.

③ http://www.gov.cn/zhengce/content/2012-09/07/content_5390.htm.

④ http://www.gov.cn/zhengce/content/2015-06/08/content_9833.htm.

⑤ http://www.gov.cn/zhengce/content/2018-05/02/content_5287465.htm.

4. 农村教师福利

2006 年 6 月 29 日，第十届全国人民代表大会常务委员会第二十二次会议修订了《中华人民共和国义务教育法》，该法第三十一条规定：各级人民政府保障教师工资福利和社会保险待遇，改善教师工作和生活条件，特殊教育教师享有特殊岗位补助津贴。在民族地区和边远贫困地区工作的教师享有艰苦贫困地区补助津贴。[①]

2010 年 7 月，《国家中长期教育改革和发展规划纲要(2010—2020 年)》发布，要求：建设农村艰苦边远地区学校教师周转宿舍。研究制定优惠政策，改善教师工作和生活条件。关心教师身心健康。落实和完善教师医疗养老等社会保障政策。[②]

2012 年 8 月，《国务院关于加强教师队伍建设的意见》发布，要求：健全教师社会保障制度。按照事业单位改革的总体部署，推进教师养老保障制度改革，按规定为教师缴纳社会保险费及住房公积金。中央在基建投资中安排资金，支持加快建设农村艰苦边远地区学校教师周转宿舍。鼓励地方政府将符合条件的农村教师住房纳入当地住房保障范围统筹予以解决。[③]

2012 年 9 月，国务院发布《关于深入推进义务教育均衡发展的意见》要求：对长期在农村基层和艰苦边远地区工作的教师，在工资、职称等方面实行倾斜政策；在核准岗位结构比例时，高级教师岗位向农村学校和薄弱学校倾斜。完善医疗、养老等社会保障制度建设，切实维护农村教师社会保障权益。建设农村艰苦边远地区教师周转宿舍。[④]

2015 年 6 月，国务院办公厅发布《关于印发乡村教师支持计划(2015—2020 年)的通知》，要求：提高乡村教师生活待遇。全面落实集中连片特困地区乡村教师生活补助政策，依据学校艰苦边远程度实行差别化的补助标准，中央财政继续给予综合奖补。依法为教师缴纳住房公积金和各项社会保险费。在现行制度架构内，做好乡村教师重大疾病救助工作。加快实施边远艰苦地区乡村学校教师周转宿舍建设。各地要按规定将符合条件的乡村教师住房纳入当地住房保障范围，统筹予以解决。[⑤]

2016 年 5 月，国务院办公厅印发《关于加快中西部教育发展的指导意见》，要求：落实好集中连片特殊困难地区乡村教师生活补助政策。[⑥]

2017 年 1 月，《国务院关于印发国家教育事业发展"十三五"规划的通知》发布，要求：全面落实集中连片特困地区乡村教师生活补助政策，依据学校艰苦边远程度实

---

① http://www.moe.gov.cn/s78/A02/zfs__left/s5911/moe_619/201001/t20100129_15687.html.

② http://www.moe.gov.cn/jyb_xwfb/s6052/moe_838/201008/t20100802_93704.html.

③ http://www.gov.cn/zhengce/content/2012-09/07/content_5390.htm.

④ http://www.gov.cn/zhengce/content/2012-09/07/content_5339.htm.

⑤ http://www.gov.cn/zhengce/content/2015-06/08/content_9833.htm.

⑥ http://www.gov.cn/zhengce/content/2016-06/15/content_5082382.htm.

行差别化的补助标准。[①]

2018 年 4 月,《国务院办公厅关于全面加强乡村小规模学校和乡镇寄宿制学校建设的指导意见》发布,要求:切实落实将符合条件的乡村学校教师纳入当地政府住房保障体系的政策。坚持从实际出发合理布局,加大艰苦边远地区乡村教师周转宿舍建设力度,保障教师基本工作和生活条件;地处偏远、交通不便的乡村小规模学校应配建教师周转宿舍;交通较为便利、距离相对较近的地方,可在乡镇寄宿制学校内或周边集中建设教师周转宿舍。关心乡村教师生活,为教师走教提供交通帮助与支持。[②]

三、农村教师管理政策

1. 农村教师的选拔、任用与补充

2001 年 5 月,国务院发布《关于基础教育改革与发展的决定》,要求:加强中小学教师编制管理;推行教师聘任制,建立"能进能出、能上能下"的教师任用新机制。根据中小学教师的职业特点,实现教师职务聘任和岗位聘任的统一。[③]

2001 年 10 月,中央编办、教育部、财政部发布《关于制定中小学教职工编制标准的意见》,对制定中小学教职工编制的原则、标准和工作要求等做出了具体规定。这是新中国成立以来制定的第一个国家级教师编制标准。

2002 年,《国务院办公厅关于完善农村义务教育管理体制的通知》规定:积极吸引高校毕业生到农村中小学任教。积极推行教师聘任制度,实行按需设岗、公开招聘、平等竞争、择优聘任、严格考核、合同管理。限期清退农村中小学代课人员。[④]

2002 年 6 月,教育部下发《关于贯彻〈国务院办公厅转发中央编办、教育部、财政部关于制定中小学教职工编制标准意见的通知〉的实施意见》。

2003 年 9 月,《国务院关于进一步加强农村教育工作的决定》要求:加强农村中小学编制管理。要严格执行国家颁布的中小学教职工编制标准,抓紧落实编制核定工作。在核定编制时,应充分考虑农村中小学区域广、生源分散、教学点较多等特点,保证这些地区教学编制的基本需求。所有地区都必须坚决清理并归还被占用的教职工编制,对各类在编不在岗的人员要限期与学校脱离关系。建立年度编制报告制度和定期调整制度。严禁聘用不具备教师资格的人员担任教师。拓宽教师来源渠道,逐步提高新聘教师的学历层次。教师聘任实行按需设岗、公开招聘、平等竞争、择优聘任、科学考核、合同管理。各省(自治区、直辖市)要制定切实可行的实施办法,指导做好农村中小学教职工定岗、定员和分流工作。坚持把公开选拔、平等竞争、择优聘

---

① http://www.gov.cn/zhengce/content/2017-01/19/content_5161341.htm.

② http://www.gov.cn/zhengce/content/2018-05/02/content_5287465.htm.

③ http://www.jledu.gov.cn/dd/wxzl/zgzygwy/2001/0529/2483.html.

④ http://www.moe.gov.cn/jyb_xxgk/gk_gbgg/moe_0/moe_8/moe_25/tnull_239.html.

任作为选拔任用校长的主要方式。切实扩大民主，保障教职工对校长选拔任用工作的参与和监督，并努力提高社区和学生家长的参与程度。校长实行任期制，对考核不合格或严重失职、渎职者，应及时予以解聘或撤职。积极引导鼓励教师和其他具备教师资格的人员到乡村中小学任教。各地要落实国家规定的对农村地区、边远地区、贫困地区中小学教师的津贴、补贴。建立城镇中小学教师到乡村任教服务期制度。城镇中小学教师晋升高级教师职务，应有在乡村中小学任教一年以上的经历。适当提高乡村中小学中、高级教师职务岗位比例。地(市)、县教育行政部门要建立区域内城乡“校对校”教师定期交流制度。增加选派东部地区教师到西部地区任教、西部地区教师到东部地区接受培训的数量。国家继续组织实施大学毕业生支援农村教育志愿者计划。①

2004 年 3 月，《国务院批转教育部〈2003—2007 年教育振兴行动计划〉的通知》要求：加强农村中小学编制管理，全面推行教师聘任制，依法实施教师资格制度。严格掌握校长任职条件，积极推行校长聘任制。积极引导和鼓励教师及其他具备教师资格的人员到乡村中小学任教，建立城镇中小学教师到乡村任教服务期制度。②

2005 年 5 月，《教育部关于进一步推进义务教育均衡发展的若干意见》发布，提出：要严格按照有关规定，保质保量地为所有中小学配齐合格教师。核定教师编制时要向农村学校倾斜，新增教师要优先满足农村学校、城镇薄弱学校的需求。要采取各种有效措施，建立区域内骨干教师巡回授课、紧缺专业教师流动教学、城镇教师到农村学校任教服务期等项制度，积极引导超编学校的富余教师向农村缺编学校流动，切实解决农村学校教师不足及整体水平不高的问题。③

2005 年 12 月，《国务院关于深化农村义务教育经费保障机制改革的通知》要求：加强农村中小学编制管理，坚决清退不合格和超编教职工，提高农村中小学师资水平；推行城市教师、大学毕业生到农村支教制度。④

2006 年 2 月，教育部出台《关于大力推进城镇教师支援农村教育工作的意见》提出：以推进城镇教师支援农村教育为重点，不断优化和提高农村教师队伍的结构和素质。积极做好大中城市中小学教师到农村支教工作，认真组织县域内城镇中小学教师定期到农村任教，探索实施农村教师特设岗位计划，积极鼓励并组织落实高校毕业生支援农村教育工作，组织师范生实习支教，积极开展多种形式的智力支教活动。切实加强支教工作的组织领导，认真落实支教的相关政策，积极做好支教人员的培训和管理，大力开展支教宣传工作，以确保城镇教师支援农村教育工作取得实效。⑤

---

① http://www.gov.cn/zhengce/content/2008-03/28/content_5747.htm.

② http://www.gov.cn/zhengce/content/2008-03/28/content_5687.htm.

③ http://www.moe.gov.cn/srcsite/A06/s3321/200505/t20050525_81809.html.

④ http://www.gov.cn/zhengce/content/2008-03/28/content_5545.htm.

⑤ http://old.moe.gov.cn//publicfiles/business/htmlfiles/moe/s3310/201001/81598.html.

2006年5月，教育部、财政部、人事部、中央编办发布《关于实施农村义务教育阶段学校教师特设岗位计划的通知》，决定实施农村义务教育阶段学校教师特设岗位计划，并对“计划”的目标和任务、“计划”的实施范围和资金安排、“计划”的实施原则和步骤、特设岗位教师的招聘、“计划”的相关保障政策等做出了规定和说明。①

2006年6月，第十届全国人民代表大会常务委员会第二十二次会议修订了《中华人民共和国义务教育法》，该法第三十二条规定：县级人民政府教育行政部门应当均衡配置本行政区域内学校师资力量，组织校长、教师的培训和流动，加强对薄弱学校的建设。第三十三条规定：国务院和地方各级人民政府鼓励和支持城市学校教师和高等学校毕业生到农村地区、民族地区从事义务教育工作。国家鼓励高等学校毕业生以志愿者的方式到农村地区、民族地区缺乏教师的学校任教。县级人民政府教育行政部门依法认定其教师资格，其任教时间计入工龄。②

2009年3月，中央编办、教育部、财政部发布《关于进一步落实〈国务院办公厅转发中央编办、教育部、财政部关于制定中小学教职工编制标准意见的通知〉有关问题的通知》，要求切实加强中小学教职工编制的总量调控与统筹使用，进一步改进农村中小学教职工编制核定工作，不断完善中小学教职工编制动态管理机制，严格规范中小学教职工编制管理。各省（区、市）可根据实际需要，在县域范围内和总量控制的基础上，按照有增有减的原则，参照县镇标准核定农村中小学教职工编制。据此核定的编制必须用于农村中小学教职工。③

2010年7月，《国家中长期教育改革和发展规划纲要（2010—2020年）》发布，要求：逐步实行城乡统一的中小学编制标准，对农村边远地区实行倾斜政策。创新农村教师补充机制，完善制度政策，吸引更多优秀人才从教。积极推进师范生免费教育，实施农村义务教育学校教师特设岗位计划，完善代偿机制，鼓励高校毕业生到艰苦边远地区当教师。实行县（区）域内教师、校长交流制度。加强义务教育教师队伍建设。继续实施农村义务教育学校教师特设岗位计划，吸引高校毕业生到农村从教，加强农村中小学薄弱学科教师队伍建设，重点培养和补充一批边远贫困地区和革命老区急需紧缺教师。④

2012年8月，《国务院关于加强教师队伍建设的意见》发布，提出：中小学教师队伍建设要以农村教师为重点，采取倾斜政策，切实增强农村教师职业吸引力，激励更多优秀人才到农村从教。继续实施并逐步完善农村义务教育阶段学校教师特设岗位

---

① http://www.moe.gov.cn/jyb_xxgk/gk_gbgg/moe_0/moe_1133/moe_1338/tnull_19556.html.

② http://www.moe.gov.cn/s78/A02/zfs__left/s5911/moe_619/201001/t20100129_15687.html.

③ http://www.moe.gov.cn/jyb_xxgk/moe_1777/moe_1778/201001/t20100129_180782.html.

④ http://www.moe.gov.cn/jyb_xwfb/s6052/moe_838/201008/t20100802_93704.html.

计划，探索吸引高校毕业生到村小学、教学点任教的新机制。加强教师资源配置管理。逐步实行城乡统一的中小学教职工编制标准，对农村边远地区实行倾斜政策。大力推进城镇教师支持农村教育，鼓励支持退休的特级教师、高级教师到农村学校支教讲学。[①]

2012 年 9 月，国务院发布《关于深入推进义务教育均衡发展的意见》，要求：改善教师资源的初次配置，采取各种有效措施，吸引优秀高校毕业生和志愿者到农村学校或薄弱学校任教。各地逐步实行城乡统一的中小学编制标准，并对村小学和教学点予以倾斜。合理配置各学科教师，配齐体育、音乐、美术等课程教师。重点为民族地区、边疆地区、贫困地区和革命老区培养和补充紧缺教师。实行县域内公办学校校长、教师交流制度。各地要逐步实行县级教育部门统一聘任校长，推行校长聘期制。建立和完善鼓励城镇学校校长、教师到农村学校或城市薄弱学校任职任教机制，完善促进县域内校长、教师交流的政策措施，建设农村艰苦边远地区教师周转宿舍，城镇学校教师评聘高级职称原则上要有一年以上在农村学校任教经历。[②]

2015 年 6 月，国务院办公厅发布《关于印发乡村教师支持计划（2015—2020 年）的通知》，要求：统一城乡教职工编制标准，拓展乡村教师补充渠道。鼓励省级人民政府建立统筹规划、统一选拔的乡村教师补充机制，为乡村学校持续输送大批优秀高校毕业生。扩大农村教师特岗计划实施规模，重点支持中西部老少边穷岛等贫困地区补充乡村教师，适时提高特岗教师工资性补助标准。推动城镇优秀教师向乡村学校流动。各地要采取定期交流、跨校竞聘、学区一体化管理、学校联盟、对口支援、乡镇中心学校教师走教等多种途径和方式，重点引导优秀校长和骨干教师向乡村学校流动。县域内重点推动县城学校教师到乡村学校交流轮岗，乡镇范围内重点推动中心学校教师到村小学、教学点交流轮岗。采取有效措施，保持乡村优秀教师相对稳定。[③]

2016 年 5 月，国务院办公厅印发《关于加快中西部教育发展的指导意见》，要求：全面加强乡村教师队伍建设。扩大农村教师特岗计划中乡村学校特设岗位数量，增加优秀大学毕业生到乡村学校任教比例，鼓励研究生支教团、优秀退休教师到乡村学校支教。全面推进义务教育教师队伍"县管校聘"管理体制改革，加大教师交流力度，优先保障村小学和教学点需求，确保一定比例的骨干教师到村小学和教学点任教。补充音体美等紧缺学科教师，创新教学、管理方式，确保合格教师授课。[④]

2017 年 1 月，《国务院关于印发国家教育事业发展"十三五"规划的通知》要求：加强乡村教师队伍建设。推动省级政府建立统筹规划、统一选拔的乡村教师补充机制。落实完善毕业生到乡村学校服务的学费代偿政策，吸引优秀毕业生到中小学和

---

① http://www.gov.cn/zhengce/content/2012-09/07/content_5390.htm.

② http://www.gov.cn/zhengce/content/2012-09/07/content_5339.htm.

③ http://www.gov.cn/zhengce/content/2015-06/08/content_9833.htm.

④ http://www.gov.cn/zhengce/content/2016-06/15/content_5082382.htm.

中等职业学校特别是农村学校任教。探索建立新聘教师农村学校任教服务期制度，将在乡村学校或薄弱学校任教经历作为城镇中小学教师晋升高级教师的必要条件。鼓励支持教学效果好、身体健康的退休特级教师、高级教师到乡村学校支教讲学。推动地方实行城乡统一的中小学教职工编制标准，对村小学和教学点采取生师比和班师比相结合的方式核定教职工编制。[①]

2018 年 4 月，《国务院办公厅关于全面加强乡村小规模学校和乡镇寄宿制学校建设的指导意见》发布，要求：完善编制岗位核定。对小规模学校实行编制倾斜政策，按照生师比与班师比相结合的方式核定编制；对寄宿制学校应根据教学、管理实际需要，通过统筹现有编制资源、加大调剂力度等方式适当增加编制。各省（区、市）要结合实际制定具体核定标准和实施办法。推进县域内同学段学校岗位结构协调并向乡村适当倾斜，努力使乡村学校中高级教师岗位比例不低于城镇同学段学校。将到乡村学校、薄弱学校任教一年以上的经历作为申报高级教师职称和特级教师的重要条件。切实落实教师职称评聘向乡村学校教师倾斜政策，并优先满足小规模学校需要，保障乡村教师职称即评即聘。深化义务教育阶段教师“县管校聘”管理改革，按照核定的编制，及时为乡村学校配备合格教师。严格执行教职工编制标准，严格教师准入，为义务教育学校配齐合格教师。加快实行教职工编制城乡、区域统筹和动态管理，盘活编制存量，统筹调配城乡教师资源，严禁在有合格教师来源的情况下“有编不补”或者挤占挪用中小学教职工编制，从根本上解决部分地区长期聘用编外教师问题。推进对口支教。[②]

2. 农村教师考核

2001 年 5 月，国务院发布《关于基础教育改革与发展的决定》，要求：建立激励机制，健全和完善考核制度，辞退不能履行职责的教师。[③]

2008 年 12 月，教育部发布《关于做好义务教育学校教师绩效考核工作的指导意见》，规定：教师绩效考核的内容主要是教师履行《义务教育法》、《教师法》、《教育法》等法律法规规定的教师法定职责，以及完成学校规定的岗位职责和工作任务的实绩，包括师德和教育教学、从事班主任工作等方面的实绩。要求各地积极探索、创新绩效考核的机制与方法，规范考核程序，健全考核组织。[④]

2010 年 7 月，《国家中长期教育改革和发展规划纲要（2010—2020 年）》要求：将师德表现作为教师考核、聘任（聘用）和评价的首要内容。采取综合措施，建立长效机制，形成良好学术道德和学术风气，克服学术浮躁，查处学术不端行为。[⑤]

---

① http://www.gov.cn/zhengce/content/2017-01/19/content_5161341.htm.

② http://www.gov.cn/zhengce/content/2018-05/02/content_5287465.htm.

③ http://www.jledu.gov.cn/dd/wxzl/zgzygwy/2001/0529/2483.html.

④ http://old.moe.gov.cn//publicfiles/business/htmlfiles/moe/s7051/201412/xxgk_180682.html.

⑤ http://www.moe.gov.cn/jyb_xwfb/s6052/moe_838/201008/t20100802_93704.html.

2012 年 8 月,《国务院关于加强教师队伍建设的意见》发布,要求:健全教师考核评价制度。完善重师德、重能力、重业绩、重贡献的教师考核评价标准,探索实行学校、学生、教师和社会等多方参与的评价办法,引导教师潜心教书育人。严禁简单用升学率和考试成绩评价中小学教师。[①]

2017 年 1 月,《国务院关于印发国家教育事业发展"十三五"规划的通知》发布,要求:把师德师风表现作为教师考评的首要内容,建立个人自评、学生测评、同事互评、单位考评等多种形式相结合的考核机制,构建学校、教师、学生、家长和社会多方参与的师德师风监督体系。[②]

3. 农村教师奖惩

2003 年 9 月,《国务院关于进一步加强农村教育工作的决定》提出:长期工作在"老、少、边、穷"地区的乡村教师,克服困难,爱岗敬业,艰苦奋斗,无私奉献,应该得到全社会的尊重。中央和地方各级人民政府要定期对做出突出贡献的优秀农村教师和教育工作者予以表彰奖励。[③]

2010 年 7 月,《国家中长期教育改革和发展规划纲要(2010—2020 年)》发布,要求:国家对在农村地区长期从教、贡献突出的教师给予奖励。[④]

2012 年 8 月,《国务院关于加强教师队伍建设的意见》发布,要求:完善教师表彰奖励制度。探索建立国家级教师荣誉制度。继续做好全国模范教师和全国教育系统先进工作者表彰工作,对在农村地区长期从教、贡献突出的教师加大表彰奖励力度。定期开展教学名师奖评选,重点奖励在教学一线做出突出贡献的优秀教师。研究完善国家级教学成果奖。鼓励各地按照国家有关规定开展教师表彰奖励工作。[⑤]

2015 年 6 月,国务院办公厅发布《关于印发乡村教师支持计划(2015—2020 年)的通知》要求:建立乡村教师荣誉制度。国家对在乡村学校从教 30 年以上的教师按照有关规定颁发荣誉证书。省(区、市)、县(市、区、旗)要分别对在乡村学校从教 20 年以上、10 年以上的教师给予鼓励。各省级人民政府可按照国家有关规定对在乡村学校长期从教的教师予以表彰。鼓励和引导社会力量建立专项基金,对长期在乡村学校任教的优秀教师给予物质奖励。在评选表彰教育系统先进集体和先进个人等方面要向乡村教师倾斜。广泛宣传乡村教师坚守岗位、默默奉献的崇高精神,在全社会大力营造关心支持乡村教师和乡村教育的浓厚氛围。[⑥]

2016 年 5 月,国务院办公厅印发《关于加快中西部教育发展的指导意见》规定:

---

① http://www.gov.cn/zhengce/content/2012-09/07/content_5390.htm.

② http://www.gov.cn/zhengce/content/2017-01/19/content_5161341.htm.

③ http://www.gov.cn/zhengce/content/2008-03/28/content_5747.htm.

④ http://www.moe.gov.cn/jyb_xwfb/s6052/moe_838/201008/t20100802_93704.html.

⑤ http://www.gov.cn/zhengce/content/2012-09/07/content_5390.htm.

⑥ http://www.gov.cn/zhengce/content/2015-06/08/content_9833.htm.

对在乡村学校任教3年以上、表现优秀并符合条件的教师，职称评定时同等条件下优先。各地对在村小学和教学点工作满10年、继续在村小学和教学点工作的优秀教师给予奖励。国家对在村小学和教学点工作满30年并做出突出贡献的优秀教师给予表彰奖励。①

2017年1月，《国务院关于印发国家教育事业发展"十三五"规划的通知》发布，要求：完善师德表彰奖励制度，将师德表现作为评奖评优的首要条件。依法依规加大对各类违反师德和学术不端行为的查处力度，对考核不合格的教师在职称评审、岗位聘用、评优奖励等环节实行一票否决制，将表现恶劣的清除出教师队伍。建立乡村教师荣誉制度，对长期在乡村学校任教的优秀教师按照国家有关规定进行表彰。②

四、主要特点

进入21世纪以后，农村教师政策由城市优先向城乡统筹、城市反哺农村、城乡均衡发展转变。提高农村教师队伍素质，缩小城乡教育差距，实现教育公平，成为这一时期农村教师政策的主要出发点。

第一，从政策上动员全社会的力量对农村教师队伍建设进行扶持和援助，这主要表现为农村教师队伍输入优质师资，具体包括农村教师"特岗"计划、农村学校教育硕士师资培养计划、城镇教师支援农村教育工作、高校毕业生到农村服务项目（三支一扶）、引导毕业生到农村任教的师范生免费政策等。

第二，重视和强调依靠农村教师自己的力量来提高教师素质，这主要体现在农村教师的培训政策上。进入21世纪以后，农村教师的培训方式逐渐从学历培训转变为学历提升与非学历教育培训相结合。出台的政策主要包括农村教师系列培训计划与工程，如万名农村中小学教师国家级远程培训计划、西部农村中小学国家级远程培训计划、中西部农村义务教育学校教师远程培训计划、国培计划等。

第三，通过农村教师待遇政策和管理政策的调整来增强和提高农村教师的职业吸引力。具体包括：义务教育学校教师绩效工资制度、农村学校编制改革、义务教育学校岗位设置改革。2018年4月，《国务院办公厅关于全面加强乡村小规模学校和乡镇寄宿制学校建设的指导意见》，明确要求提高乡村教师待遇。③

纵览这一时期的农村教师政策，首先我们必须承认这一系列针对农村教师和农村教育发展特别制定的扶持和鼓励政策，对缩小城乡教育差距、提高农村教师队伍素质起到了巨大的促进作用。但我们也必须看到，当前城乡教育的差距依然巨大，农村教师的职业吸引力仍然很低，农村教师的整体素质仍然有待进一步提高。这一切都在告诉我们，农村教师队伍建设和农村教育发展仍然任重道远。

---

① http://www.gov.cn/zhengce/content/2016-06/15/content_5082382.htm.

② http://www.gov.cn/zhengce/content/2017-01/19/content_5161341.htm.

③ http://www.gov.cn/zhengce/content/2018-05/02/content_5287465.htm.

第五节 改革开放以来农村教师政策发展的主要特征

一、目的:从调整恢复向全面深化转变

中共十一届三中全会以后,中国的政治、经济和社会环境发生了巨大的变化。农村教师政策的发展与演变与其所处的社会背景和社会环境息息相关。改革开放初期,为尽快恢复教育秩序,农村教师政策的出台旨在调整恢复、拨乱反正,如1978年教育部《关于加强中小学教师队伍管理工作的意见》。20世纪80年代中期到90年代后期,教育体制改革逐渐拉开帷幕,建立基本的政策体系成为这一时期的主要任务,如1985年《中共中央关于教育体制改革的决定》、1994年《中华人民共和国教师法》、1995年《教师资格条例》等。进入21世纪以后,社会主义市场经济体制基本形成,教育公平成为人们关注的焦点问题之一,长期执行的城市优先发展的教师政策向城市反哺农村、城乡均衡发展转变,并随着教育改革进程的推进而不断深化,关注的问题也更全面具体。如2006年《关于大力推进城镇教师支援农村教育工作的意见》、2015年《关于印发乡村教师支持计划(2015—2020年)的通知》。

二、理念:从非专业化、半专业化向专业化转变

教师是不是专业工作者,这是个受人关注但又容易引起争议的问题。改革开放初期,农村教师主要以民办教师为主,整体素质偏低,教师作为专业工作者的身份并没有受到认可,教师专业化成为提高教师待遇和教师地位的代名词。20世纪80年代以后,"教师是专业工作者"的声音逐渐增强,教师的专业化发展成为教师教育改革的方向和主题,且逐渐得到法律的认可。如1986年9月,国家教育委员会颁布《中小学教师考核合格证书试行办法》,规定《教材教法考试合格证书》的基本要求是思想品德好、教材教法考试及格,《专业合格证书》的基本要求是思想品德好、文化专业知识考试及格、具有一定的教学能力。[①] 1994年《中华人民共和国教师法》明确规定教师是履行教育教学职责的专业人员[②],从而在法律上明确了教师作为专业人员的地位。

三、价值取向:从稳定的数量满足型向高素质的质量提高型转变

改革开放40多年来,农村教师政策的出发点和价值取向经历了从稳定教师队伍向提高教师队伍素质的转变,即从追求数量稳定向质量提高转变。改革开放初期,以民办教师为主体的农村教师学历层次较低、社会地位不高,保持教师队伍稳定是这一时期国家制定农村教师政策的出发点。从20世纪80年代中期开始,随着以民办教

---

① 杨放.教育法规全书[M].海口:南海出版公司,1990:348.

② http://www.moe.gov.cn/s78/A02/zfs__left/s5911/moe_619/tnull_1314.html.

师转正为中心、以师范院校毕业分配和社会招考为主要补充方式、以学历合格为基本要求的农村教师队伍政策的调整，到 20 世纪末，民办教师作为一个历史称谓基本退出舞台，农村教师政策从稳定队伍、提高学历向提高能力和综合素质转变。为严把质量关，推动农村教师向专业人员转变，从 20 世纪 90 年代中后期开始，我国逐步实行教师资格认定制度和教师聘任制，这对于提高教师队伍的综合素质和推动农村教师队伍的专业化发展具有非常重要的意义。

四、功能：从独立单一到综合灵活、日趋完善

改革开放初期到 20 世纪末的农村教师政策在一定时期内具有一定的、单一的侧重点，如 20 世纪 70 年代末 80 年代初主要侧重于教师队伍的稳定，80 年代中期到 90 年代末则主要侧重于提高农村教师特别是农村民办教师的学历层次。进入 21 世纪以后，在城乡教育均衡发展的历史背景下，农村教师政策在着力提升教师综合素质的同时，更加注重将农村教师和农村教育的发展与农村的经济、社会改革相联系，农村教师政策的调整呈现出全方位、宽领域的特征。国家动员全社会的力量对农村教师队伍的发展进行扶持和鼓励，以缩小城乡教育差距，促进城乡教育均衡发展，如特岗计划、硕师计划、国培计划、省培计划等。

第六节 现行农村教师政策存在的主要问题

通过对改革开放四十多年来农村教师政策的系统回顾，一方面，我们必须承认，其调整与转向与社会发展息息相关，在制定过程中既考虑了政治、经济、文化和教育发展的现实需要，也充分遵循了农村教师队伍自身的发展规律；另一方面，我们也必须看到，目前农村教师队伍和农村教育发展过程中存在的问题，与国家制定和执行的农村教师政策之间存在着不可分割的联系，有些问题值得我们进一步思考。

一、教师政策的统一性与农村教师政策倾斜及适度弹性问题

教师政策作为公共政策的一种，在其制定之初，需要综合考虑其内部各利益群体的不同利益冲突，需要尽可能地在最大范围内保证对象内部弱势群体的利益，以保证社会公平。但很长一段时间内我国的教师政策都是城市优先，农村教师有时甚至成为政策的遗忘者。进入 21 世纪以后，虽然在城乡统筹发展的背景下，农村教师的发展得到了前所未有的重视和关注，但从实际执行效果看，城乡教师之间的差距依然巨大，对农村教师的倾斜力度还不够，现有的农村教师政策尚未对农村教师的专业发展、综合素质的提升产生决定性的影响，农村教师职业吸引力仍然非常不足。同时，我国幅员辽阔，经济发展程度差异巨大，不同地区之间的农村教师其利益需求也不同。因此，在农村教师政策制定的过程中，既要考虑政策的统一性，又要加大对农村教师的倾斜与扶持力度，并综合考虑各地教育行政主管部门根据自己的实际情况合理规划本地区农村教师长远

发展的需求。例如，有研究者认为："免费师范生政策的提出，初衷在于解决中西部农村教师资源不足的问题，以促进教育走向区域均衡和相对公平。然而，作为政策的直接施予对象，免费师范生享受政府'优待'的同时，自由却受到限制，生存状况及成长堪忧。要调和这一两难的局面，达到公平与自由的双向成长，并最终使政策趋于完善，适当增加教育政策的弹性、尊重个体自由成为不二之选。"①

二、政策的方向性与执行中的变异问题

一般来说，党和教育部等国家有关部门在制定农村教师政策时主要是从方向和大局上进行整体把控，其具体的执行与操作主要由地方政府或教育行政部门负责。因此，从农村教师政策的出台到落地实施的过程中，容易出现因为信息不充分、理解偏差以及意外事件等因素造成的政策异化，其实际执行效果与政策目标之间可能并不完全一致，进而影响政策本身的效果与质量。以城乡教师交流为例，政策的出发点旨在缓解农村教师匮乏现象，以缩小城乡教育差距。但在实际执行过程中，由于城市选派到农村的教师也许并不优秀、部分城市教师将到农村交流视为"贬抑"或"流放"、教师的自愿性和自主性不足等原因，导致制度设计上理想的城乡教师交流在遭到各种利益群体或显性或隐性的抵抗后，不仅没有实现"交流"，反而在某些方面成为"交流"的阻碍。

三、政策的连贯性与及时调整问题

一般而言，由于外界环境的变化，一项政策需要以另一项政策进行替代时，需要尽可能地在内容和价值取向上与前一项政策保持适度的连贯性，而不是完全推倒重来。从这个角度而言，保持农村教师政策的连续性是必要的，同时农村教师政策也需要保持适当的稳定性。但当今时代，社会迅猛发展，如不能根据政策环境的变化适时调整农村教师政策，必将对农村教师的发展产生负面影响。以农村教师编制制度改革为例，有研究者经过研究后提出："受事业编制紧缩政策的影响，农村教师编制供需矛盾突出，主要表现为编制供给难以保证农村学校基本的教育教学需求、无法满足农村教育质量提升的需求和未能支撑农村教育优势挖掘与特色发展的需求。为了缓解师资供需矛盾，各地探索了体制内盘活编制、编外聘用教师和全员取消编制等改革，但这些改革存在诸多局限，难以全面推广。为此，应推动农村教师编制制度综合改革，实行编制单列管理、科学核定和动态调配。"②因此，促进农村教师队伍的健康发展，需要根据外界环境的变化以及农村教师队伍自身的实际情况，适时地在政策上进行一定程度的调整。促进城乡教育均衡发展，可谓任重而道远。

---

① 史航，于忠海．免费师范生政策之两难："大"公平与"小"自由[J]．河北师范大学学报(教育科学版)，2015(4)：74．

② 刘善槐，朱秀红，李畇赟．农村教师编制制度改革研究[J]．中国教育学刊，2019(1)：7．

第二章 “特岗计划”政策执行问题研究

“特岗计划”全称为“农村义务教育阶段学校教师特设岗位计划”，于 2006 年 5 月由教育部、财政部、人事部和中央编办联合发布并实施。该计划招募高校毕业生到“两基”攻坚县以下的农村中小学任教，目的是引导和鼓励高校毕业生服务基层，从事农村教育工作，缓解农村师资不足和结构不合理问题，从而提高农村教师的整体素质。“特岗计划”是我国农村地区教师补充机制的创新，是吸引高素质人才的重要途径，也是完善农村义务教育机制、提高农村教育质量、促进新农村建设的有效措施。“特岗计划”统一按照中央统筹、地方实施的原则，规定教师必须任教于计划范围内的中小学三年，三年期满经考核合格便可留任成为正式在编教师，也可以申请其他工作机会。[①] 聘用期间所需资金由中央和地方共同负担，以中央为主。[②]

“特岗计划”实施至今已有十几年，这十几年来，该计划进行先行试点并逐步扩大政策范围，每一步都稳扎稳打，旨在彻底改善中西部地区落后的教育现状，促进我国义务教育公平、均衡地发展。教育政策改革依旧是两会教育工作的“好声音”，该政策的实施有力帮助偏远贫困地区实现教育精准脱贫，为基本实现教育现代化打牢根基。[③] 但政策执行过程中也存在一系列问题，诸如国家政策不完善，政府管理不到位，学校人才利用不合理，教师信念不坚定，等等，这些问题会

① 郑新蓉，杜亮，魏曼华. 中国特岗教师蓝皮书[M]. 北京：教育科学出版社，2012：9.

② http://www.moe.gov.cn/publicfiles/business/htmlfiles/moe/s3312/201001/xxgk_81624.html.

③ 韩琳琳. 云南省特岗教师政策研究[D]. 昆明：云南师范大学，2016.

导致政策执行偏离预期目标。为更好地完善政策，推进政策执行效果，对“特岗计划”政策执行过程中的问题及对策研究就显得尤为重要。

第一节 “特岗计划”政策出台的背景与文本解读

一、政策出台的背景

2006年5月15日，根据《中共中央国务院关于推进社会主义新农村建设的若干意见》和《中共中央办公厅国务院办公厅印发〈关于引导和鼓励高校毕业生面向基层就业的意见〉的通知》精神，教育部、财政部、人事部和中央编办联合发布《关于实施农村义务教育阶段学校教师特设岗位计划》，标志着“特岗计划”正式启动。该计划的实施具有一定的社会背景和教育背景。

（一）社会背景

“特岗计划”出台的社会背景主要有两个方面：一是我国建设社会主义新农村的政治背景；二是我国城乡经济二元化的经济背景。

社会主义新农村建设要求对农村进行经济、政治、文化和社会等方面的建设，最终实现将农村建设成为经济繁荣、设施完善、环境优美、文明和谐的社会主义新农村的目标。而文化建设则离不开农村教育。要加快发展农村义务教育，就要建立健全农村义务教育经费保障机制，改善农村办学环境，加强农村教师队伍建设。因此社会主义新农村建设为“特岗计划”的出台提供了一个宏观背景。

除此之外，我国城乡经济二元化凸显，城乡间经济发展差距巨大。这种二元结构导致政府在教育经费中的投入存在“城市倾向”，教育资源得不到均衡配置，农村教育发展受限，使得农村孩子在学校教育中处于劣势地位。农村师资紧缺，教学条件薄弱，农村孩子学业成功的概率受到很大的影响。[①] 这也进一步要求我国采取相应措施，以促进城乡义务教育均衡发展。

（二）教育背景

1. 农村师资不足，城乡师资配置失衡

据统计，2006年，中西部9个省份3万多所村小的班师比平均仅为1∶1.3，4万多个教学点的班师比平均仅为1∶1.2，这与全国小学1∶1.9的平均配置水平相比，还相差很远。在工资收入方面，全国农村小学、初中教职工人均年工资收入分别仅是城市教职工的68.8%和69.2%。通过对农村中小学校长的调查可知：近3年来，38.7%的校长反映学校有教师流失的现象，其中74.6%的校长反映主要是骨干教师的流

① 余秀兰. 文化再生产：我国教育的城乡差距探析[J]. 华东师范大学学报（教育科学版），2006(6).

失，尤其是35岁以下的青年教师流失量较大。[①] 由于教师流失严重，造成了农村尤其是边远地区师资队伍的不稳定；而农村地区工资低、条件差，又导致难以吸引优秀人才从教，师资不足成为农村地区教育的重要问题，“进不来，留不住”的现象也成为农村学校师资队伍建设的瓶颈。农村教育的发展与教育质量难以提高，严重阻碍教育公平化。

2. 农村学校学科教师结构失衡

农村学校学科教师结构失衡的现象十分突出，尤其是英语、音乐、美术和信息技术等学科教师严重不足，其课程只能由其他教师兼任。2006年，平均5所小学不足一名外语教师的县有508个；西部山区农村平均10所小学才有一名音乐教师。[②] 为了应对这种情况，当地教师不得不跨学科跨年级教学，工作量和工作压力加倍，教学效果难以提高。

3. 农村教师年龄结构失衡，学历层次偏低

“哥哥姐姐教高中，叔叔阿姨教初中，爷爷奶奶教小学”成为农村学校教师年龄结构失衡的最好写照。有研究表明，中西部地区农村教师大多是50岁以上者，而30岁以下的教师相对偏少。一些初中教师的平均年龄达到46岁，而有些小学教师的平均年龄则高达51.2岁，甚至55岁。[③] 学历层次的偏低也直接影响到农村教学质量的提升。据统计，2006年我国农村初中专任教师学历在专科以下的有七成，小学专任教师中专科及以下学历占95%以上，高中及以下学历接近一半。[④]

4. 高校毕业生就业压力大

随着我国高等教育大众化进程的加快，高校毕业生的就业压力越来越大。据中国之声《央广新闻》报道，2011年全国普通高校毕业生达660万人，与2010年相比，增加了约30万人。[⑤] 加上往届没有就业的毕业生，形成了庞大的就业队伍。

“特岗计划”政策执行的目的主要是引导和鼓励高校毕业生服务基层，从事农村教育工作。一方面缓解高校毕业生就业压力，扩大其就业渠道；另一方面缓解农村师资不足和结构不合理问题，从而提高农村教师的整体素质，提高农村教育质量，促进教育公平。

二、“特岗计划”政策文本解读

（一）“特岗计划”的目标和任务

通过公开招聘高校毕业生到西部地区“两基”攻坚县的县以下农村学校任教，引

---

① 国家教育督导团.国家教育督导报告2008(摘要)[N].中国教育报，2008-12-05(2).

② 国家教育督导团.国家教育督导报告2008(摘要)[N].中国教育报，2008-12-05(2).

③ 成铁.我国农村教师队伍建设的政策分析与建议[D].武汉：华中师范大学，2008：10.

④ 国家教育督导团.国家教育督导报告2008(摘要)[N].中国教育报，2008-12-05(2).

⑤ http://www.edu.cn/gao_jiao_news_367/20101129/t20101129_545559.shtml.

导鼓励高校毕业生从事农村义务教育工作，创新农村学校教师补充机制，逐步解决农村学校师资总量不足和结构不合理等问题，提高农村教师队伍的整体素质。

（二）实施范围与原则

“特岗计划”的实施范围主要是中西部地区“两基”攻坚县及缺编较多的少数民族自治县。2009 年，“特岗计划”全面展开，实施范围也逐步扩大到中西部地区国家扶贫开发工作重点县。

“特岗计划”的实施原则主要有：招聘工作中遵循“公开、公平、自愿、择优”原则和上岗时的“三定”（定县、定校、定岗）原则。聘期为 3 年。

（三）资金安排

特岗教师在聘任期间，其工资标准、津贴、补贴与当地同等条件公办教师年收入水平一致。“特岗计划”所需资金由中央财政和地方财政共同承担，以中央财政为主。

（四）招聘对象及程序

“特岗计划”的招聘对象主要是全日制普通高校师范类专业应届本、专科毕业生，专科生或具备教师资格条件的师范类专业本科毕业生及有教学工作经验的青年教师等。招聘程序如图 2-1 所示。

图 2-1 “特岗计划”招聘程序图

（五）相关保障政策

为保障“特岗计划”的顺利实施，达到预期目的，国家和地方制定了相关保障政策。例如：对具备一定条件的报名者在面试中给予适当加分；各设岗县和学校要为特岗教师提供必要的住房；“特岗计划”与“农村学校教育硕士师资培养计划”相结合；给予聘期已满、考核合格且自愿留校的教师正式编制，在以后市、县（市、区）、乡镇学校招聘教师时，优先聘用期满留任的特岗教师等。

第二节 “特岗计划”政策执行中的问题分析

“特岗计划”在创新农村学校教师补充机制、解决农村师资不足、优化师资结构、促进城乡教育均衡发展等方面发挥了至关重要的作用。但该政策在执行过程中，仍有很多问题和不足。本研究以CF县为例进行分析和研究。

一、岗前选拔的“四不”问题与原因分析

在岗前选拔环节的政策执行中，主要存在的问题可概括为“四不”，即：政策宣传渠道少、范围小，公众知晓度不高；招聘条件重学历、轻素养，教师入岗动机不纯；岗前培训抓理论、轻实践，培训针对性不强；设岗学校编制少、缺岗多，学校需求难满足。

1. 政策宣传渠道少、范围小，公众知晓度不高

CF县对于“特岗计划”政策的宣传渠道主要是网站、电视和报纸，而“特岗计划”设岗的农村地区居民，对于“特岗计划”不甚了解。笔者在CF县调查发现：有41%的特岗教师当初获得招聘信息是通过亲朋好友告知，46%的特岗教师是通过全省的招聘公告得知信息，而通过报纸和电视新闻获得招聘信息的特岗教师只有14%。笔者通过对设岗地区居民的随机采访发现，大部分居民是通过口耳相传的方式听说的，占总比例的65%左右，通过网上公告和报纸上的招聘广告获知的一共只占12%。

2. 招聘条件重学历、轻素养，教师入岗动机不纯

“特岗计划”的招聘条件存在重学历、轻素养的问题。招聘条件只强调是全日制普通高校师范类专业应届本、专科毕业生，专科生或具备教师资格条件的非师范类专业本科毕业生。有没有立志为农村教育事业奉献，是否具有坚定的教育理想等内在素养并不包含在招聘条件内。特岗教师入岗动机不纯和职业理想不坚定的现象较为普遍。通过对CF县特岗教师的问卷调查发现，该县特岗教师期满后愿意继续留校任教或已经留校任教的只占12%，想要或已经调到其他学校任教的占25%，期满后选择非教师职业的占15%，表示目前不确定的占48%。

在对CF县2009年招聘的特岗教师H老师的访谈中，她告诉笔者，她是外省人，因婚姻问题来到了CF县，当初参加CF县“特岗教师计划”招聘的目的主要是想3年后能够利用政策优势，调入县城的学校工作。

这种岗位思想不稳、人才流失现象在有些县更为严重。以湖南平江县为例[①]，如表2-1所示。

---

① 黄健美.“特岗计划”实施存在的问题及对策研究——以湖南省平江县为例[D].岳阳：岳阳理工学院，2018：19.

表 2-1 平江县 2009—2017 年特岗教师招聘到岗情况表

年度	计划数	到岗数	到岗率(%)
2009	138	124	89.86
2010	291	264	90.72
2011	300	261	87.00
2012	240	199	82.92
2013	240	208	86.67
2014	320	237	74.06
2015	450	318	70.67
2016	560	443	79.11
2017	380	308	81.05
合计	2919	2362	80.92

从表 2-1 可以看出，到岗率并不高。但是，流失率更不容小视，如表 2-2 所示。

表 2-2 平江县 2009—2017 年特岗教师流失情况表

年度	到岗数	现留任数	流失数	流失率(%)
2009	124	68	56	45.16
2010	264	141	123	46.59
2011	261	185	76	29.12
2012	199	126	73	36.68
2013	208	160	48	23.08
2014	237	210	27	11.39
2015	318	290	28	8.81
2016	443	414	29	6.55
2017	308	308	0	0
合计	2362	1902	460	19.48

表面上看，流失率在降低，但实际上可以看出，流失率随工作年限的延长而递增。当然，入岗动机只是一个影响因素，主要还是在岗发展条件所限。

3. 岗前培训抓理论、轻实践，培训针对性不强

CF 县"特岗计划"招聘的教师在上岗前须参加由全省统一进行的岗前培训，为期一周，主要聘请师范大学(学院)教授及市里的优秀教师进行相关理论和授课技巧的教学。但培训理论多、形式化，实际教学技能少，针对性不强。在对 CF 县特岗教师的调查中，认为岗前培训对自己以后的入职作用很大的占 26%，而觉得形式化严重的占 63%。

笔者曾参加过 CF 县 2010 年 7 月进行的特岗教师岗前培训，培训采用集中培训的形式，培训内容主要包括教师职业道德与规范要求、中学生心理健康教育、新课程理念与教学改革、班主任工作、课程与教学基本理论、教育法律法规以及备课、上课与评课等。在为期一周的培训过程中，只有备课、上课与评课这一大项内容涉及教学技能的培训，其他六项均为理论学习。

4. 设岗学校编制少、缺岗多，学校需求难满足

CF 县从 2009 年开始至今，特岗教师的招聘数呈现出逐渐减少的趋势。2009 年和 2010 年分别招聘了特岗教师 160 人和 200 人，而 2011 年和 2012 年减少到每年招聘 70 人。招聘数量上的减少，导致设岗学校教师不足，难以满足学校师资需求，很多科目没有专业的教师任教，“教非所学”现象在农村中小学较为普遍。

以下是笔者对 CF 县一所设岗学校的 Y 校长进行访谈的记录，从中可以反映出这一问题。

笔者：Y 校长，您好！请问贵校从哪一年开始有特岗教师进入学校工作？

Y 校长：你好，我校从 2009 年 9 月份开始有了第一批特岗教师进入学校工作。之后的每一年都有一些特岗教师进入学校工作。

笔者：请问具体每一年都有多少特岗教师进入贵校工作呢？

Y 校长：2009 年和 2010 年各有 3 名特岗教师，2011 年有 2 名特岗教师，2012 年原本有 2 名的，但由于某些原因，都没有来学校报到上班。

笔者：这些特岗教师的专业和贵校所需要的专业匹配吗？

Y 校长：基本上都是匹配的，都是我们学校急需的科任教师。他们中大部分都是身兼数职，如我们的英语教师紧缺，虽然有一位特岗教师专业是英语，但仍然不能满足需要，学校只好安排了一位学历史的特岗教师和一位政治专业的特岗教师兼任英语科目。出现这种现象的原因主要还是在于学校科任教师数量不足。

笔者：那为什么在报“特岗计划”招聘指标时不能增加这些科目教师的名额呢？

Y 校长：这与教育局所给指标有关，不是说需要多少就能满足多少。主要还是根据学校编制数量及科目紧缺情况而定的。

笔者：那您认为让这些特岗教师“教非所学”，其教学效果如何呢？

Y 校长：那肯定与专业教师的教学有一定的差距！他们也常反映说这不是自己的专业，教得有些费劲，但学校实在是师资不足，否则我们也想让教师各尽其能，提高我们的教学质量。

二、在岗培养的“四受”问题与原因分析

在岗培养环节的政策执行过程中出现的主要问题表现为“四受”，即：政策保障缺乏，教师权利受侵；政府管理滞后，教师权益受损；学校关怀不足，教师能力发挥受阻；

个人动机多元,专业发展受限。

1. 政策保障缺乏,教师权利受侵

特岗教师在岗期间的权利受侵主要表现为:“教非所学”及跨学科跨年级教学,工作量过大及班主任工作压力等问题,让特岗教师力不从心。这些问题的存在,侵害了他们的合法权益,而政策没有保障他们的权益。

此外,与“特岗划”配套的“硕师计划”在 CF 县没有真正实施。调查中,CF 县只有 26%的特岗教师关注或了解这一政策,而 74%的特岗教师只是听说过甚至是根本不知道这一计划,调查中没有一位特岗教师享受过这项政策带来的优惠。

配套政策的缺失及保障政策的缺乏,严重影响了特岗教师扎根农村、为农村教育事业服务的积极性。

2. 政府管理滞后,教师权益受损

特岗教师上岗后,政府部门,尤其是教育主管部门对于特岗教师的管理出现滞后现象。

一是同工不同酬。调查发现,截至 2012 年 9 月,CF 县特岗教师的基本工资分别为:小学教师 1300 元左右/月,初中教师 1500 元左右/月。在 CF 县 D 中学调查中发现:特岗教师的工资与同级别的非特岗教师的工资相比,差距较大,见表 2-3 与表 2-4。岗位等级为员级的特岗教师实发工资是 1433.34 元,而非特岗教师的工资最低的 1658.34 元,最高的 1831.34 元,相差 200 元至 400 元。岗位等级为助理级的特岗教师实发工资是 1540.34 元,而同级别的非特岗教师的工资最低的 1831.34 元,最高的 2035.66 元,相差 300 元至 500 元。且特岗教师的住房公积金相对于非特岗教的公积金来说普遍较低。特岗教师的工资不及其他教师,但工作量和其他教师一样,甚至更多。这导致 CF 县特岗教师对于其工资的满意度普遍较低。这种现象不仅严重影响了特岗教师的积极性,也使很多特岗教师的生活陷入拮据状态。

表 2-3 CF 县 D 中学特岗教师工资表(单位:元/月)①

姓名	应发工资金额								代扣金额			实发工资合计
	岗位等级	职务(岗位)工资	薪级工资	10%工资	教龄津贴	基础绩效工资	农村艰苦津贴	应发小计	住房公积金	医疗保险费	小计	
陈某	助理级	590	197	79	无	998	86	1950	368	40.66	408.66	1540.34
陆某	助理级	590	197	79	无	998	86	1950	368	40.66	408.66	1540.34
柏某	助理级	590	197	79	无	998	86	1950	368	40.66	408.66	1540.34
王某	员级	550	181	74	无	951	86	1842	368	40.66	408.66	1433.34
李某	员级	550	181	74	无	951	86	1842	368	40.66	408.66	1433.34

(表中姓名均为化名)

① 资料来源于 D 中学财务处。

表 2-4 CF 县 D 中学非特岗教师工资表(单位:元/月)①

姓名	应发工资金额								代扣金额			实发工资合计
	岗位等级	职务(岗位)工资	薪级工资	10%工资	教龄津贴	基础绩效工资	农村艰苦津贴	应发小计	住房公积金	医疗保险费	小计	
李某	助理级	590	341	94	5	1290	86	2406	417	41.74	458.74	1947.26
高某	助理级	590	443	104	10	1290	86	2523	443	44.34	478.34	2035.66
汤某	助理级	590	233	83	3	1290	86	2285	395	40.66	435.66	1849.34
胡某	助理级	590	295	89	5	1290	86	2355	408	40.78	448.78	1906.22
杨某	助理级	590	215	81	3	1290	86	2265	372	40.66	412.66	1852.34
钱某	助理级	590	215	83		1290	86	2265	390	40.66	430.66	1831.34
王某	员级	550	197	75	3	1177	86	2088	389	40.66	429.66	1658.34
代某	员级	550	365	92	7	1177	86	2277	405	40.66	445.66	1831.34

(表中姓名均为化名)

在访谈中,谈到特岗教师工资情况时,CF 县 D 小学的特岗教师 Z 老师很为难地告诉笔者:“我是家里的顶梁柱,身为男人,我觉得能够给我的家人创造好的生活条件是我的责任,而现在,作为特岗教师的我,一个月基本工资才 1400 多元,加上现在我的宝宝刚刚出生,家里花费很大,每月的工资给孩子买奶粉有时都不够,还需要向朋友借钱。学校里有同事办事,我都是到处借钱才能出礼,唉!说出来都有些难为情!有时感冒发烧都舍不得去医院买药,能撑就撑过去。现在我的生活就是和借钱分不开,每次借钱,都要做很大的思想斗争才能张得了口!唉!”

在对学生的榜样教育问题上说服力不强。笔者曾执教的班级有个学生准备辍学,笔者与他谈心,告诉他现在这个社会是知识经济时代,没有知识在社会上的生存是十分困难的。但学生的一句话真的是让笔者无言以对。他说:“老师,您不用说那么多的道理,道理是如此,但我哥不也是初中没有毕业就出去打工的吗?他现在的工资每月都有三四千元呢,比您读完大学到我们这教书要高得多呢?”学生能说出如此的话语让笔者感慨现在的教育如果再不提高教师的工资待遇,教师将如何以身作则?如何给学生们树立一个知识就是力量的榜样?

二是工资发放滞后。CF 县特岗教师的第一次工资在特岗教师入岗后的第一个学期末才能领到。工资发放滞后让很多特岗教师感到困扰。笔者也是其中的一员,自己已经工作,不再好意思向父母要生活费,加上大学毕业,很多同学结婚都要出礼,这让笔者十分为难:一方面大家都知道笔者已经工作,生活费、出礼钱都得自己承担,

① 资料来源于 D 中学财务处。

而另一方面工资的滞后发放只有自己知道。

三是关注明显减小。特岗教师的工作量如何、生活状况如何、是否需要老教师指导等问题都没有具体的监管措施。教育部门领导偶尔进入几所学校考察，也是在特岗教师进入设岗学校工作至少一个学期以后，而且考察的范围十分有限。

3. 学校关怀不足，教师能力发挥受阻

特岗教师进入学校工作以后，学校给予的关怀关系到特岗教师工作满意度的评价，而满意度的好坏是影响其服务期满后留任与否的主要因素。

在 CF 县“特岗计划”政策的执行中，学校给予特岗教师的关怀不足主要表现在以下几个方面。

一是学校很少为特岗教师配备指导教师。特岗教师入职后，设岗学校为其安排指导老师的现象较少。调查中发现，CF 县设岗学校为特岗教师配备指导教师的仅有 47%，而 92%的特岗教师认为指导老师会给自己很大的帮助。如今农村学生大多是留守儿童，他们得不到正常家庭给予的教导，在生活与学习上出现如学业发展落后、失落自卑、自控力不强等诸多问题。面对这些问题，很多无经验的特岗教师只能自己摸索，因此常感到无从下手。作者调查发现担任班主任会使其工作压力明显增大的特岗教师占 85%。

二是学校用人机制的不完善，工作幸福感较低。首先表现为特岗教师中“教非所学”和跨年级、跨学科的超负荷教学现象普遍，几乎 60%的特岗教师兼任两门甚至两门以上的课程。[①]其次是评价体系单一化，仅仅以学生的学习成绩来评价教师的教学水平。调查发现，CF 县 85%的设岗学校都会在期中和期末考试后对各班学业的平均分进行排名，以分数的高低评价任课教师的教学水平。最后是课时量多且安排不合理。抽样调查中发现 CF 县特岗教师中，每周有 16～20 节课的占 50%，有 21 节课及以上的占 19%(见图 2-2)。课程安排不合理主要表现在课程较为集中且随意。特岗教师对学校课程安排的满意度不高。“非常满意”的仅占 5%，而“不太满意”的占 66%(见图 2-3)。从英语特岗教师 B 老师的课程表(见表 2-5)可以看到，连续上 4 节课的现象较多，且周五下午第一节为体育课，最后一节为英语课。B 老师说：“现在初中的孩子很调皮，而且都很有个性，课堂上讲课必须提高嗓门，每天连续上四节课下来，嗓子都哑了，下课以后真的是一句话都不想说。另外，英语对于农村孩子来说是个难题，很多孩子从一开始就很排斥。而把英语课放在周五最后一节，本身就很难上，因为学生都想着要到周末了，很难静下心来学习，而这节课又接在体育课后上，学生们就更没心思听课了，上课效果很差！”

---

① 樊万奎，吴支奎. 农村特岗教师计划的“优”与“思”——以安徽省 F 县为例[J]. 中小学管理，2011(7).

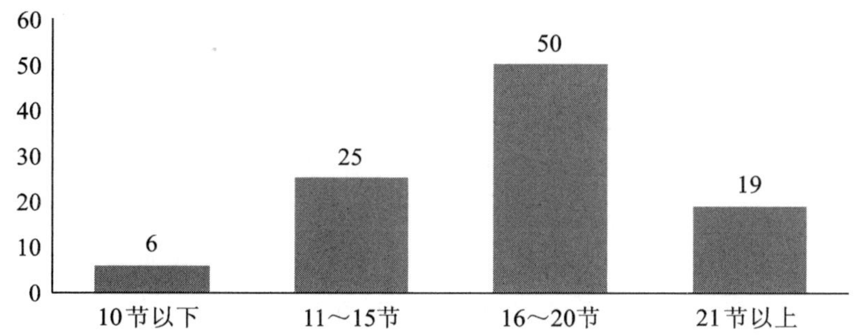

图 2-2 CF 县特岗教师周课时数分布图(单位:%)

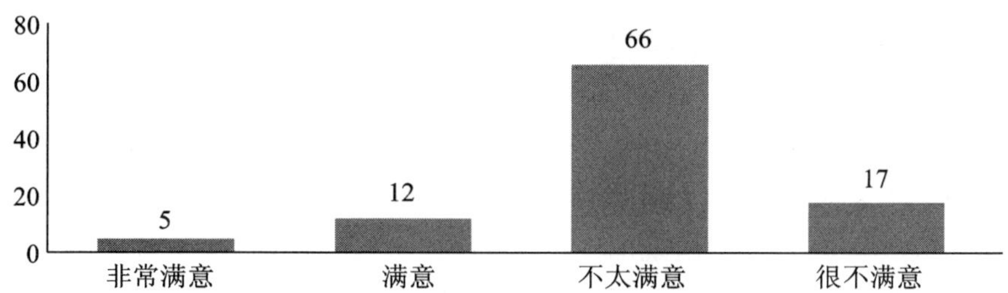

图 2-3 CF 县特岗教师对课程安排的满意度调查分析图(单位:%)

表 2-5 CF 县特岗教师 B 老师的课程表

	周一	周二	周三	周四	周五
上午			英语	英语	
		英语	英语	英语	英语
	英语	英语		英语	
	英语	英语		英语	
午间值班	B 老师				英语
下午	英语				体育
	英语	英语			英语
					放学

三是专业化发展受阻。特岗教师在教师继续教育和外出考察学习方面的机会十分有限。调查数据表明,CF 县特岗教师在服务期内参加外出学习机会较多的约占 40%,很少甚至没有机会的约占 60%。另外,鼓励特岗教师进行专业化发展的“硕师计划”并没有真正实施。对于在专业化发展中产生迷茫的特岗教师,设岗学校也没有对其进行必要的指导。

四是后勤保障无力。主要表现为住房面积有限。住房面积狭小给特岗教师生活上带来了很大的不便。调查结果显示:CF 县特岗教师中只有 44%的特岗教师所在的设岗学校为其提供住房，而提供住房的面积均小于 40 平方米，甚至有的设岗学校几个特岗教师挤一间小屋。笔者所在的学校为特岗教师提供了两人间住房，生活用水十分不便，需要从几百米远的大井里挑水用。

五是课余生活单调。很多特岗教师大部分时间是在办公室里，回到宿舍后就只剩下孤身一人。Z 老师这样描述其特岗期间的课余生活："了解外界的唯一工具就是手机，没有电视，没有网络，所有的娱乐就是聊天。可悲的是就连一个聊天的人也找不到。校园很小，却是那么空旷和凄凉。放学后在校园里漫步，多么希望背后忽然有人大声叫出我的名字，转头时可以看到一张熟悉的面孔，可每一次都是失望地守到最后。晚上更是难熬，躺在床上看着破烂不堪的房顶，有点害怕，有点彷徨，我甚至敢大声唱歌，因为根本不会有人在乎到我的歌喉。"①

六是婚姻问题陷入困境。在对特岗教师婚姻观的调查中发现：女性特岗教师 85％都不愿和男性特岗教师组成家庭，主要原因是特岗教师的工资偏低。而男性特岗教师的择偶对象 65％都是女性教师，原因是感觉职业和学历都比较匹配。这是男性特岗教师在择偶问题上常出现的主要问题。另外，CF 县特岗教师中有 56％的教师认为若继续留任，会给自己的恋爱或婚姻带来不和谐。

4. 个人动机多元，专业发展受限

在特岗教师中，"先就业后择业"的入岗动机较为普遍。调查中发现，CF 县只有 43％的特岗教师是热爱教育事业，支援农村教育才选择这一职业（见图 2-4）。而对于特岗教师专业化发展的调查结果显示：CF 县特岗教师中对于自身专业化发展不知如何着手的占 67％，有着明确规划的只占 24％（见图 2-5）。

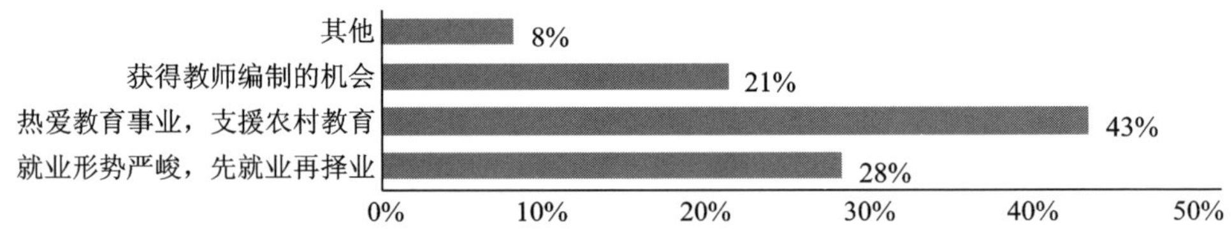

图 2-4　CF 县特岗教师入岗动机调查结果

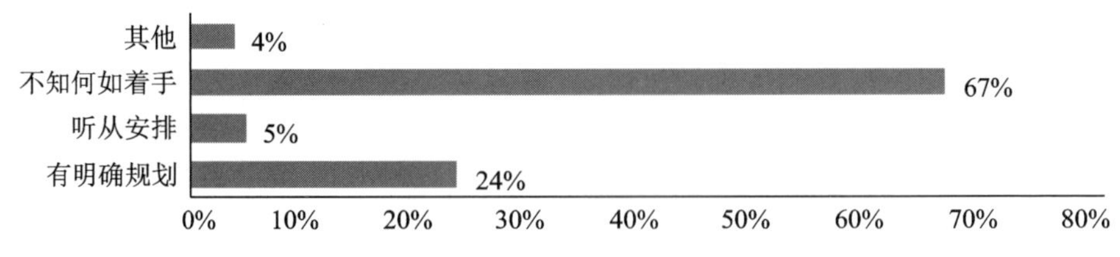

图 2-5　CF 县特岗教师专业化发展规划调查结果

① http://www.cfjy.net/Item/14185.aspx.

三、期满分流的“四难”问题与原因分析

期满分流阶段的政策执行中，主要存在的问题为“四难”，即：政策规定较模糊，教师难安心；政府财政压力大，教师难留任；学校培养跟不上，人才难挽留；个人心理素质不强大，教育信念难坚持。

1. 政策规定较模糊，教师难安心

“特岗计划”政策中对于服务期满的特岗教师去留问题没有具体的保障措施。虽然政策对特岗教师服务期满后的去向进行了说明，但仍存在很多不确定因素。例如，对达到什么条件才能正式入编，如何参加“硕师计划”，是否有机会调往条件好的学校等没有给出确切说明。政策的模糊性使特岗教师感到强烈的危机感，觉得工作没有稳定性，因而不能安心工作，需要教育行政部门给出具体的承诺和可靠的合同。①

2. 政府财政压力大，教师难留任

CF 县在 2012 年之前是国家贫困县，经过这些年的努力，终于在 2012 年甩掉了贫困县的帽子。但对于刚刚脱贫的 CF 县来说，县级财政压力还是很大的，对农村教育的投入经费十分有限。

在对 CF 县教育体育局“特岗计划”执行负责人 Z 主任的访谈中了解到：2009 年的第一批特岗教师，到 2011 年 7 月服务期满。他们中的大部分已经顺利转岗，成为当地的正式在编教师。而 2011 年 CF 县承担的每位转岗教师工资及其他支出约 370000 元/年，这是 CF 县财政无法承受的。因待遇不高，CF 县特岗教师的流失率较高。对 CF 县特岗教师期满后取向的问卷调查显示：在原校继续任教的只占 12%，而选择目前还不确定的占 78%。这说明大部分特岗教师对于“特岗计划”中有关期满后取向问题持观望态度。

3. 学校培养跟不上，人才难挽留

设岗学校在培养教师方面十分谨慎，对于仅有的培养名额一般都会推荐给当地的在编教师。因为这样的老师培养过后一般都会在本校任教，而特岗教师培养以后，他们在服务期满时就容易换校或改行。

在访谈中，Y 校长也告诉了笔者关于对特岗教师进行培养的一些想法。

笔者：Y 校长，请问贵校重视对特岗教师的培养吗？

Y 校长：说到培养，学校对于每一位教师的培养都是十分重视的。提高教师的教育教学水平就是提高教育质量的一个保障。

笔者：那贵校给予特岗教师的培训机会多吗？

Y 校长：我们也想给这些有活力、有能力的年轻教师更多的培训机会，但毕竟像我们这样的农村学校，外出学习的机会还是十分有限的，远远不能满足我们对教师培养的

① 赵准胜，张德利. 农村教师特岗计划实施成效研究——基于吉林省区的调查数据分析[J]. 河北师范大学学报，2011(12).

需求。不过,一般的继续教育或网上培训,我们还是大力鼓励更多的教师去参加的。

笔者:那对于这些难得的外出培训机会,分配给特岗教师的情况如何?

Y校长:我们都十分珍惜这样的培训机会,一般情况下,我们学校主张推荐一些有经验的骨干教师去参加这样的培训,而特岗教师参加这样的培训的机会就相对来说少些。

笔者:学校在考虑对特岗教师培养方面是否有一些顾忌呢?比如担心培养的特岗教师在服务期满以后就会流失这样的问题。

Y校长:对这方面学校肯定要考虑的。因为学校的培养资金本身就十分有限,而培养的教师肯定是要能够为学校长期服务。如果把有限的培养资金和机会给了特岗教师,而他们有些人在三年服务期满后就会离开学校,那学校岂不是花钱给别人培养人才?学校长期任教的老师却得不到应有的培养和提高,这样的话,我们的教学质量如何提高?我们的学校未来又该如何发展?所以,我们在推荐培养人的时候,自己学校长期任教的教师优先。

记得在2009年,市里举办了一个跟香港地区学校联合开办的初中英语教师培训班,培训对象是县区的初中英语教师,当时给我们的培训名额只有1人。我们当时就考虑推荐英语组中英语口语相对好些的教师,于是就推荐了一位特岗教师去参加培训,因为她刚刚大学本科毕业,又是英语专业出身,在学校任教期间表现很好,学生也特别喜欢她。可是三年服务期满以后,她就调到县里的中学教书了。

4. 个人心理素质不强大,教育信念难坚持

特岗教师的心理素质不够强大,主要表现在以下几个方面。

第一,在面对工作及生活中的困难与挫折时,不够坚强勇敢,消极情绪不能及时排解。笔者调查发现,有47%的特岗教师认为自己难以激发学生的学习兴趣,有70%的特岗教师认为由于各种原因教学达不到预期效果。此外,大约80%的特岗教师认为自己教学经验不足,即使将大部分时间用于教学工作,仍然效果甚微。

第二,人际交往能力不强。特岗教师的人际交往问题主要表现在以下三个方面。一方面是师生关系难掌控。城乡学生的差异使特岗教师措手不及,农村学生整体基础薄弱、自制力差,缺乏家长监督,教师的严格要求反而导致学生产生叛逆心理。师生年龄相仿让特岗教师不知如何平衡威信与亲和,给教学管理带来不便。另一方面是同事之间不协作。调查中发现,75.9%的校长认为特岗教师"主观上就没有想过配合",只有24.1%的校长认为"配合默契"。[①] 最后是受尊重程度不高。在关于受尊重程度的调查中,43.2%的特岗教师认为"一般",24.3%的特岗教师认为"不尊重",14.9%的特岗教师认为"非常不尊重"。[②]

---

① 赵准胜,张德利.农村教师特岗计划实施成效研究——基于吉林省区的调查数据分析[J].河北师范大学学报,2011(12).

② 杨廷树.贵州省W县"特岗教师计划"实施中的问题及建议[D].长春:东北师范大学,2010(5).

第三，特岗教师自我评价单一，易受外界影响。当地居民由于对“特岗计划”不了解，产生了片面地以工资和工作环境的好坏来评价特岗教师的价值的误解和偏见，造成特岗教师心理上的压抑。关于特岗教师对职业的满意度调查发现：“十分满意”的占调查总人数的9%，“满意”的占24%。

综上所述，通过对CF县“特岗计划”执行中的问题分析，可将其原因总结为以下四个方面。

一是政策规定不完善，吸引力不足。主要体现为：岗前选拔重学历，在岗时工作超负荷，期满分流无保障。

二是政府管理不到位，执行力不强。主要体现为：岗前宣传范围小，在岗时关注度不足，期满特岗教师入编，县级政府财政压力加大。

三是教学环境艰苦，人才利用不合理。主要体现为：学校资金短缺，特岗教师培养不到位，学校管理欠妥，人才利用不合理，人文关怀欠缺，生活婚姻不便。

四是教师信念不坚定，职业发展迷茫。主要体现为：入岗动机不单纯，入职心理不成熟，期满发展无方向。

第三节 完善“特岗计划”执行的对策

“特岗计划”执行效果较好的表现就是让特岗教师感到“安心”、“舒心”、“暖心”，确保特岗教师“引得来、用得好、留得住”。基于上述原因分析，完善“特岗计划”执行的对策需从政策、政府、学校和教师个人四个层面来着手。

一、完善政策，提高吸引力

针对“特岗计划”政策不完善的表现，为完善该政策，提高政策吸引力，吸引更多优秀的教育工作者加入服务农村教育的行列中来，需要从以下三个方面入手。

1. 岗前选拔条件要全面

对于“特岗计划”的招聘制度，改变招聘条件过分看重学历，缺乏对教学素养的考查的现状。注重对应聘者职业态度、职业信念的考查，使选拔出来的特岗教师既具有扎实的教育教学专业知识和技能，又具备端正的入岗动机和坚定的教师职业理想。在资格审查环节，既要审查应聘人员的学历水平，也要多了解其在大学期间参与的实践活动，尤其是与农村教育有关的实践活动，如暑期进行的支教或助教等活动。

2. 在岗培养保障措施足

对于特岗教师入职后的权利，政策要进行具体说明，改变特岗教师一入职就不得不面临的巨大工作压力的状况，避免“教非所学”及跨学科、跨年级的现象出现。给特岗教师发挥专业优势的机会，使其精力充沛、热情高涨，从而提高学校的教学质量，使学校发展形成良性循环。

另外，对于特岗教师入职后的专业培养，政策也应提出具体的保障措施，为特岗教师的专业化发展提供政策保障。如明文规定每一学期每位特岗教师至少有一次参加教学培训活动的机会。

3. 期满实行留任激励制度

政府要完善政策中服务期满特岗教师的留任激励制度。督促各地做好特岗教师留任工作,激励特岗教师扎根农村、服务基层。改变政策的模糊性,使特岗教师能安心工作,消除他们职业发展的危机感。

在身份方面,适当授权地方教育部门可根据特岗教师的表现灵活地将其转为正式编制,给予特岗教师正式公办教师身份。例如,可以采取提前入编、期满再考核的方式来增加特岗教师职业的稳定性,以留住人才。待遇方面,在不断提高其工资待遇,改善其工作和生活条件的同时,提供更多利于他们专业发展的优惠条件,如教研深造机会以及鼓励其提高自身学历水平等;在发展前景方面,为特岗教师制定长远的职业规划提供便利,不管其留任与否,都应给予支持。

二、加强管理,增强执行力

政府管理不到位所导致的政策执行力不强的问题,可分别从以下各环节出发,以增强政府政策执行力。

1. 选拔注重宣传,培训强化技能

在岗前选拔环节,广泛而有效的宣传,可以使更多的人了解"特岗计划",转变人们对特岗教师的误解甚至歧视的态度,保证特岗教师在平凡而伟大的岗位上得到应有的理解与尊重,让他们更加坚信自己的职业理想和信念。加强宣传工作,一方面充分利用各级广播电视、报刊、互联网等媒体宣传"特岗计划"的方针政策和工作成效,吸引更多优秀高校毕业生报名参加;另一方面大力宣传各地推进"特岗计划"的好经验、好做法,加大对优秀特岗教师的宣传力度,不断创新教师补充机制,帮助特岗教师尽快成长为骨干教师。

针对岗前培训形式化、理论化严重,实际教学技能少,针对性不强的问题,可采用改善特岗教师培训模式来解决。对特岗教师的培训去形式化、理论化,提高针对性。具体来说,可在培训特岗教师基本教师教育理论的基础上,扩大对实际教育技能技巧的培训,通过课例教学对特岗教师进行专业化培训,增加一些针对特岗教师所面临的农村学校基础教育特点及现状的分析和研讨,让特岗教师在入职前对农村教育有所了解。通过这些去形式化、理论化的培训,增强培训的针对性,才能够促进特岗教师在入职后的专业发展。

2. 健全管理机制,强化动态管理

在对特岗教师在岗培养环节的管理上,政府应建立健全各项管理机制,加强对特岗教师的动态管理,为特岗教师营造安心从教的环境。

一要加强日常管理。关心他们的工作生活,并为其提供及时的帮助。如上级教育部门可帮助特岗教师建立论坛,从中了解特岗教师的工作生活情况,多与设岗学校进行沟通，引导设岗学校对特岗教师的合理培养与工作安排。

二要重视人才培养。教育部门可在安排继续教育或外出学习时给予设岗学校较多名额，并规定参加培训学习的教师中必须有特岗教师。这样，一方面可以为特岗教师提供参与培训和学习的机会，另一方面要求设岗学校提高对特岗教师的重视程度，既利于特岗教师的专业化发展，又利于特岗教师更加坚定留任的选择。

三要加大教育投入。省级政府要加大对贫困县的支持力度，对真正急需特岗教师的贫困县在政策上给予倾斜，并加大对部分财力薄弱地区的资金支持。县级政府要加强对特岗教师待遇的统筹，可依据岗位的艰苦程度给予不同的岗位工资，提高艰苦岗位的吸引力。

四要强化因地制宜。针对设岗学校编制少、缺岗多、学校需求难满足的问题，政府部门可在核实设岗学校紧缺教师的时候，对急需教师的设岗学校给予一定的倾斜，避免名额分配上的“平均主义”，以缓解因教师紧缺而造成特岗教师超负荷工作的现状。

3. 落实配套政策，指导职业规划

在特岗教师服务期满以后，政府部门要落实相关配套政策，加强对特岗教师专业化发展及职业规划提供具体的发展方向及前景规划。例如：为特岗教师提供职业规划指导讲座，让期满留任的特岗教师享受到更多的优惠和更好的待遇等。鼓励特岗教师参加“硕师计划”，在提高其学历的同时，加强自身专业技能和研究能力的培养。面对期满留任的特岗教师给设岗县带来的财政压力，上级政府部门可采取延长中央财政对地方财政的补贴年限，如将三年延长至五年；或采取长期的各级政府共同承担的方式等，以解决因财政压力而造成的人才流失问题。

三、优化环境，发挥正能量

能否合理使用特岗教师，促使其发挥正能量，利用特岗教师的专业优势，如新颖的教学方法和现代化的教学技术等，来带动学科发展，引领农村学校走“高效”教学之路，对设岗学校来说，既是机遇，也是挑战。

1. 优化环境，满足需求

艰苦的教学环境，制约了特岗教师潜能的发挥。优化教学环境，可以促进特岗教师潜能的发挥。目前农村设岗学校大部分都存在教学设备陈旧、多媒体教室数量有限，满足不了教学需要的困境，导致特岗教师教学效果不佳，教师成就感降低。为此，学校应加大对教学设备改善方面的资金投入，为特岗教师提供更好、更先进的教学条件，以提高教学效率、提升教学质量。

2. 善用人才，发挥潜能

学校应为特岗教师建立起“结对成长模式”，即：让一些经验丰富，乐于助人的老教师与特岗教师结成对子，有意识地整合特岗教师与本地师资力量，使其搭配从教，形成梯队。[①]教师间的相互学习和交流将利于学校的健康发展。这样，老教师不仅能

① 贾涛.农村特岗教师计划的实施：问题与对策[J].教师理论与实践，2010(8).

够给予特岗教师及时的生活辅导，使特岗教师不再感到孤独、无助，也可以给予特岗教师在教学管理等方面必要的指导和帮助，帮助特岗教师完成从学生到教师的角色转变；还可以从特岗教师处学习新颖的教学方法、现代化的教学技术等。教师间的相互学习和交流有利于学校的健康发展。

学校要合理利用人才，给特岗教师适当减压，让其发挥优势，带动其优势学科的发展。要避免“教非所学”及跨年级、跨科目的超负荷教学现象；要充分利用特岗教师的专业优势，带动学科发展，注重留住人才；要重视对特岗教师的培养，敢于放手去培养年轻的特岗教师，把他们培养成为学校的骨干教师，让特岗教师感受到学校对于他们的重视和培养，为以后留任奠定基础；学校评价体系要多元化，加强对教师教学积极性的激发；要开展丰富多彩的校园文化活动，如运动会、才艺展示等，增加特岗教师与他人接触的机会，促进其人际交往和排解压力。此外，设岗学校要改变以学生学习成绩来评价教师教学水平的单一评价体系，采用多元化的评价手段评价教师的综合工作能力等。如此，既可以促进特岗教师的专业化发展，提升特岗教师的自信心，也可以将人才留住，促进学校自身的发展。

3. 改善条件，关爱生活

首要的是改善特岗教师的住房条件。设岗学校要尽力为特岗教师提供免费、宽敞且安全的住房，提供必要的生活家具，如床、书桌、椅子等。尽力为特岗教师解决生活不便的问题，如学校可出资为特岗教师宿舍旁安装自来水管，保证特岗教师的用水需要。

必要情况下关心特岗教师的婚姻生活问题。对于未婚的特岗教师，学校可鼓励其就近择偶，引导其走出恋爱怪圈；对于已婚的特岗教师，学校可适当给予提供面积稍大的房间，鼓励夫妻共同留校居住。对于住处较远的教师，在安排课程时给予适当的照顾，如课程尽量不安排在下午最后一节或周五下午等。采用这样的方式来提高设岗学校对特岗教师的人文关怀，让其感觉到暖心而愿意留下来任教。

四、坚定信念，构建职业梦

特岗教师自身因素在“特岗计划”执行过程中成为影响政策执行的根本原因。因此，在“特岗计划”执行过程中，就要坚定特岗教师的职业信念，规划其职业发展，实现其职业梦想。

1. 端正入岗动机，坚定职业信念

特岗教师从报名参加招聘时起，就应对其工作环境、职责及可能遇到的困难等做好充分了解，根据自己的兴趣、志向、性格特点等判断自己能否胜任这一工作。要做到端正入岗动机，坚定职业信念。立志为农村的教育事业服务，明确自身工作的意义和价值，把特岗服务期当作人生的重要经历和宝贵财富。

2. 塑造良好心态，积极面对挫折

在岗培养环节，特岗教师要具备良好的心理素质和乐观向上的积极心态。在工作生活中遇到困难和挫折时，要勇敢面对，积极思考解决方法，坚信“方法要比困难多”。

同时，特岗教师要具有坚定的职业理想，并为自己的理想不懈奋斗、不断进取，避免受到一些教师职业倦怠的影响，做一名有理想、有激情、有担当的青年教师。

最后，特岗教师还要注重培养人际交往能力，积极参与学校管理。不仅要加强与同事、学生和当地居民的交往，而且要把交际范围不断扩大到整个乡、整个县，乃至更广阔的区域。视野拓宽，与人交流增多，就不易产生不恰当的婚恋观，从而使恋爱婚姻问题得到有效解决。

3. 做好职业规划，明确人生目标

在期满分流环节，要做好职业规划，明确人生目标。特岗教师在服务期内，要形成理性的自我评价，不受外界不良因素的干扰，加强对“特岗计划”及其相关配套政策的了解，将政策的优惠条件与自身发展相结合，做好职业规划，明确人生目标。若有志在教师的职业道路上继续发展，则需注重平时的点滴积累，善于抓住教研进修的机会，不断增强自身的教学反思能力和自我发展意识，提高自身的教学能力和教学水平，避免职业发展迷茫、缺乏计划性。

“特岗计划”对我国农村教育发展发挥着重要作用。当前，我国农村地区仍然迫切需要大量高素质的教师来加强农村地区的师资队伍建设。这就要求“特岗计划”须进一步优化、完善，为构建农村教师补充长效机制而努力。

上文是对“特岗计划”政策执行过程的研究，是一种政策执行研究，而政策在其执行过程中有其特殊性，同样的政策在不同地区执行，会因各地实际情况的不同而不同。因此对于“特岗计划”执行过程的研究还需要综合各方面因素才能研究透彻。在后续的研究工作中，笔者将在此基础上，继续充实相关理论基础，对上述问题进行更加深入细致的研究。

第三章 “硕师计划”政策执行问题研究

“硕师计划”是“农村学校教育硕士师资培养计划”的简称，是一种将推荐免试的选拔方式和定向委培的培养模式相结合的一种在职研究生专项培养计划。[①] 该计划通过与“特岗计划”相结合，以推荐免试攻读教育硕士等政策为导向，鼓励和吸引一批优秀大学毕业生服务于农村教育事业，是为农村造就大批高素质专业化教师、创新农村教师培养模式的重要举措。该计划的实施，不仅在一定程度上缓和了农村学校师资匮乏的困境，提高了农村教师的综合素质和学历层次，而且开辟了农村教师培养和补充的新渠道。同时，通过政策优惠，吸引优秀毕业生服务于农村这一举措，又在很大程度上缓解了严峻的就业形势，拓宽了大学生就业渠道。所以它可以说是一项利国利民的好政策。

第一节 “硕师计划”政策出台的背景与文本解读

一、政策出台的社会背景

“硕师计划”政策的提出最早可追溯到 2003 年 9 月党中央召开的全国农村教育工作会议，此次会议在“三个代表”重要思想和党的

---

① 王云兰.“农村高中教育硕士师资培养计划”政策实施过程中的问题及思考[J].江西教育科研，2006(11).

十六大精神的指引下，主要对当前农村教育形势做了深入的分析，提出了深化农村教育改革、加快农村教育发展、推进农村小康社会建设和促进城乡协调发展的任务。温家宝同志在会议中做了重要讲话，并特别指出，提高农村师资队伍的质量是当前农村教育发展的立足点，如何采取有效政策措施吸引更多优秀人才到农村地区任教就成为提高农村教师队伍整体素质的关键。[①] 为了发展农村教育，提高农村教育质量，解决农村教师匮乏和整体素质偏低的问题，教育部决定从 2004 年起开始实施“农村学校教育硕士师资培养计划”(简称“硕师计划”)。“硕师计划”就这样应运而生。

（一）农村地区师资水平落后

教师作为教学过程的主导，其教学质量直接影响着学校教育的质量，对学生的发展起着至关重要甚至是决定性的作用。但是，一直以来，农村地区教师队伍总体素质不高，整体学历层次偏低，导致教学质量较差等问题一直是困扰农村教育质量的突出问题。加之农村地区高素质骨干教师缺乏，人才流失导致教师队伍不稳定等，已成为制约农村教育加快发展的重要因素。虽然近年来，经过各级政府不断努力，教师学历水平的达标率在全国范围内提高得较快，但是城乡师资水平之间的差距不仅没有缩小，而且呈现出扩大的趋势。在农村，特别是山区以及西部偏远地区的中小学教师学历水平和整体素质同国家标准还有很大的差距。在农村教师的学历水平上，曹麟光的统计数据显示，2004 年，全国仍有 31 万所小学、初中教师的学历水平未达到合格标准，2005 年农村地区中小学教师具有专科以上学历的比城市约低 30 个百分点。[②] 截至 2013 年，杨大鹏的统计数据显示，农村学校教师学历普遍偏低，教师素质参差不齐。以湖南省为例，农村小学专任教师中本科以上学历占比不到城镇的 20%，初中学历占比只相当于城镇的一半。衡阳市农村学校教师第一学历合格率仅为 22.7%。[③] 在职称水平上，各地区城乡之间及同一地区校际拥有中高级职务教师的比例差距较大，教师资源配置极不均衡，农村地区优质教师资源缺乏，已成为制约农村教育发展的瓶颈。

（二）大学生就业形势严峻

众所周知，2003 年是高校扩招后第一届本科生毕业之年，在市场的需求量并没有明显增加的情况下，毕业人数却逐年增多，导致大学毕业生的就业压力越来越大，就业形势日益严峻。2010 年应届生求职网做的一项关于中国大学生求职状况及向往雇主调查的网络调查结果显示，绝大多数大学毕业生理想中的求职地域仍旧主要集中在北京、上海、广州等一线城市，而选择在全国其他中小城市工作的人数较少，更不用说是较为偏远的农村地区。[④] 师范类的毕业生与其他专业相比，就业范围比较

---

① 范才清，黄超文. 农村学校教育硕士师资培养的困境与出路[J]. 教师教育，2010(22).

② 曹麟光. 国家启动“硕师计划”的政策背景研究[J]. 时代教育，2012(5).

③ 杨大鹏. “硕师计划”实施现状的调查与分析[D]. 大连：辽宁师范大学，2013.

④ 张瑞芳. 教育硕士现状调查[J]. 中国教师，2006(4).

狭小,方向也比较明确。据统计,2003 年全国师范类毕业生人数多达 41 万人,到 2010 年末该数字就超过了 60 万人。但从全国整个教育系统所需岗位的数量看,人才需求量不足 30 万人。① 各地区城镇中小学教师的需求量大幅度下降,教师岗位人数基本已经达到饱和状态。在这么严峻的就业形势下,师范类毕业生只好选择与教师不相关的职业另谋出路或者将择业标准降低,将就业地域转向农村地区。

(三) 教育硕士培养模式创新的需要

近年来,随着研究生招生规模的扩大,研究生数量越来越多,面临的就业压力也越来越大,甚至很多研究生面临着比本科生更为严峻的就业压力。再者,研究生的"量"虽然增加了,但是"质"并未见提升,主要是因为研究生的培养模式侧重于对学术型研究生的培养而忽略了专业型研究生的地位和作用。而当今科学技术的飞速进步使社会对应用型人才的需求很大,社会对研究生的要求也越来越偏重其专业技术和实际操练能力。这使得在研究生的培养结构上也必须将重点从偏学术型学位向偏专业型学位转变。但是由于教育硕士的来源是多元的,既有来自同专业的大学本科应届生,也有来自不同专业的大学本科应届生;既有来自中小学教育、教学和管理一线的在职人员,也有来自高校、企业和教育行政机关的在职人员,因此在读研期间接受新课程的程度和能力是不同的。如何保证教育硕士专业学位的培养质量和品牌声誉,如何使学生在研究生毕业的时候成为该领域的高素质人才是很难保证的。历史证明,教育硕士的培养方式单一,不利于其发展,近年来研究生的培养模式的创新已成为研究生结构调整优化的迫切需要。

二、政策文本解读

(一) 关于培养目标及培养方式

1. 培养目标

《关于"硕师计划"实施工作的通知》(以下简称《通知》)指出,国家出台"硕师计划"的目的是为县镇及以下农村学校培养具有教育硕士专业学位的骨干教师,提高农村教师学历水平和整体素质。改善农村教育体系,提高农村教育进度。实现教育一体,让农村孩子能上学,得到教育。并规定,"硕师计划"教育硕士从具有推荐免试硕士研究生资格的高校中,选拔部分优秀应届普通本科毕业生,录取为"硕师计划"研究生,并与地方政府教育行政部门签约聘为编制内正式教师。在县镇及以下农村学校任教,服务期三年,并在职学习研究生课程。第四年,到培养学校脱产集中学习一年,毕业时获硕士研究生毕业证书和教育硕士专业学位证书。

2. 培养方式

"硕师计划"自试行到现在已有十几年,这十几年的试行过程总体可分为三个

---

① 曹麟光.国家启动"硕师计划"的政策背景研究[J].时代教育,2012(5).

阶段。第一阶段(2004—2006 年)为试行阶段,国家在部分省市试点推行,采用“1+1+1+2”培养方式。“硕师计划”研究生到贫困地区学校任教一年。第二年回到培养学校脱产集中学习课程。第三年回到任教单位继续任教,边教学、边学习和撰写论文,通过答辩后,获得硕士研究生毕业证书和教育硕士学位证书。第四、第五年回任教单位继续任教。第二阶段(2007—2009 年)为继续试行推广阶段,采取“3+1+1”的培养模式。“硕师计划”中的研究生先到任教学校任教三年。第四年到培养学校脱产集中学习。第五年回到任教单位继续任教,边工作、边学习和撰写论文,通过论文答辩后,获得硕士研究生毕业证书和教育硕士学位证书。第三阶段(2010 年至今)为大范围推广阶段。教育部将“硕师计划”和“农村义务教育阶段学校教师特设岗位计划”联合,采用“3+1”方式,将录取进“硕师计划”中的学生同时聘为“特岗计划”教师安排到任教单位任教三年,边工作、边学习。第四年再到培养高校脱产集中一年学习专业核心课程,并撰写教育硕士学位论文,通过论文答辩后,由培养学校授予硕士研究生毕业证书和教育硕士专业学位证书。[①] 两个计划的结合不仅可为农村补充一批具有教育硕士专业学位的高素质师资力量,而且可为现有的农村优秀年轻教师提供职后再培养的机会。与已经较为成熟的政策相结合形成相互补充促进的局面,更快更好地提高农村教师的综合素质,促进农村教育的发展。

(二)关于报名条件及选拔程序

1. 报名条件

根据《通知》的要求,“硕师计划”教育硕士的报名条件主要有:政治思想素质好,热爱教育工作;应届普通本科毕业生,且毕业时获得学士学位;志愿到县镇及以下农村学校任教,具备教师资格条件;本科所学专业为思想政治教育、汉语言文学、汉语言、历史学、英语、数学与应用数学、信息与计算科学、物理学、应用物理学、化学、应用化学、生物科学、生物技术、地理科学、计算机科学与技术、教育技术学、音乐学、美术学、体育教育等相关专业。以上条件分别从政治思想、学历、任教资格、所学专业及任教科目等方面对报名条件作了规定。

2. 选拔程序

在选拔上,主要经过以下几个程序:本人申请—学院推荐—学校审核—组织复试—进行签约—网上报名—现场确认。本人申请时只能填报指定的培养学校,填写登记表则表明本人志愿到学校所在地省级教育行政部门指定的县及以下农村学校任教。推荐学校在资格审查的基础上,对学生历年学习成绩以及学习能力、创新精神、研究能力和特长等方面进行考查,并考虑农村学校对学生所学专业的要求,在限定的名额内择优推荐。经学校推荐并被省级招办确认的“硕师计划”研究生进行网上报名,在规定的时间内到省级招办指定报考点进行现场确认。省级教育行政部门组织

① 杨大鹏.“硕师计划”实施现状的调查与分析[D].大连:辽宁师范大学,2013.

县级教育行政部门、用人学校与“硕师计划”研究生的供需见面会，按照正式教师或特岗教师录用程序进行考核和面试，签订《教师聘用合同》。培养学校对推荐签约的学生进行复试，确定录取名单，并在《“硕师计划”研究生登记表》培养学校意见栏内签署录取意见，至此，这一过程才算最终完成。

(三) 关于经费保障和相关待遇

《通知》中有关农硕生任教期间的待遇和工资水平及脱产学习期间的费用问题主要有以下三点。第一，“硕师计划”研究生到农村学校报到后，在三年服务期内，按照在职教师相关政策待遇执行。其中，聘为特岗教师的“硕师计划”研究生，在农村义务教育学校任教三年期间，执行国家统一的工资制度和标准；其他津贴补贴由各地根据当地同等条件公办教师年收入水平和中央补助水平综合确定。三年服务期满后与当地教育部门续签教师聘用合同的“硕师计划”研究生，脱产学习一年的相关待遇，按照在职教师脱产学习的规定执行。第二，“硕师计划”研究生在脱产学习一年的时间里免缴学费，培养经费由培养学校在教育部下达的研究生招生国家计划内安排，住宿等费用按照在校研究生缴费办法执行。第三，对符合《高等学校毕业生学费和国家助学贷款代偿暂行办法》条件要求的“硕师计划”研究生，国家实施相应的学费和助学贷款代偿。第四，“硕师计划”结合“特岗计划”一起实施。录取为“硕师计划”的研究生可同时应聘为特岗教师，聘为特岗教师的，先到设岗县的农村义务教育阶段学校任教服务三年，并在职学习研究生课程。第四年，到培养学校脱产集中学习一年，毕业时获硕士研究生毕业证书和教育硕士专业学位证书。根据《教育部财政部人事部中央编办关于实施农村义务教育阶段学校教师特设岗位计划的通知》精神，对于具备普通高等学校本科学历、三年聘期内年度(或绩效)考核至少一年优秀并继续留在当地学校任教的表现突出特岗教师，经任教学校和县级教育行政部门考核推荐，培养学校单独考核，符合培养要求的可推荐免试在职攻读教育硕士。[①]

(四) 关于培养管理和服务政策

1. 培养管理

《通知》中对于“硕师计划”的培养管理做了如下规定。

(1) 省级教育行政部门加强领导和管理，精心组织，成立以师范(师资)、学生、学位、人事等部门组成的工作小组；建立健全规章制度，保证“硕师计划”研究生报名、推荐、录取、培养等环节的工作规范有序进行。

(2) 培养学校要认真研究制定“硕师计划”研究生培养方案，配备水平较高的指导教师，加强教育实践环节。前三年要通过网络等方式跟踪指导学生在职学习，第四年要做好集中专业课程教学和论文指导工作，保证“硕师计划”研究生的培养质量。

(3) 各地可将“硕师计划”的实施与本地区加强农村教师队伍建设有关计划项目

① http://www.moe.gov.cn/srcsite/A10/s7011/200404/t20040407_145951.html.

相结合。

(4) 为全面贯彻落实国家中长期教育改革发展规划纲要精神，进一步提高“硕师计划”教师的教学能力、教研水平和专业发展潜质，省级教育行政部门决定从 2017 年起试点开展“硕师计划”优秀教师访学工作。访学对象为 2015 届本科毕业签约“硕师计划”的教师，从事语文、数学、英语、物理、化学、生物、政治和历史科目教学。①

2. 服务政策规定

(1) 被确认接收的农村教育硕士生在复试之前已经与指定服务学校或服务学校所在县签订《教师聘用合同》，合同中必须明确双方各自须遵守的条文。被确认接收的农村教育硕士生须在指定日期前到“扶贫县”或“顶岗支教”设岗县所指定服务学校报到。未被确认接收的为农村教育硕士生的学生，双方协商没有意见，可继续履行《教师聘用合同》到指定学校工作。户籍、档案一同转至工作单位所在地，人事档案由所在工作单位即服务学校人事部门接收。党团关系转至服务学校。

(2) 被确认接收的农村教育硕士生在扶贫县中学任教 3 年并通过年度考核者，于次年 9 月到培养学校报到。任教未满 3 年或者考核不合格者取消入学资格。选择毕业后自愿选择继续留在当地工作的“硕师计划”研究生，不转户口、档案。学习期间按照在职攻读研究生的待遇执行。其他“硕师计划”研究生将户口、档案转至培养学校。

(3) 根据有关文件精神，对于具备普通高等学校本科学历，三年聘期内年度(或绩效)考核至少一年优秀并继续留在当地学校任教，表现突出的特岗教师，经任教学校和县级教育行政部门考核推荐，培养学校单独考核，符合培养要求的，可推荐免试在职攻读教育硕士。

(4) 省级教育行政部门集中组织“硕师计划”研究生进行岗前培训。“硕师计划”研究生要在本科学习期间或经过岗前培训后申请取得教师资格证书。

(5) 县级教育行政部门和县镇及以下农村学校，必须安排好“硕师计划”研究生的日常生活和食宿问题，为其在学校教学工作的开展创造条件，提供方便。

(五) “硕师计划”开展现状及特点

“硕师计划”政策自 2004 年实施以来，取得了积极的成效，确实为农村学校培养了一批专业化骨干教师。不仅在一定程度上缓和了农村学校师资匮乏的困境，提高了农村教师的综合素质和学历层次，而且开辟了农村教师培养和补充的新渠道。同时，通过政策优惠，吸引优秀毕业生服务于农村这一举措，又在很大程度上缓解了严峻的就业形势，拓宽了大学生就业渠道。实施“硕师计划”对于加强农村教师队伍建设、提高农村教育质量具有重要意义。

---

① 李文强. 河南省体育学科“硕师计划”研究生培养状况与对策研究[D]. 新乡：河南师范大学，2018.

从2010年“硕师计划”政策实施的四个方面调整来看，这一计划呈现出以下特点。

(1) 参与面逐渐扩大。从2004年开始实施到2007年，“硕师计划”服务范围由国家级和省级贫困县扩大到所有县镇及以下农村学校，由中西部21个(区、市)扩大到全国31个省(区、市)。到2010年，推荐免试高校由58所增至86所，承担教育硕士专业学位培养资格的高校由30所增至73所，服务范围扩大到31个省(区、市)所有县镇及以下农村学校。截止到2016年，全国共有4400余名硕师计划研究生赴国家级和省(区、市)级扶贫开发工作重点县的农村学校任教。[①]

(2) 推荐程序与培养机制日趋合理。“硕师计划”在工作时间安排和程序上都严格按照上级下达的指标推荐免试名额、报名推荐、复试录取和培训派遣等程序进行，尽量做到客观公正，培养方式由“3+1+1”五年制改为“3+1”四年制。

(3) 待遇和保障措施日趋完善。“硕师计划”研究生学习期间免缴学费，培养经费由培养学校在教育部下达的研究生招生国家计划内安排，住宿等费用按照在校研究生缴费办法执行。

(4) “硕师计划”结合“特岗计划”一起实施，即录取为“硕师计划”研究生，同时应聘为特岗教师。

第二节 “硕师计划”政策执行存在的问题

“硕师计划”毕竟是我国教育事业发展中的一个新鲜事物，没有可以借鉴的现成经验，因此实施过程中难免会出现这样或那样的问题。在肯定其取得成果的同时，我们还要分析其在政策制定和具体实施中存在的一些弊端。该政策自2004年开始实施到现在已有十几个年头，在这期间，有学者对该项政策进行过研究，但数量不多。通过本人对已有研究的收集与整理，不难发现，其多集中于农村教育硕士培养的质量问题、农村教育硕士的学位性质与培养模式、远程服务平台的设计与需求、政策执行过程中的问题及改进的措施、政策实施现状的调查与分析、政策实施的意义等方面，还有一些是从硕师的特定群体入手，以体育农硕生为例探讨硕师计划执行的情况。尤其值得注意的是，学者们几乎同时将研究的视角投向了政策本身，而很少对政策实施过程中各部门、各环节的执行情况进行研究和分析。笔者认为，硕师计划的直接对象应为大学应届毕业生，要了解此项政策的执行情况以及实际效用，当从大学生的选择意愿入手。另外，作为一项新政策，“硕师计划”在某些部分尚缺乏明细的实施方略，如“实施助学贷款代偿”一项就缺乏必要的说明及落实办法。此外，对于执行过程中各环节、各部门的权责问题也没有明确的规定，因此政策必然处于一个动态的摸索

---

① 为农村造就更多高素质骨干教师——教育部有关负责人就2010年农村学校教育硕士师资培养计划实施答记者问[J]. 中国农村教育，2009(11).

与完善过程，各地在实施政策的过程中也必然有差异。然而很少有学者对政策的动态变化或某个具体地域进行研究，特别是湖南省，至今仍未有涉及。

基于以上认识，笔者选取了湖南省作为研究范围，以湖南科技大学和湖南师范大学已签约的“硕师计划”研究生为研究对象，对近几年参加“硕师计划”的农村教育硕士进行了访谈和问卷调查，分别从社会对“硕师计划”的认同情况、“硕师计划”的实施情况、影响“硕师计划”实施效果的因素、“硕师计划”实施的满意度几个方面进行调查，还选取个别农硕生所在学校的其他教师和基层教育行政人员做了调查访谈，又通过文献法对全国的“硕师计划”开展情况进行调查。通过对问卷和访谈的整理与分析，主要以农村教育硕士入岗前的选拔环节、在岗时的任教环节、脱产学习期间的培养环节以及期满后的分流环节为切入点来分析“硕师计划”政策执行存在的主要问题。

一、岗前选拔环节

1. 对政策的认识不足，参与选拔动机不端

从调查和访谈可以看出，大部分硕师在参与选拔之前对该计划不是很了解，对国家实施该政策的主要目的，仍有很大一部分硕师没弄清楚。关于参与选拔的原因这一问题的调查显示：专业冷门、就业压力大的占多数；一部分学生看中了“可以免试、免费攻读教育硕士”；选择愿意服务于农村教育事业的人极少，由此可见应聘具有很大的盲目性。访谈中一位硕师说道：“当时看了辅导员发的通知后，抱着试试看的态度报了名，反正又不需要考试，迟早都是要找工作的，看到可以解决编制问题，就参与了。至于这个具体是要干嘛、我适不适合教书都暂时没想过。没想到面试完就被选上了，还真有点出乎意料。”

“我是看到辅导员发的通知后，在网上稍微看了一些关于‘硕师计划’的政策文件，然后就和室友一起报了名，学校可以推荐面试，而且可以免费带薪读研，可以解决编制问题，这些太吸引我了。反正服务期满后，想留就留下来，不想留就再找工作，可以先占着这个编制，再另谋出路。既然是国家的一项政策，肯定没什么坏处，只是适不适合的问题吧！”

2. 存在教非所学、教非所选的现象

教非所学、教非所选，具体表现为教师任教学科与所学专业或所报考专业不一致；还有少数硕师同时担任至少一门以上课程；有的硕师报初中的被分到小学，个别报小学的被分到初中。教非所学、教非所选现象影响了硕师的积极性，不利于他们今后的专业成长，同时也造成人才资源的浪费。以下几位硕师的话就反映了这一状况：“我很茫然，大学学的是英语专业来到学校却让教数学，而且根本不把你当回事。”“我大学学的是汉语言文学，考的是语文，可是学校缺英语老师，要让我教英语，有点无奈。”“我报的是体育专业，来了让我教别的课，很郁闷。”

二、在岗时的任教环节

1. 农村学校物质环境较差

农村学校自身条件有限，大多数非硕师基本上都在家住宿，只有上自习时或其他特殊情况下才偶尔住校。但是硕师大多远离家乡，即使是家在本县的，也往往因距离较远、交通不便而周末或月末才回家。因此学校提供的过渡房就成了他们的安身立命之所，并且还要充当办公室、家长接待室等。不少学校提供给硕师的住房是多年前的老房子，外观破旧，有些雨天渗水，水电失修。硕师初来乍到，看到这样的状况往往容易心灰意冷。由于经济发展落后，农村的基础设施建设不完善。农村学校也普遍缺乏专门的资料室、阅览室、体育设施、网络教室等。即使有，资料室和图书室的书籍往往是几十年前陈旧发黄的寥寥几本，网络教室的电脑只有几台且配置差，根本不能满足教师日常查资料、备课、浏览信息及娱乐需求。① 有条件的硕师往往是在自己的房间拉网线安装电脑。课余时间大多是看电视、上网、睡觉，超过一半的硕师认为课余生活没什么意思、非常无聊。闲暇生活内容单一枯燥、质量不高从一个侧面反映了硕师单调的生存状态。

2. 工酬困境和社会保障缺失

根据政策规定，中央财政设立专项资金，用于“硕师计划”教师的工资性支出。笔者调查发现，硕师工资收入在当地处于中等水平，基本上能够足额领到。但是工资发放不够及时，大部分硕师无绩效工资。大多数硕师都是刚走出校门，没有积蓄和存款，工作了就意味着经济的独立，所以工资发放不及时给他们造成很大的困扰。尤其是刚刚入职的半年，工资迟迟未能发放。有的学校会暂筹一部分资金给硕师发一部分工资，大部分硕师靠东挪西凑借钱度日。取得劳动报酬是公民最基本的权利，如果连这个权利都无法得到保障，可想而知，广大教师会是怎样的心情。

按照规定，各设岗县(市)财政部门要落实资金，解决硕师的地方性津贴补贴、必要的交通补助、体检费，以及按规定纳入当地社会保障体系、享受相应的社会保障待遇应缴纳的相关费用。② 但实际上地方政府对硕师承诺的待遇并没有完全兑现。绝大部分硕师每月只能拿到中央财政拨付的工资。“五险一金”情况更是不容乐观。调查中超过一半的硕师表示不清楚自己的“五险一金”情况。硕师在评优评先、评职称、福利发放等方面与同校的其他教师也存在一定的差距。调查中共有 19 位硕师认为学校的年度考核、评优评先等奖惩制度不太合理，占调查对象总人数的 38%。31 位特岗教师认为自己没有享受到和非特岗教师同等的待遇。同在一个学校，做同样的工作，却被有差别地对待，显然是有失公平的。

---

① 姚赛男. 农村教育硕士：该确立怎样的培养观[J]. 教育理论与实践，2011(2)：3-5.

② http://www.moe.gov.cn/srcsite/A10/s7011/200404/t20040407_145951.html.

3. 教学经验和管理学生的经验相对不足

硕师都为应届毕业生，缺乏教学经验和管理学生的经验。虽然在上岗之前，县级教育部门组织了统一的岗前培训，但是培训的效果比较一般。教学具有很强的实践性，单凭纸上谈兵是不行的。新手在初任教阶段，教学效果往往不理想，学生也不大听话。接受调查的硕师普遍表示压力较大。一方面是由于农村学生基础差、底子薄。另一方面硕师又比较年轻，缺乏教学经验。他们主观上急切地想把学生教好，然而结果往往不尽如人意。现在学校教师考核以成绩为主，考核与奖惩挂钩，这让他们备感压力，容易产生挫败感。

一位硕师这样描述自己初登讲台的困惑和挣扎：“开学一周了，教的中学语文，课不算多，一班五十几个孩子，我是非师范专业，9 月 1 日才第一次登上讲台，从那时起我就备感压力。我上学时一直喜欢语文，成绩也很好，文笔也不错，不知怎的，居然不会备课，到讲台上就脑子一片空白，如果按写好的感觉像背课文，如果不按则语无伦次，毫无美感可言，除了词语意思、段落修辞就说不出其他的了……我现在很焦虑很难过，有点怀疑自己根本不是教书的料了……”

以下几位硕师的声音也反映了他们在教学上的困惑：“我教英语，每天都是充满战斗力去上课，讲半天学生没反应，成绩总体不上去。许多学生基础差，听课就像听天书一样，无奈啊！”“乡村孩子基础很差，拼音都不过关，手里连字典都没有，更不要说读什么课外读物了，我怎样让语文课既能应付考试、学到知识，又有趣味性呢？”“我从没登过讲台，更是非师范专业……我在一无所知的情况下摸索着上了两天六节课了。现在回想起来冒冷汗……孩子们都很积极，但我自己觉得太对不起他们了。因为我让他们干得最多的，就是提问、默写、朗读、做作业。”

三、脱产学习期间高校的培养环节

1. 课程设置不尽合理

国外的教育硕士在课程设置上十分重视理论研究，比如英国伦敦大学教育学院的教育硕士主要有课程发展、教育哲学、教育政策、教育社会学、比较教育、教育心理、中小学教育及学科专业课等课程。我国教育硕士的培养参照国外的模式，因此在课程设置上重视理论研究，缺乏专业性和实践性，在教学上缺乏来自教学第一线的典型案例。[①] 关于农硕生对培养环节有关问题的调查发现，农硕生在脱产学习期间最想学习先进的教育理念，提高自己所任教专业方面的知识，其他的想提高教学技能和科研水平的人很少。而且对所开设的课程总体感觉一般，还有 32％的人认为不太好，原因是理论性太强，缺少对农村教育问题的实证研究，没有结合自身特殊性。所以在学习之后还有近一半的人认为对自己的专业知识没有提高作用或者作用不大。

---

① 杨大鹏.“硕师计划”实施现状的调查与分析[D].大连：辽宁师范大学，2013.

2. 培养管理不科学

培养高校的培养环节作为硕师接受研究生学习的重要环节，直接决定期满后其能否成长为合格的农硕生。因此，其对脱产学习期间课程设置的满意度，学习期间自身专业知识提高程度以及学习之后的收获等直接影响到硕师培养的质量。[①] 目前高校对于农硕生的培养采取的是分散与集中相结合、自学与指导相结合的方式。一些学校的课程安排在第四年的脱产学习中，这一年主修课程和论文的撰写，上半年跟着新生一起课程学习，下半年着手写论文。这就会存在一种情况：课程学习还没有结束，学校安排论文开题，理论知识还没有打好，就要开始论文的撰写了。这对于农硕生来说是相当的困难。[②] 有一位农硕生说："学校只是安排我们跟全日制研究生一起上课，各方面的管理归所在的学院。在我们如何完成学业、如何完成学位论文等方面没有一个规范的管理和安排，我们只能自己去到处打听，这样的脱产学习让我们很失望。"

四、服务期满后的分流环节

1. 产生孤独感

硕师们刚走出校门，离开学校和同学、离开热闹繁华的都市，来到偏僻的乡村，多数人感到不适应。其次，他们与其他老师年龄差距比较大，在很多方面存在代沟，比如兴趣爱好、生活习惯、思维方式、价值观等。[③] 最后，硕师往往都住单身宿舍，在结束一天的忙碌后别的老师可以回家享受天伦之乐，他们只能以看书、看电视、上网等方式打发时间，如果再没有电视、网络，可以想象生活会是怎样的单调。初来乍到，远离家人，人际生疏，生活不便，娱乐缺乏，日子单调，逢周末也不回家，面对空荡荡的校园、冷冰冰的宿舍，孤独感更是油然而生。久而久之，服务于农村的热情渐淡。

2. 自我成就感不高

每个人的世界观、价值观不同，对成绩的感受标准也会不同，与之相对应的成就感也就有所差异了。硕师都是才毕业的大学生，他们奔赴农村，用他们的全部热情投身到农村教育事业中。但由于较重的工作任务和较大的工作压力，科研、晋升机会少以及缺乏应得的尊重等，硕师的自我成就感不高。参与"硕师计划"的个别贫困生，就读时背负家庭经济的重荷，毕业时又处在反哺家庭和实现抱负的夹缝当中，把个人未来预支给农村教育实属无奈。当确认完成"高阶人才"的自我塑造后，可能就会义无反顾地选择离开，从而进行"知识失业"后的自我救赎。有些素质条件较好的大学生，

① 闫苹. 关于教育硕士课程设置现存问题的分析与建议[J]. 中国教师，2006(4).

② 李文强. 河南省体育学科"硕师计划"研究生培养状况与对策研究[D]. 新乡：河南师范大学，2018.

③ 雷万鹏. 中国农村教育焦点问题实证研究[M]. 武汉：华中科技大学出版社，2007.

当完成教育硕士攻读任务后，虽然选择暂时坚守，但因为不满身处的客观的农村教育环境而出现工作效率下降、工作效能不佳。那些或是命运被提前规划的，或是层次错位选择的青年学子，起初将个人理想深藏内心，若干年后又要面对再启程的艰难抉择。①

3. 徘徊于去留之间

个别硕师适应农村环境困难，个别硕师因为种种原因而离职。由于工资待遇不高，农村现实环境不理想，婚姻问题难解决，前途渺茫……种种残酷的现实之下，个别特岗教师离职，寻找其他出路。留下的也是暂时的，对于他们来讲，面临的最为困惑的问题就是服务期满后的去留问题。以下是笔者对一位男硕师的访谈：

——现在最主要的困难是什么？

——工作不稳定，就像是打工的一样。政策明确说办理编制的，要是能确定转正的话，也没什么不好的。要是四年到期突然失业，打击还是很大的。还有总是觉得这里不是长久之地，这也不是年轻人想要的生活方式，总想着年轻人应该先到大中城市去闯闯，开阔一下视野，才能明白自己想要什么，所以总是在坐等更好的机会。

——你目前的婚姻状况如何？

——还是单身，这也是我最头疼的一个问题。归根到底，经济决定一切。我是外省的，相过两次亲，对方都看不上我。我长得不丑，身高一米七五也不矮。可是那些初中毕业没有正式工作的女孩都看不上我，归根到底是我没有说得出口的收入。

几个男硕师的心声：“女老师一般找县城有房的了，县城里房价都快到四千元每平方米，自己身处农村，根本没有能力买房。自己性格偏内向，做生意根本就没有天分。考公务员竞争激烈，每天压力很大，业余时间都做题了，生活单调乏味，路在何方？”“在农村待着，交际圈太小。很多男教师都找不着对象，好多女教师都不找男教师，觉得两个人都是教师太清苦。本地教师还好些，起码亲戚朋友可以帮忙介绍。家在外地的就难了，本地女教师不嫁外地男，外地女教师也想嫁本地男有安全感。种种原因造成男硕师婚姻老大难。”

一位女硕师说道：“最近被一男同事追，也很是犹豫。想谈一场自由恋爱，可和他结婚真的很是个问题，无处安家啊。我想现在的我们谈恋爱都应该是以结婚为目的吧，不得不考虑多些。”

对于未来的不确定性，使硕师们徘徊于去留之间。一小部分硕师的流失也对在岗教师心理上产生一种冲击。他们内心无奈、痛苦纠结，唯有找理由自我安慰才能继续在这条路上走下去。②

---

① 苏玉刚，梁宇卓，李铁. 浅析“农村学校教育硕士师资培养计划”的利弊[J]. 佳木斯教育学院学报，2013(11).

② 薄艳玲. 农村教育硕士与新农村建设中的教育问题[J]. 高教论坛，2008(4).

五、其他方面

1. 相关单位积极性不高，政策吸引力不够

通过访谈，了解到很多学校对接收农硕生都不是很积极，原因主要有：农硕生规模较小、成本较高；管理存在麻烦；农硕生对农村中学带来的作用不太明显，而且加重了农村中学人事、财政等方面的负担。由此可见，农村学校对该政策有较为全面的了解，但是参与政策的积极性不高，原因是没有真正解决农村学校骨干教师缺乏的问题。[①] 还有一些农村学校和学生家长对硕师不重视，不重视对他们的培养，一些学生家长对农硕生表现出不友好或不尊重的态度。这些问题都会影响到农硕生服务农村的积极性。想破解优秀人才不愿扎根农村投身教育的难题，需要的不只是"硕师生"简单的一腔热忱，还需要对细化方案的审慎思考。虽然政策有一定的吸引力，但实践证明，该政策的三个最重要目标群体——基层政府、农村教育硕士和接纳农村教育硕士的农村学校的积极性都不高，从而凸显了该政策的吸引力不够。

2. "硕师"计划实施的满意度较低

"硕师计划"政策从实施到现在已有十几年的时间，社会各界对它的满意度如何？针对这个问题，笔者主要对农村教育硕士和基层教育行政人员进行了调查。调查结果显示，36％的农硕生对该政策感到不满意，28％的人认为还可以，感到满意的人只占被调查者的24％。另外，关于"在农村任教，自己的价值能在多大程度上得到实现"这一问题，42％的人选择基本没有实现，26％的人选择一般程度上得到实现，只有8％的人感到在很大程度上得到实现。可见，农村教育硕士自身对该计划的满意度是比较低的。在对基层教育行政人员的调查中，关于"您对硕师政策的总体看法"这一问题，28％的人觉得还可以，24％的人认为基本满意，26％的人认为不满意，持很满意态度和不表态的人分别为10％和12％。由此可见，在以后的实施过程中就如何提高政策的满意度方面还要下大功夫。

第三节 "硕师计划"政策执行冲突的原因分析

一、政府层面

1. 政策方案不完善，配套激励机制缺乏

教育部出台"硕师计划"的目的和宗旨是为农村学校培养、补充一批研究生层次的高素质专业化骨干教师，促进农村教师队伍结构的改善和整体素质的提高。从农村教育硕士的培养模式来看，农硕生服务期最长为5年，而正式任教的时间不超过4年，他们还要边工作边学习。这种流水线式的培养方式，给学校教学秩序的稳定性带

---

① 杨利江，刘向文，李志达. 广东省农村教育师资培养硕士调查报告[J]. 成才就业，2005(1).

来了极大的考验，也不能为农村学校带来大量持续性的优质教师。所以该政策的实施能否为农村地区带来一批高素质、专业化的骨干教师，能在多大程度上提高农村地区的教育质量，也是值得我们深思的问题。

在“硕师计划”政策方案中，起关键作用的政策工具有以下几种。第一，以免试、免费、带薪读研，毕业时颁发研究生学历证书和硕士学位证书，来调动农硕生积极性。第二，以农硕生的高素质（暂时还很难检验）和农硕生读研学费由省财政（个别省份由中央财政）承担，来调动农村学校接收农硕生的积极性。① 政策实践和本人的问卷调查与访谈都证明，该政策的两个最重要目标群体（也是最重要的利益相关者）——农村学校和农硕生的积极性都不高。第三，“硕师计划”研究生在三年服务期内，按照在职教师相关政策待遇执行。其中聘为特岗教师的“硕师计划”研究生，在农村义务教育学校任教三年期间，执行国家统一工资制度和标准；其他津贴补贴由各地根据当地同等条件公办教师年收入水平和中央补助水平综合确定。这个标准是什么，特岗教师标准还是公办教师标准？农硕生可以直接聘为特岗教师？还是需要再考？等等。由此可以看出，该政策还有很多需要完善的地方。

2. 经费投入不足，待遇保障难如期实现

服务期内的费用和农硕生的待遇保障等问题是影响硕师工作积极性和去留的关键因素。但是，地方政府财政能力有限，国家拨款经费不足，致使政策规定的各项待遇并不一定能按计划执行，很难全面落实。比如，提出了对于符合《高等学校毕业生学费和国家助学贷款代偿暂行办法》条件要求的“硕师计划”研究生，实施相应的学费和助学贷款代偿，但是没有具体的实施办法及配套措施，很难按计划实行。政策中只是提到对于经费不能按计划落实的地区，将降低该计划及相关的师资队伍建设扶持计划。这对于一些地区的教育主管部门没有实际约束力。此外，对于服务期满后愿意继续服务农村的硕师，没有明确规定其工资待遇问题。政策中提到：三年服务期满后与当地教育部门续签聘用合同的硕师，其脱产学习一年的相关待遇，按照在职教师脱产学习的规定执行。② 但对于具体由哪个部门来负责没有做出明确的规定。这些因素都会影响到农村教育硕士志愿服务农村的热情和工作的积极性。

3. 政策执行监管不力，各环节脱节严重

一届教育硕士从选聘到服务期满的周期近六年，而且该计划涉及推荐高校的推荐环节、培养学校的选拔培养环节、服务学校对硕师的选聘考核环节等。环节之多、周期之长决定了政策在实施过程中存在较大的不确定性。比如：自愿参加选拔的毕业生不一定能通过单位的每项考核；考核通过者未必能参加与用人单位的互聘环节；参加互聘的未必能选择满意的服务单位而成功签约；完成签约的未必能按时报到上

---

① 杨利江，刘向文，李志达. 广东省农村教育师资培养硕士调查报告[J]. 成才就业，2005，29(1).

② 杨卫安. 农村教育硕士发展的困境与出路——兼论教育硕士培养的城乡二元化倾向[J]. 湖南师范大学教育科学学报，2011，10(5).

岗或顺利完成服务期，等等。项目实施中涉及的每一个单位都必须提早做大量的准备工作，但是由于以上不确定性因素的存在，不仅不能使项目按计划完成，而且给各部门的工作带来了很大的困难，造成大量人力财力物力的浪费。以西安工程大学为例，第一年共推荐12名应届本科生参加，但是经过各个环节后最终落实并到岗的仅有5名；第二年共推荐77人，但最后成功签约的仅有11人，签约率不足15%。[①]

二、培养高校方面

1. 推荐选拔程序不规范

从推荐环节来看，农硕生的选拔过程较为简单：自愿报名后学校进行推荐，没有经历正规的考试；报名没有明确的标准和要求，推荐过程不严格、不明确；有些地区有的岗位报名人数与所需人数几乎持平，很少有人被淘汰。据调查有很多农硕生在参加硕师计划时对该政策并不太了解，这就说明有的推荐学校对政策的宣传力度不够。政策宣传不到位，毕业生了解的人就少，报名参加“硕师计划”的人就少，就会导致政策出现招生难的问题。甚至有的硕师是非师范类毕业生，对于教育的基本理论、学科教学法、教学实践技能等都比较匮乏，由于受服务单位物质条件和环境设施的限制，现代化远程教育难以实现。这样来看，农硕生在任教期间基本上还是本科生而不是研究生的水平，还不具备基本的教育研究能力，而且大都是应届毕业生，几乎没有教学经验，所以教学质量很难保证。

2. 培养环节不能结合硕师自身的特殊性

从培养环节来看，培养高校在课程内容设置和教学管理上应考虑到农村教育硕士服务面向的特殊性。除了开设教育基本理论研究专题、基础教育课程改革热点专题、学科教学知识和教学法、教育科学研究方法等公共课程之外，还需结合当地农村的实际，开设农村教育理论与实践专题研究、农村教师职业认同感教育、职业理想教育专题等。[②] 农村教育硕士的论文也与学术型学位论文有着很大的不同，既要有对教育教学基础知识和专业知识的理论研究，还要有对教育教学实践的体验、感悟等，尤其是对在教育教学实践中发现的新问题的研究。这些都是提高农硕生教学实践能力、基本研究能力、教师专业化的需要，这决定了与“双师型”导师合作才是农硕生理想的论文指导模式。然而，随着研究生教育的扩招，许多大学在物质条件的配备上落后于扩招的规模，师资力量的不足使“双师型”导师的配备成为泡影，甚至很多高校为节约培养成本，将硕师与学术型研究生放在一起管理，在课程设置上无法根据硕师的专业学位特点和服务的特殊性开设特色课程。因此，现行的硕师培养质量难以满足服务面向和专业学位的需要。

---

① 王思清．给我国“硕师计划”的三点政策建议[J]．调查研究，2010(20)．

② 肖子良，陈蓓蓓．关于构建具有特色农村教育硕士课程体系的探讨[J]．江西金融职工大学学报，2009，22(6)．

3. 在校学习时间短，研究生质量不能确保

从农村教育硕士的培养模式可以看出，农硕生的理论学习时间只有脱产学习的一年，在这一年里，要完成教育硕士专业学位研究生所有课程的学习。这样难免会有学生囫囵吞枣、不知所云。此外，作为一种研究生培养专项计划，“硕师计划”所培养出来的学生要具备一定的研究能力。笔者根据访谈得知，很多学生在学习完课程之后，连最基本的文献检索都不会，何谈搞学术研究？这一年时间究竟对农村教育硕士的理论知识和科研能力的提高有多少帮助？面对这样的条件和这样的现状，我们如何使培养方式更合理？在有限的时间里更快地提高农村教育硕士生的理论知识和科研能力，使之成为推动农村教育事业发展的中坚力量，这是我们需要重点思考的。根据调查问卷所反映出来的农硕生关于培养模式的看法可知，64％的人觉得专门在校学习时间较短。

三、农村学校方面

1. 对硕师不够重视，人文关怀不足

我们都很清楚，能否使“硕师计划”落到实处，其关键在于五年后这些农村教育硕士生是否会回到指定学校任教，有多少能够留下来不远走高飞。虽然国家对于农硕生有一系列的优惠政策，但是一些部门不支持，不重视，埋没人才。当有更好的机会时，这些教育硕士能不动心？那么究竟是什么原因使得很多硕师坚决离开而不愿留下来呢？就这个问题，笔者设计了调查问卷进行了调查，并对部分教育硕士进行了访谈，结合问卷和访谈结果得出农村学校是影响硕师离开的一个重要方面，其对硕师的影响主要有以下几点：一是农村学校对硕师不够重视，没有花功夫对硕师进行培养；二是农村学校不是真正意义上支持新课改，实行量化管理，人文环境不利于硕师的进一步发展；三是福利待遇比较低，发展平台少，不能完全实现个人的价值。为此，我们应针对具体问题提出相应的解决办法，从而使这项计划真正落到实处。

2. 发展平台少，激励机制不健全

针对硕师在农村学校的任职情况所做的调查发现，60％的农硕生是从事班主任工作，30％的农硕生是专职教师（见图 3-1）。在教授的科目上，从事政治科目和其他科目教学的占了 50％，从事语数外的加起来才有 50％。在农村地区，一直以来都还存在着学科歧视和偏见，认为语数外是主科，其他科目都是副科，因此，所任教的科目也在某种程度上决定了教师的地位和待遇。此外，农村学校学术氛围淡漠，能够为硕师提供的科研课题很少，导致很多硕师无用武之地。硕师的工资待遇本来就很少，这就使得很多人想通过科研渠道谋取额外收入的梦想化为泡影。在访谈中，部分硕师也谈到，学校在评奖评优以及职称晋升方面还是重工龄和能力，而并不看重学历。激励机制的缺乏也影响着硕师的去留。

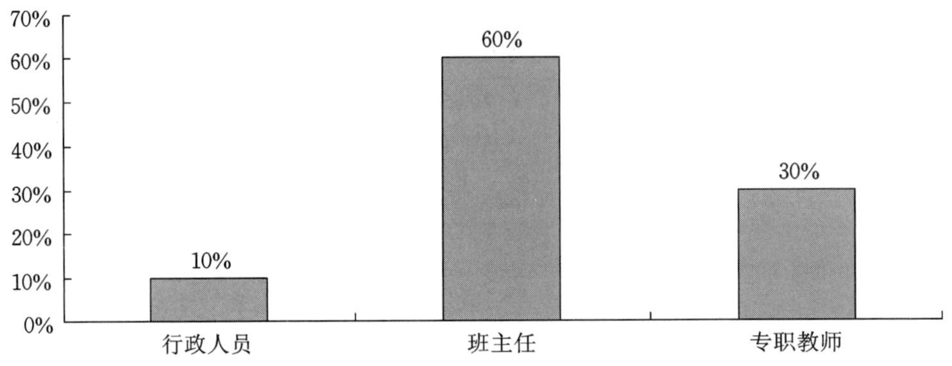

图 3-1 农硕生在校任职情况图

四、农村教育硕士方面

1. 入岗动机不纯,利用优惠条件做跳板

从学生个人参与选拔的动机看,除一部分人志愿服务于农村教育事业外,也有很大一部分人的动机如下:就业压力、所学专业发展前景不乐观、教师职业相对稳定、英语难通过统招研究生考试等。该计划的实施正好为他们提供了人生的一块跳板,缓和了其在毕业时遇到的各种压力和迷茫状态。加之长期以来,受城乡文化经济差异、待遇落差、农村思想观念相对落后、信息封闭,个人发展空间狭窄等因素影响,硕师往往不想留在农村地区,一有机会就会涌向城市,在服务期满后,往往难以在工作单位继续服务下去。农村教师队伍一直处于流动之中,农村学校实际上成了教师实习的基地,"硕师计划"成为"城市教育师资的摇篮"。这不仅给该政策的有效实施带来很大的难度,而且在某种程度上扭曲了该政策的目的和价值。所以,这一问题是目前人们最关心的问题,也已成为影响"硕师计划"政策实施绩效的关键因素。

2. 个人问题难解决,缺乏归属感

农村教育硕士都是刚毕业的大学生,正好处在成家立业的时期,工作的问题暂时解决了,又有一项新的人生大事要面对,个人婚姻问题也是个很现实的问题。刚毕业的大学生,心里都怀着对爱情和婚姻的美好期待。他们离开了学校所在的大城市,回到农村地区。已有伴侣的可能会因为双方的选择不同而分手,单身的则要继续寻找伴侣。农村地区可以为其提供的选择机会很少,尤其是一部分硕师处在较为偏远的农村地区,婚姻问题更是难以解决。没有了情感依托,他们的生活再充实也不会觉得很幸福,没有了家的感觉,就没有归属感,所以总想着离开农村地区回到大中城市解决单身问题。因此,婚姻问题也是导致一些硕师离开的另一重要原因。

【案例】 被婚姻问题困扰的男硕师

一位男硕师的独白:"农村男硕师的婚姻问题已经是一个普遍现象。与女硕师不一样,女硕师相对好找对象,男硕师大部分刚刚毕业,家里拿不出来多余的资金,而当地未婚女性大部分很现实，她们宁愿找有钱的司机，也不愿意找男硕师。如果再给我一次机会的话我一定不选择上师范做老师。现在回想起来怀疑自己当初的选择是不是错的，现在我仍然是一无所有，真不知道我的将来会是什么样子。反正我们这的未婚女性大都不会选择男硕师，真的很郁闷啊！”

第四节　提高“硕师计划”政策执行绩效的思考

一、政府层面的建议

1. 完善政策方案，建立健全服务保障机制

我们知道，农村地区能否受益或者在多大程度上受益，都取决于期满后硕师是否愿意继续留任，因此想办法留住硕师是关键。影响硕师离开的原因是多方面的，但就政府层面而言，主要还是政策杠杆力度不够，不足以调动硕师的积极性。因此，政府有必要重新审视政策方案，调整政策工具，使各个利益相关者的收益尽可能得到有效保障。比如，设置农村学校教师特殊津贴以增加农硕生预期收益；多为硕师提供科研项目的机会并制定科研经费保障措施；对参与计划项目的县（市、区）和项目学校给予专项补助；减少基层政府实施政策的成本等。① 此外，措施不力还表现在该政策设计时对政策的实施步骤、监督检查等没有做出明确规定。比如，硕师的科研经费、岗位津贴、脱产学习期间的费用等由谁发放和承担等都要有明确的规定，不能含混不清导致各部门推卸责任，否则会直接损害硕师的利益。政府在完善政策方面还要下大功夫。

2. 加大经费投入，确保各项待遇如期实现

提高农村教育质量，想办法留住优秀教师是关键。根据马斯洛需求层次理论可知，教师作为有较高文化素养的知识分子，其需求层次相对较高。所以，政府应开展调研工作，了解教师的真正需求，努力探究如何才能引进来、留得住人才。如果说当初的优惠政策是吸引他们服务农村的动因，那么现在更要对其给予更多的关注，切实为其解决困难。深入到他们所处的工作单位，了解他们的生活状态和环境，用亲人般的温暖感动他们；还应该努力创造机会培养、锻炼他们，为其创造广阔的发展空间，使其有所作为，在平凡的岗位上实现人生价值。农村学校一般工作条件比较差、环境艰苦、信息闭塞，观念保守等。要改善这些条件，首要的就是解决资金匮乏问题。国家应在资金上对农村学校给予一定的支持。比如，在专项资金中划拨一部分经费用来提高硕师的待遇和改善农村学校的办学条件。对服务期满后继续留任的硕师，要在工资、待遇等方面予以必要的倾斜，在提高其岗位津贴标准的同时应落实好医疗、养老等社会保障制度。另外，各级教育行政部门也应制定教师科研津贴、职称评定等优惠政策，建立与城市教师相应的激励机制，吸引硕师继续留任。

---

① 周其国，张朝光，周淑芳．农村教育硕士政策分析[J]．教育与职业，2008(15)．

3. 加强政策监管，确保各环节协调一致

“硕师计划”涉及的部门多、单位多、环节多，因此，做好各部门、各环节的协调工作就成为落实该政策的关键。首先，各部门、各单位应提高认识、积极配合，从国家政策导向出发，结合本部门、本单位的职责和任务，在做好本职工作的前提下，配合好其他单位和部门的工作，确保政策按计划进行，尽量避免实施过程中各部门、各环节的脱节现象。比如，在教育部下达的计划名额前提下，农村学校应根据自身的实际，确定需求的数量和质量，推荐高校根据农村学校的具体要求，选拔符合要求的愿意从事农村教育的优秀人才，这样不但可保证硕师的质量，还可避免某些硕师签约了而不履行义务的情况。其次，为了确保硕师的工资和相关的待遇经费能及时发放，各级政府应采取有效措施，尽量减少一些不必要的中间环节。例如，中央预先将硕师的工资按预先报名的人数拨付给各省，各省在硕师到岗之后，根据各个地区的实际人数发放工资，之后再由各省将本省的人数上报中央财政。这样既可减少中间环节可能出现的拖欠工资等不良现象，也可使刚上岗的硕师及早拿到第一笔工资，提高工作的积极性。最后，地方在“硕师计划”执行过程中出现的偏离和变异现象，在很大程度上与上级教育主管部门监督缺位和不力有关。因此，建议省级教育主管部门制定“硕师计划”执行的监督和处罚细则，对违背政策原则的责任人进行追究，特别是要制定优惠政策及相关待遇保障的具体实行办法，确保既能够引进人，又能够留住人。

二、培养高校方面的建议

1. 规范推荐程序，确保选拔公平公正

在“硕师计划”研究生的选拔和任用的各个环节都要严格按照上级部门规定的程序进行。首先应做好政策的宣传工作，让每位毕业生都对政策有较为全面的了解；其次要严把“入口”关，在有志于从事农村教育工作的前提下，尽量提高选聘的标准和要求，在报名之后实行择优录取的原则，尽量避免录取非师范生，努力提高生源质量；最后，在双方签约之后，应做好硕师的岗前培训和辅导工作，不能让培训成为纸上谈兵，而要真正落到实处，以确保硕师上岗时能胜任教学工作，然后在教学中慢慢提高自身教学水平，进而推进农村学校教学质量的提高。

2. 优化人才培养方案，体现硕师培养的特殊性

农村教育硕士培养的宗旨是为农村基础教育服务，提高农村学校教师素质，深化基础教育改革，要求培养的人才既具备一定的教育研究水平，又具有较高的教学艺术。对硕师的培养须体现三大特色：课程设置既要体现共性，又有其特殊性；论文撰写要突出职业性，既要体现学术性，更要解决实践问题；要体现培养学校在管理方式上的特殊性等。[①] 在课程设置上除了教育基本理论类、学科专业核心课程和教学实

---

① 肖子良，陈蓓蓓. 关于构建具有特色农村教育硕士课程体系的探讨[J]. 江西金融职工大学学报，2009，22(6).

践技能外，还有关于学科教学法、教学管理类、教学技术类等课程。总之，应体现出课程设置的特色性和实践性。论文的写作既要有对教育教学基本理论和学科专业知识的研究，更要有对教学实践的体验、感悟等，特别是对在农村教学实践中发现的新问题的研究，都离不开“双师型”导师的合作指导。在培养管理模式上也应和学术型研究生有所不同，成绩的考核和评定标准及方式、培养经费和待遇等方面都应分开管理、区别对待。

3. 重视硕师脱产学习，提升硕师培养质量

硕师的培养是一个系统工程，涉及课程学习、教学实践、课题研究、学位论文撰写等多个环节。课程学习是硕师掌握学科理论和教育理论的基本途径，教学实践是培养其教学能力和促进其专业发展的基础平台，课题研究和学位论文撰写是提高他们创新能力和综合素质的基本保证。① 由于硕师前三年主要在任教学校工作，与培养学校联系较少，导致培养环节衔接不畅，不利于对其培养过程进行监管。所以既要重视脱产学习期间的培养质量，又要注重在农村学校任教期间对硕师的动态管理。提高培养质量，关键是抓好课程学习和毕业论文这两个环节。建立学位论文选题与开题报告制度、期中检查制度、预答辩与答辩制度等，从程序上确保毕业论文各环节的规范。在课程设置上，除了开设符合硕师自身特殊性的课程之外，还要注重硕师学习的质量。硕师的到课率问题，课堂上的表现情况，能否通过课程考试，毕业论文是否如实完成等，都是影响硕师学习质量的重要因素。因此，培养学校应建立严格的课堂考勤制度和考试制度，毕业论文的撰写质量等都要有明确的规定，建立健全学位论文盲审制度，未通过者不能顺利毕业。此外，要提高硕师远程学习的质量，培养硕师和导师之间的情感，加强沟通和交流，有困难和问题应及时反馈给导师，建立远程服务平台，使远程学习落到实处，实现对硕师的动态管理。

三、农村学校方面的建议

1. 重视对硕师的培养，关注硕师成长

首先，优化硕师的工作条件，让他们受尊重、有发展、愿意留。应从工作环境的改善和发展平台的建设两方面入手。改善硕师的工作、学习和生活条件，让他们觉得生活在农村可以拥有和城市一样的 生活条件，内心产生满足感。同时，让硕师产生归属感，激励硕师实现自我价值。学校应该形成一种合作共进的氛围，多创造机会促进教师间的合作交流，促进师生间的情感深化，减少工作的压力，激励硕师建立教师职业认同感以及服务农村教育事业的成就感。在评奖评优和职称评定等方面，适当分配名额给硕师，多创造进修和晋升的机会，不能总是以刚毕业的大学生、缺乏教学经验等态度看待硕师，而应看到他们的发展潜力，多提供机会培养、锻炼他们，真正做到情感留人、待遇留人、事业留人。

---

① 张作岭，刘艳清，赵朋.“硕师计划”研究生质量保障体系的构建[J].教育探索，2012(7).

2. 多渠道创设发展平台，健全科研晋升等激励机制

农村教育硕士的工作成就感低在很大程度上是由于他们在农村地区缺乏应有的重视和尊重，职称评定难，学校绩效考核制度苛刻，发展平台少，晋升机会缺乏等，挫伤了硕师的工作积极性。农村学校应加强对硕师的人文关怀，使他们有归属感，对女特岗教师、家在外县的特岗教师多加关心，并对工作量大、超课时、有突出贡献的特岗教师及时安排休假，经常性地组织特岗教师外出旅游活动，增加他们的职业认同感。加大对“硕师计划”的宣传力度，运用各种有效手段积极营造农村地区尊师重教的良好社会风气，提升硕师的社会地位，让每个教师都有光荣感、幸福感、成就感、使命感。各级各类人员应加深对硕师及其工作的理解，尊重他们的劳动。在职称评定、绩效考核、科研晋升等方面应适当向硕师倾斜，提高全社会对硕师职业的认同感。

3. 以提升业务能力为核心，科学安排实践训练

“硕师计划”的实施，目的在于为农村培养大批高学历、高素质、专业化的骨干教师，进而提高农村教师队伍素质和教育质量。农硕生通过在农村学校的实践锻炼，不仅可以提高自身的教学实践能力，而且还能运用所学的理论和方法，解决农村教育管理中存在的实际问题。但是，新入服务期的硕师是应届本科毕业生，还不具备教育硕士研究生的水平，教学能力不高，教学经验不丰富，这就需要在有限的三年时间里，不断强化教学训练。在培养过程中要实现培养学校与任教学校、理论与实践的多边互动，密切教学、科研和社会实践的联系，依托学校优质教育资源，通过开展优秀教师传帮带及公开课观摩等活动，使硕师得到全面锻炼，使其教学实践能力和教师专业发展水平得到较大提升，尽快从教学新手成长为教学能手。[①]

四、对农村教育硕士自身的建议

1. 端正入岗动机，确立自愿服务农村的信念

硕师在参与选拔之前对自己的职业生涯应该都有一定的规划，对从事什么职业以及工作地点在城市还是农村等都有自己的想法。因此，硕师应在对政策有一个全面了解的基础上，根据自己的职业规划，结合自身的实际情况再做决定。在有志于服务农村教育事业的前提下，再报名选聘，避免应聘的盲目性。此外，硕师在提升自身专业知识的同时，要把培养自身教师职业情感放在首位。一定要有将毕生奉献给教育事业的思想；要有为人师表的高尚品德，勤勉踏实的精神；要有爱岗敬业、教书育人、淡泊名利、严谨治学的高尚道德情操，将诚心献给事业，将爱心献给学生。坚决防止为了混文凭而进队伍，拿到学位后就离开的现象。

2. 形成理性自我评价，正确认识人生价值

就业难、就业压力大已成为大学生面对的现实，因此毕业生在做职业生涯规划

① 张作岭，刘艳清．“硕师计划”研究生质量保障策略：过程控制的视角[J]．继续教育研究研究，2013(3)．

时，要从这一实际出发，理性客观地对待。同时学校应采取多种形式有效开展就业形势教育，鼓励和引导毕业生树立面向基层就业的观念。农村发展和改革又极度缺乏人才，鼓励大学生到农村去，不仅解决了就业问题，也为新农村建设提供了最缺乏的人才，大学生自身的价值也得到很好的实现。随着新农村建设和农村改革的日益推进，现在的农村已经今非昔比，基础设施逐渐完善，生活工作条件也大有改善，农村改革和发展所急需的人才恰好为大学毕业生提供了用武之地，在这里不仅可以任教，还可以在优惠措施的鼓励下到农村创业。农村这块宝地是很有发展潜力的市场，所以硕师要正确、合理看待人生价值，立志为农村的教育事业服务，明确自己工作的意义和价值，把硕师服务期当作是人生的重要经历和宝贵财富。硕师应具备良好的心理素质，培养积极向上的乐观心态。在完成自身教学任务的同时，积极参与学校管理，在平凡的岗位上干出不平凡的事业。

“硕师计划”是一项系统工程，涉及政策的制定、实施、检测等一系列过程，是各个参与者基于利益得失的考虑而进行利益博弈的过程。因此，在这一过程中，无论是政策的制定者、执行者，还是其他利益相关者，都应该全心投入，将每一环节落实到位，只有这样才能吸引更多的大学生投身其中。该政策与当前我国的农村教育政策有着千丝万缕的联系，需要综合各方面因素才能研究透彻。由于笔者理论储备不足，对于一些具体问题的分析没能上升到一个新的理论高度，在个别问题的表述上可能存在偏颇，所以使得本研究还存在一些不足之处。首先，本研究选取的研究对象还不够全面，以此为例的研究结论是否具有普遍适用性？其次，该研究的写作思路的科学性还不够。最后，笔者的教育理论水平不高，使得本研究的角度并不新颖，研究显得不够深入。上文是笔者对“硕师计划”及农村教育问题的初步思考，需要学习和改进的地方还有很多，今后笔者会继续努力，不断充实自己的理论基础，对该问题进行更深入细致的研究。

第四章　师范生免费教育政策执行问题研究

2007 年 5 月，国务院办公厅转发教育部、财政部、中央编办、人事部等部门关于《教育部直属师范大学师范生免费师范教育实施办法（试行）》（以下简称《办法》），开始在 6 所部属师范大学试行师范生免费教育政策。从 2007 年秋季入学的新生起，在北京师范大学、华东师范大学、东北师范大学、华中师范大学、陕西师范大学和西南大学六所部属师范大学实行师范生免费教育。至此，睽违多年的师范生免费政策重新回归。

从 2013 年秋季开始，在江西师范大学推行本科师范生免费教育，由此，江西师范大学成为又一所可以招收免费师范生的高校（只招收江西省考生）。

2015 年，福建省政府在福建师范大学、闽南师范大学等院校推行免费师范生教育（只招收福建省生源且只招男生）。

2018 年 3 月，教育部等五部门印发的《教师教育振兴行动计划（2018—2022 年）》提出，改进完善教育部直属师范大学师范生免费教育政策，将“免费师范生”改称为“公费师范生”，履约任教服务期调整为 6 年。至此，免费师范生政策实施约 10 年后进入一个新的历史时期。这一政策执行绩效的影响因素究竟是什么？如何提高其执行绩效？现就此进行探讨。

第一节 师范生免费教育政策的文本解读

一、师范生免费教育政策出台的背景

1. 师范生缴费制度改革的社会妥协

中国近代师范教育的开端可追溯至清末的南洋公学。1897 年，盛宣怀在上海创办的南洋公学内设师范院培养教师，且承袭中国古代官学的廪膳和膏火制度，对所有学生免收学杂费并发放津贴。1902 年，《钦定学堂章程》正式颁布后，在京师大学堂内设师范馆，培养中学师资，其学生一概公费，开启了我国高等师范教育先河。由此可以看出，在我国，师范教育自创办之始就实行免费制度，当然也有相应的从教义务规定。

新中国成立以后，我国政府保留了师范教育免费的做法，并且实行了师范生人民助学金制度。这一做法对师范教育的发展起到了极为重要的促进作用。进入 20 世纪 90 年代以后，随着社会主义市场经济体制的迅猛发展，高等教育体制改革进入以合并、重组为主要内容，以市场化为主要特点的发展阶段。1993 年《中国教育改革和发展纲要》提出，积极推进高等学校和中等专业学校、技工学校的招生收费改革和毕业生就业制度改革，逐步实行学生缴费上学、大多数毕业生自主择业的制度。1997 年大多数学校按新制度运作，2000 年基本实现新旧体制转轨。[①] 1997 年高校大规模扩招开始后，师范院校逐步调整收费政策，变免费为收费。

师范教育实行收费制度以后，虽然随着高等教育大众化的发展，师范教育的规模有所扩大，但也在某些方面呈现出弱化倾向。例如，师范院校的地位发生动摇并下降。因为受到市场的影响，办学的趋利性逐渐明显，在利益的驱动之下，师范院校容易轻视师范教育本身，淡化其师范教育的性质。特别是在一些师范大学改革成综合性大学后，其师范教育的特色受到极大的忽视，“师范院校”也就名不副实。同时，由于大学生就业市场化，相当一部分师范类毕业生在择业时没有选择教育行业而投身其他行业，造成所培养的人才大量流失。因此，师范生免费教育政策出台的目的之一就是要吸引更多优秀人才投身教育，尤其是到偏远和落后地区从教，进而促进教育均衡发展，实现教育公平。

2. 师资分布失衡造成的发展困境

社会经济发展不平衡，造成我国师资分配极不均衡。仅从学历、职称看，2004—2006 年农村和城市专任教师的差距还是很明显的[②]，具体见表 4-1 和表 4-2。

---

① http://old.moe.gov.cn//publicfiles/business/htmlfiles/moe/moe_177/200407/2483.html.

② 赵乐.免费师范生就业政策研究[D].长春:东北师范大学,2013.

表 4-1 2004—2006 年农村和城市小学专任教师学历情况 （单位：%）

学历	2004 年		2005 年		2006 年	
	农村	城市	农村	城市	农村	城市
本科及以上	2.1	13.5	3.3	19.3	4.8	25.6
专科	38.0	57.8	44.2	58.7	48.8	56.9
高中及以下	59.9	28.7	52.5	22.0	46.4	17.5
合计	100	100	100	100	100	100

表 4-2 2004—2006 年农村和城市普通初中专任教师职称情况 （单位：%）

职称	2004 年		2005 年		2006 年	
	农村	城市	农村	城市	农村	城市
中学高级	2.8	13.7	3.5	15.6	4.6	17.7
中学一级	30.0	42.2	32.5	43.3	35.2	43.2
中学二级	44.8	33.0	44.2	31.5	42.7	30.3
中学三级	12.3	3.8	10.5	3.0	8.8	2.3
未评职称	10.1	7.3	9.3	6.6	8.7	6.5
合计	100	100	100	100	100	100

如果说学历代表的是知识层次，则职称代表的是经验层次。由此可见，优质教师的分布城乡差距还是很明显的。

在偏远的西北地区，问题更为严重。西北地区不仅师资短缺，而且优质师资极其缺乏。学者王嘉毅、梁永平在对农村基础教育发展情况进行调查时，曾选取天祝、会宁、秦安、通渭、静宁、东乡 6 个国家级贫困县为样本进行分析，发现这些县师资严重不足，出现的大班额问题比较严重。在被调查的 6 个县的学校中，初中大班额现象比较严重。大班和超大班的累计百分比达到 50.03%，各类学校的班级人数一般在 55 人以下，班级人数在 65 人以上的学校类型主要为完全初中。

教师数量不足，以致出现了过高的生师比。6 个贫困县中只有天祝为 12.71∶1，其他如秦安高达 30.69∶1，通渭为 27.41∶1，东乡为 26.32∶1，会宁为 25.67∶1，静宁为 24.12∶1，远低于全国的平均水平(21.04∶1)。

教师队伍质量状况也很不理想。在职的教师中，近六分之一为代课教师，其中两个县的代课教师数量占到了 30%之多。并且任职教师的学历状况也令人担忧。在调查的小学和初中里，教师学历成了明显问题。其中，中师学历教师比例最高，占 43.4%；其次是大专学历教师，占 27.6%；再次为高中学历教师，占 23.2%。值得注意的是，还有3.1%的教师是初中学历，1%的教师是小学学历，而本科及以上学历的教师比例仅为1.7%。①

因教师总额不足，导致生师比过高在很多省区市出现。以贵州为例。2005年贵州农村小学生师比28∶1，远高于全国小学平均水平(20∶1)；全国初中学校生师比平均为19∶1，而贵州省初中学校生师比高达23∶1。②

实际上，中部地区农村教师状况一样不容乐观。③ 所以有识之士强烈呼吁：农村中小学教育均衡化发展，当务之急是补师资短板。④

更为严重的是，42%的农村教师打算离开原工作岗位，40%的乡镇教师也有调岗的诉求。⑤

由于师范院校的综合化和非师范化进程不断加快，师范生择业的市场化倾向也日益明显，师范生在选择工作地域时会较多地考虑当地的经济、地域、福利待遇等因素，农村教师补充乏力。正如有人所说，在这种情况下，西部贫困地区以及中部贫困地区义务教育任重而道远。如果国家不进行强有力的干预，这些地区质量合格的普及教育将很难实现。⑥

3. 教育公平的社会诉求

公平包括方方面面，如经济公平、政治公平、教育公平等等，整体来看，这些方面都可以概括为社会公平。教育公平是社会公平在教育领域的延伸和体现，是衡量教育制度是否合理公正的标尺，是促进社会公平的重要手段。我国要促进教育公平、建设和谐社会，就要注意教育政策和教育制度应符合社会发展的整体利益，而不是符合某一个地区、某一个学校或某一个人的利益。⑦ 教育公平是社会公平的一部分，如何引导教育领域的公平？如何通过自身的努力推动教育公平？如何通过教育公平促进社会公平？这些问题的解决对于缩小东西部之间的差距、缩小城市与农村的差距、国家的稳固发展具有重要作用。

维持教育公平主要体现在资源配置公平上。资源配置公平包括人力资源、物力资源、财力资源、科技信息资源、文化信息资源等资源的均衡合理配置。这些资源配置的调控都需要国家出台相应的政策，师范生免费教育政策的出台正是对人力资源的政策倾斜。我国除了东部地区与中西部地区有较大差距需要调节外，省会城市与

---

① 王嘉毅，梁永平．西北贫困地区农村基础教育发展现状调查与政策建议[J]．北京大学教育评论，2007(2)．

② 庞丽娟，等．我国农村义务教育教师队伍建设：问题及其破解[J]．教育研究，2006(9)．

③ 吴淑娴，王洪清．中部崛起战略视野下的农村教育现状、问题及对策[J]．特区经济，2007(8)．

④ 王殿雷．农村中小学教育均衡化发展，当务之急是补师资短板[J]．中国民族教育，2018(2)．

⑤ 曾天山．义务教育均衡发展是实现教育公平的基础[J]．当代教育论坛，2007(1)．

⑥ 胡艳．关于实施免费师范生制度的思考[J]．陕西师范大学学报(哲学社会科学版)，2007(6)．

⑦ 仲红俐．师范生免费教育政策问题与对策研究[D]．南京：南京农业大学，2010．

地方城市、农村地区与城市地区、重点学校与非重点学校之间的矛盾也十分突出。当前我国基础教育领域，特别是在农村地区财政等资源供给不足，导致教育事业难以发展起来，甚至制约了整个社会的进步。一个国家对教育事业的投入捉襟见肘，会在很大程度上阻碍教育事业的发展，有碍教育公平的实现，教育在国家的发展中必须摆在重要位置。

在新一轮课程改革的环境下，国家全面提倡的素质教育不仅对学生提出了全面发展的高要求，更要求教师能与时俱进提升自身的综合素质。这就要求国家培养出一大批优秀的教师，并且能够支援老少边穷地区。

二、师范生免费教育政策的基本内容

1. 学生享受的权利、待遇和应履行的义务

免费师范生在校学习期间享受“两免一补”待遇，即由中央财政负责安排免费师范生在校期间的学费、住宿费，并发放生活补贴。从理论上讲，这无疑有利于吸引家庭经济状况困难但成绩十分优异的高中毕业生。这些毕业生回到生源地，对带动当地基础教育发展可以起到举足轻重的作用。

政策要求省级教育行政部门、学校和免费师范生三方在入学前签订有法律效力的协议，按照协议，免费师范生需承诺毕业后从事中小学教育 10 年以上。到城镇学校工作的免费师范毕业生，应先到农村义务教育学校任教两年。国家鼓励免费师范毕业生长期从教、终身从教。政策规定：各级政府要采取有力措施，对长期从事中小学教育的免费师范毕业生给予积极的鼓励和支持。中央财政对接收免费师范毕业生的中西部地区给予一定的支持。地方政府和农村学校要为免费师范毕业生到农村任教服务提供必要的工作、生活条件和周转住房。

免费师范生被赋予一定权利的同时也被要求承担相应的义务。政策制定了配套的退出机制，免费师范生在毕业后如没有从事中小学一线教育事业的意愿，在退出义务执行中，需要一次性偿还在校期间享受的学费、生活费等教育补助，并且支付相应的违约金。与此同时，省级教育行政部门在管理履约情况时，对违约的免费师范生建立诚信档案，并将违约情况公布在互联网上。这样有助于避免免费师范生任意改变就业方向，响应了国家建立诚信社会的号召，要求学生对自己决定和未来负责，间接对社会的诚信建设起到引导作用。

为保证教师的在岗时间，政策制定了一些相对严格的补充条件。免费师范生不得在十年服务期内报考全日制硕士研究生。但是免费师范生同样可以取得硕士学位，前提是在毕业后经过一系列考核，合格者可以申请录取为专业型教育硕士，在寒暑假进行集中培训。

2. 各生源地政府和相关部门的义务

在相关省级政府统筹下，由省级教育行政部门落实免费师范生的教师岗位，免费师范生毕业以后必须到中小学任教，到中小学任教的每一位免费师范生都有编有岗，

同时组织用人单位发布需求岗位，免费师范毕业生自由选择岗位，实现双向选择，落实每一位毕业生的就业情况，并在协议规定的服务期内可以在学校之间进行流动，有到教育管理岗位工作的机会。

如何确保"免费师范生有编有岗"是一个难题。相关部门对"在编制紧张的情况下如何保证落实岗位"进行了解释。目前我国的中小学教师人数（在职）大约是1400万人，每年由于退休等原因产生的自然减员大约是30万人，6所部属师范大学每年的招生规模在4000人左右。老师岗位每年会产生一定数量的自然减员，据统计，每年自然减员的数量一般情况下大于免费师范毕业生的数量，由此可以得出保障落实免费师范生毕业生有岗有编不是一句空话，而是可以实施和实现的。

3. 招生学校义务

政策要求部属师范大学抓住实行师范生免费教育的良好机遇，围绕培养造就优秀教师和教育家的目标，大力推进教师教育改革，特别要根据基础教育发展和课程改革的要求，精心制定教育培养方案。要安排名师给免费师范生授课，选派高水平教师担任教师教育课程教学，建立师范生培养导师制度。按照学为人师、行为世范的要求，加强师范生师德教育。强化实践教学环节，完善师范生在校期间到中小学实习半年的制度。要通过培养教育，使学生树立先进的教育理念，热爱教育事业，具有长期从教的职业理想，为将来成为优秀教师和教育专家打下牢固的根基。

第二节　师范生免费教育政策执行存在的主要问题

师范生免费教育政策自2007年启动，由教育部直属的6所师范院校承担培训任务，之后各个省区市也相继启动了只在本省区市招生的由省区市属院校培养的定向免费师范生。本节主要分析师范生免费教育政策执行中存在的主要问题。

一、违约率不断攀升

2007年首批免费师范生进入大学校园开始求学生涯，4年后成为毕业生走向工作岗位。根据每位师范生与学校签订的协议，所有人必须在基础教育领域从业10年。经过4年时间，第一批学生是否依旧能够保持坚定的信念？2011年，就在首届免费师范生毕业前夕，一项调查结果将这个问题暴露在了阳光之下。结果显示，仅有31.9%的免费师范生愿意从事教师职业，而回到贫困落后地区从事教育工作的比例就更低了。

华中师范大学的一项调查也证明了这种尴尬。华中师范大学对这批学生的就业情况做了调查，结果表明，七成毕业生选择走向工作岗位，余下的26%左右免费师范生在毕业后选择考取硕士研究生、出国深造，或者改投其他行业。免费师范生与就业单位形成双向选择的关系，毕业生选择第一份从教地点四成为省会城市，四成将工作落实在二三线城市，在乡镇就业的毕业生所占比例不到10%，选择在农村就业的毕业生所占比例更是低至2%左右。

4年后，也就是2015年，庞丽娟代表在两会上再次提出："我国免费师范生政策实施7年多了，初衷美好，效果不佳，学生毕业后从教意愿不强，很少到农村地区任教。不少人宁可补交学费和违约金，也不愿回乡教书。"[①]教育部统计数据显示，从2007年起，6所部属师范大学在全国招收免费师范生，师范生毕业后回生源所在地任教。截至2016年，累计招生9.4万人，毕业进入教师队伍6.2万人。其中，西部地区招生5.3万人，毕业进入教师队伍3.4万人。

从以上数据看，免费师范生从教，特别是到农村从教的意愿是很低的。一个很突出的现象是，免费师范生违约屡禁不止，[②]虽然各地都制定了严格的惩罚措施。

免费师范生违约与对教师职业情感的缺失有密切关系。教师这一特殊职业决定了教师必须具有不同于其他行业的伦理追求和职业情感，教师的情感对职业行为的影响是最直接的，又直接影响到下一代的培养。

为了全面了解免费师范生的职业情感现状，赖怡佳，何玲玲等人在西南大学、陕西师范大学以及华东师范大学就此问题进行了调查，发放2400份问卷，回收有效问卷2331份，有效率为97.1%。根据调查发现，大学一年级新生(尚未接受免费师范生教育)占32.3%，大学二年级(接受一年免费师范生教育)占29.6%，大学三年级(接受两年免费师范生教育)占26.3%，大学四年级(接受三年免费师范生教育)占11.8%。调查结果表明，免费师范生职业情感"高原反应"现象较为突出，职业认同感、职业事业感、职业爱生感、职业责任感、职业荣誉感、职业成就感均呈弱化趋势。[③]

四个年级的学生"不希望在教育领域长久持续工作一辈子"的同学几乎都达到六成，一年级的比例稍低，为58%，而面临毕业找工作的大四学生则达到67%之多。

也就是说，初入学的免费师范生在从教意愿上表现比较坚定，随着求学时间的增长，愿意长时间从事基础教育工作的免费师范生比例逐步下降。可见，在4年的大学生活中，学生的职业情感、职业信仰等状况没有得到巩固，反而被时间削弱。可以说，免费师范生4年的生活和学习中，学习积极性降低，难以全心投入到教师知识和技能的学习中，这也为毕业时或毕业后违约埋下伏笔。

二、教师职业技能不扎实

从2007年起，招收免费师范生的高校纷纷制订了针对免费师范生的各具特色的教学计划，如北京师范大学的"重点支持农村教师教育课程开发"、华东师范大学的"三大板块课程套餐"、东北师范大学的"四基教育思想"、华中师范大学的"保障师范

---

① http://bbs.dzwww.com/thread-57741524-1-1.html.

② http://finance.sina.com.cn/roll/2018-07-15/doc-ihfhfwmv6481521.shtml.

③ 赖怡佳，何玲玲.免费师范生职业情感"高原反应"及对策探析[J].江苏高教，2012(5)：146-147.

生成长成才的激励措施”、陕西师范大学的“半年中小学实习制度”和西南大学的“培养学生建设新农村的能力，教给师范生农业技术知识”。[①] 这些教学计划的出发点在于培养有特色、有针对性、有能力的新型师范生。

本次调查采取分层抽样与整群抽样相结合的方法，选取在陕西师范大学就读的免费师范生 382 人。调查对象涵盖了 2 种性别（男、女）、4 个年级（2008 级、2009 级、2010 级、2011 级）、16 个学科专业方向（思想政治、语文、英语、数学、物理、化学、生物、地理、历史、体育、美术等）、30 个省（自治区、直辖市）的生源地。调查样本具有比较广泛的代表性。调查工具为自编的“免费师范生教师专业素质调查问卷”，包括 18 种教师专业素质。[②]被调查者对自己的真实情况进行评分，分数值在 1 到 5 之间，1 分为最低，5 分为最高。

在自我评价结果显示，较好的教师专业素质中，位列第一的是素质 3“遵守道德规范和法律条文”，均值为 4.42；位列第二的是素质 4“树立和维护职业声誉”，均值为 4.18；位列第三的是素质 16“评价教学效果”，均值为 4.16；位列第四的是素质 18“适当使用技术管理教学过程”，均值为 4.15；位列第五的是素质 8“表现出有效的表达技巧”，均值为 4.13。

自我评价结果显示，较差的教师专业素质中，位列第一的是素质 2“更新和提高自己的专业技能”，均值为 3.62；位列第二的是素质 14“使用媒体和技术来加强学习”，均值为 3.82；位列第三的是素质 17“管理促进学习与改进绩效的环境”，均值为 3.83；位列第四的是素质 10“表现出有效的提问技能”，均值为 3.90；位列第五的是素质 6“教学准备”，均值为 3.91。[③]

以上调查结果表明，免费师范生对自身的专业素质缺乏自信，在培养过程中课程设置和培养方式都存在一定的问题。

免费师范生的突出问题是实践能力问题。实践能力训练不足是免费师范生培养甚至师范生培养中普遍存在的问题。曾有研究者对免费师范生就“希望学校在以下哪方面给予更多关注与指导”进行调查，大多数在校生及毕业生选择的是希望能够得到更多的教学实践锻炼，其次是希望得到教师技能锻炼。在这两项比较中，在“教师技能训练”选项中，在校生选择的比例相对毕业生选择的比例高，在“教学实践锻炼”选项中，毕业生选择的比例比在校生选择的高。这说明，毕业后和在校时学生的关注点是不同的，同时也能表明这两点都是十分重要的。

目前培养的短板主要是实习期过短、形式单一、实习无法深入课堂。

---

① 彭寿清. 部署师范大学师范生免费教育的喜与忧[J]. 长江师范学院学报，2007(7).

② 李高峰. 免费师范生“教师专业素质”的现状及建议——以陕西师范大学为例[J]. 河北师范大学学报(教育科学版)，2013(6).

③ 李高峰. 免费师范生“教师专业素质”的现状及建议——以陕西师范大学为例[J]. 河北师范大学学报(教育科学版)，2013(6).

三、就业尴尬

2007年下发的《教育部直属师范大学师范生免费教育实施办法(试行)》(以下简称《实施办法(试行)》)对于免费师范生的就业进行了基本界定,2010年下发的《教育部直属师范大学免费师范毕业生就业实施办法》(以下简称《实施办法》)对于免费师范生就业进行了进一步规范,这两个文件与各地方制定的实施细则构成了免费师范生的就业政策。

《实施办法(试行)》规定:免费师范毕业生未按协议从事中小学教育工作的,要按规定退还已享受的免费教育费用并缴纳违约金。省级教育行政部门负责履约管理,并建立免费师范生诚信档案。确有特殊原因不能履行协议的,需报经省级教育行政部门批准。作为免费师范生就业细则的《实施办法》规定:省级教育行政部门、部属师范大学和免费师范毕业生要严格履行《师范生免费教育协议书》。免费师范毕业生在协议规定任教服务期内,可在学校之间流动或从事教育管理工作。未能履行协议的毕业生,要按规定退还已享受的免费教育费用并缴纳违约金。已在职攻读教育硕士专业学位的,由培养学校取消学籍。确有特殊原因不能履行协议的,需报经省级教育行政部门批准。①

从政策层面看,相关政策只对违约学生进行了原则性的规定,但没有充分考虑就业的现实问题。在免费师范生就业现实中,有部分学生在面试和试讲环节屡屡失败,无法得到用人单位的认可。笔者经调研发现,其原因在于这些学生并不具备教师的基本素质,教师的基本素质包括客观条件如声音、身高等②,对客观条件不具备的免费师范生的处理缺乏可操作的恰当办法。这种尴尬与免费师范生招录仅依据高考成绩及志愿填报来进行有密切关系。

而在地方政策实施过程中也存在不少问题。《实施办法》规定:免费师范毕业生就业工作由有关省级政府统筹,教育、人力资源和社会保障、机构编制、财政等部门组成工作小组,负责制定并实施就业方案,落实保障措施,确保免费师范毕业生到中小学任教。省级教育行政部门负责组织用人单位与免费师范毕业生进行双向选择,及时公布本省(区、市)中小学教师岗位需求信息,并组织多种形式的供需见面活动,为每一位毕业生落实好任教学校。确有特殊情况,要求跨省区任教的,需经学校审核、生源所在地省级教育行政部门批准。确有特殊原因不能履行协议的,需报经省级教育行政部门批准。省级教育行政部门负责本行政区域内免费师范毕业生的履约管理,建立诚信档案,公布违约记录,并记入人事档案,负责管理违约退还和违约金。③

---

① http://sfs.ncss.org.cn/zcgg/255513.shtml,2010-12-01.

② 刘海滨,王智超.免费师范生就业中的政策障碍及对策思考[J].国家教育行政学院学报,2011(5).

③ http://sfs.ncss.org.cn/zcgg/255513.shtml,2010-12-01.

从表面看，这种规定相对全面，但是，由于政策不统一，出现了跨省就业困难、岗位提供过少、拒斥私立学校就业招聘、逢进必考带来的身份尴尬等问题。[①]

第三节　师范生免费教育政策执行冲突的原因分析

自 2007 年以来，《教育部直属师范大学师范生免费教育实施办法》、《教育部直属师范大学免费师范毕业生就业实施办法》、《教育部直属师范大学免费师范毕业生在职攻读教育硕士专业学位实施办法》等文件相继出台，免费师范政策得到不断完善。经过十年的实践探索，师范生免费教育政策执行的效果差强人意，并没有很好地达到预期效果，甚至引发一系列政策之间的执行冲突。

一、政策本身

仔细阅读政策文本，可以发现政策文本本身有值得商榷的地方。正如有学者所指出的："由于免费师范生政策的实施仓促，使得该政策存在配套政策和相关机制的缺陷，并且这种不足在随后的执行过程中逐渐体现出来。"依据笔者对相关文献资料的研究和相关实地调查发现，师范生免费教育政策本身最大的一个不足就是没有引入学生准出机制。[②] 主要有以下几个方面的问题。

1. 入口与出口的矛盾

由于免费师范生的招录主要依据的是考生的考试成绩及报考意愿，并没有考虑到这些考生毕业后的任职资格及条件问题。这就出现"在免费师范生政策实施过程中有很多不适合从教的学生一开始误打误撞进入政策内，免费师范生政策学生准出机制的缺失，导致部分不愿意从教的学生在校学习期间无法退出但入职后退出教育领域的现象，这将造成教育资源的巨大浪费"[③]。

2. 不同教师政策之间的内在冲突

比如我国教师执教的前提是拥有教师资格证，教师"入行"遵循的是"逢进必考"，免费师范生理论上实际只有教师执教能力准备，要拥有教师资格证还需接受教师资格证考试。也就是，免费师范生入学的未来身份是一种政策赋予的预期身份，并不具备实际意义。虽然，从目前的免费师范生就业看，这种资格考试并不是很大的问题，但事实上还是有不少师范生无法通过考试，这对师范生从教是一个障碍。这样看，很显然，师范生免费教育政策就显得只是教师政策的权宜之计。这必然会影响人们对这一政策的执行信心。

---

① 刘海滨，王智超. 免费师范生就业中的政策障碍及对策思考[J]. 国家教育行政学院学报，2011(5).

② 罗莹. 国家免费师范生政策颁布的背景、内涵、突出问题及建议[J]. 黑龙江畜牧兽医，2016(11).

③ 罗莹. 国家免费师范生政策颁布的背景、内涵、突出问题及建议[J]. 黑龙江畜牧兽医，2016(11).

另外,有些师范生确实不适合从教的问题也时有出现,在进行政策设计时显然没有对这类问题予以充分考虑。

3. 全局与局部的关系处理失当

本来"免费教育师范生在校学习期间免除学费,免缴住宿费,并补助生活费,所需经费由中央财政安排"的政策条文,是具有全局性的,但是"免费师范毕业生一般回生源所在省份中小学任教"有过于兼顾省域的需要,造成跨省就业困难与冲突,而有的省份甚至有到私立学校就业视同违约的规定。从国家政策的制定看,一项教育政策应该惠及的是整体,不应该有籍贯或领域的差别对待。只要能达到"进一步形成尊师重教的浓厚氛围,让教育成为全社会最受尊重的事业;就是要培养大批优秀的教师;就是要提倡教育家办学,鼓励更多的优秀青年终身做教育工作者"的目的就行。虽然师范生免费教育政策有实现教育均衡化的意图,但从总体看,这项政策并没有考虑到师范生愿意从教的真正意义,并有对歧视私立学校的地方政策约束不够之嫌。很显然,这些政策从总体上思考农村教育的发展问题的宏观思维、视野及气度不够。

4. 政策执行灵活性不强

美国 2007 年由国会通过的 TEACH 法案与我国师范生免费教育政策相似,均为对"准教师"进行补助并要求履行一定义务。但是此项政策的执行灵活度比我国师范生免费教育政策的高。比较而言,我国政策规定毕业后的免费师范生必须到基础教育领域也就是在中小学从事十年以上的教育服务,本意是引导学生树立终身从教的观念。但是十年对于一个人来说是很长的一段时间,特别是高考后的学生涉世未深,思想不够成熟,很容易因为其他因素对做出的决定反悔,造成日后免费师范生的毁约率增高,影响了学生自我的诚信记录,诸多学生对这一规定表示担忧。

TEACH 项目的灵活性表现在项目的准入标准上。该项目对资助对象有三种分类:第一类是本科生或者同等学力的大专生;第二类是硕士研究生;第三类是从事教育行业的在职进修生。根据三类申请者的学习时间和课程性质的不同,美国政府分别予以不同金额等级的资助。值得一提的是,即便是正在教学岗位工作的人员,只要有意愿去收入较低并且学科教师紧张的地区教书,也能够申请该项目并得到资助。这样的灵活性准入机制为吸收更多优秀教师资源增加了可能性。

回想师范生免费教育政策,在准入机制上基本只针对高中毕业即将就读大学的学生,同时允许部分优秀大学生在校期间转为免费师范生。对于在职的进修生和奋斗在一线教育岗位的人员没有做出准入规定。准入范围较小是师范生免费教育政策的一大弊端,不利于调动人们从事一线基础教育行业的积极性。

二、培养过程

1. 不重视职业情感培养

相关学者在对免费师范生职业理想和信念教育的调查中,对于"我非常坚定将来从事中小学教师职业"的说法,2007 级有 43%的学生表示认同,2008 级有 33%的学生表示认同，2009 级有 44%的学生表示认同；对于“认为将来从事中小学教师职业非常有前途”的说法，2007 级、2008 级及 2009 级学生的认同度分别为 33.8%、29.3%和 38.1%。[①] 对于自己将要从事至少 10 年的职业，不超过半数的人表示有十分坚定的理想和信念，这样的情感状况令人十分担忧。

学生选择就读免费师范生的原因有多种：一部分在学生填报志愿时受到国家对师范生免费教育政策的宣传；一部分学生因为家庭经济条件拮据，免费政策为这部分学生提供深造的条件；有的学生由于热爱教育事业，该项政策恰好为其提供一个优良的平台和机会；还有一部分学生目的是为了经济独立，就读免费师范生给予没有明确职业规划的学生一个选择。

然而在进入象牙塔后，一部分学生对教师职业有了新的看法和认识。他们由于中小学教师的社会地位逐渐降低、工资福利待遇不高等因素产生厌学情绪，迫于已签订的协议而“破罐子破摔”式地读下去，导致教师技能难以得到锻炼，专业素质无法提高。从业后的师范生或许在工作岗位上感觉不公平，工资水平低、发展前景不光明、考研受到限制。一旦感到不公平，他们在工作中的积极性和主动性就会缺乏甚至丧失，从而降低职业认同感。

2. 培养模式不合理

各大部属师范学校针对免费师范生教育的特殊性设置各具特色培养方案，具体包括培养时间、课时、课程组成和教学实习等方面。各学校需要根据自身的优势条件创造各自在培养模式上的特点，不宜采取流水线的方式培养储备教师。要求各科的学生在经过四年的学习后必须对自己的专业学科有深入的了解。教师职业有其特殊性，工作后面对的是求知若渴的学生，他们像一张张白纸一样等着老师帮助其画出美丽的画卷，而一位不会画画的老师是学生不能接受的。在免费师范生的课程设置上就要突出学科的专业性，加强专业素养的学习。

三、就业选择

1. 就业政策文本表述模糊

政策中要求免费师范生毕业后回到生源地任教，各省级政府要为免费师范生的就业创造有利条件，保障他们毕业后有岗有编。但看起来简单的政策规定在执行起来并不容易。东北师范大学调研组在对免费师范生进行抽样调查时发现，四成学生对“放开跨省就业限制”表示赞同，三成学生对“回生源地就业”表示支持和理解，其余学生在这一问题上表示“无所谓”。数据表明，近半数在校生有对跨省就业的期望。而在对毕业生的调查中发现，事实上实现跨省就业的学生仅占 6.8%左右，其余约 93.2%的毕业生依然是回到生源地就业。

---

① 高雪春. 免费师范生培养模式研究——以 S 试点大学为个案[D]. 武汉：华中师范大学，2009.

就业政策的表述模糊，各地针对免费师范生的就业办法各有不同，难以统筹兼顾，造成免费师范生跨省就业难的问题。

2. 读研深造限制

《实施办法》规定，免费师范生不得报考全日制教育学硕士，可以根据考核成绩就读教育硕士。但在考核标准上没有明确规定，教育硕士录取方式有待明确。有的学生赞成以三至四门专业课的笔试成绩为考核标准，有的学生倾向于依据平时成绩作为考核准则，而另一部分学生支持以综合推荐的形式作为教育硕士录取标准。在对录取方式产生疑义之外，教育硕士的录取比例也是免费师范生关心的问题。在申请就读硕士时，是否能够百分之百全部录取，办法中也没有给予相应的规定。但是，就算已经在攻读教育硕士的学生，也有对此学历的担忧。笔者在访谈中了解到，由于政策表述不明确，各地执行情况不一样，部分学校接收免费师范生为教育学硕士，并在毕业后颁发学历证和学位证“双证”，后因为国家统一标准要求收回学位证。这势必会影响一部分学生就读免费师范生的积极性。

第四节　提高师范生免费教育政策执行绩效的思考

一、优化政策文本内容

每项政策的落实都需要政府间各个部门的助力与支持。此处探讨的免费师范生教育政策尤其需要各个职能部门之间紧密配合与交流合作。师范生免费教育政策出台之初便考虑到政策在执行效果与各政府职能部门的配合密不可分，政策明确提出各个政府部门的责任，并要求各部门根据现实情况，制定相关落实措施，保障师范生免费教育政策的顺利推行。

1. 加强国家干预，优化政策执行效果

优化师范生免费教育政策执行效果，首先，要加大对师范生免费教育政策的宣传力度，在全社会渲染尊师重教的氛围，重新树立教师职业在社会环境中的声望，让教师成为最受欢迎和尊敬的职业。其次，从政策层面优化相关的配套政策，为留在贫困地区教书的人提供更好的生活保障和晋升机会。人人都有“故乡情结”，背井离乡闯荡社会不容易，在故乡有优良的工作机会和工资待遇的情况下将引导一部分人自愿留在农村、改造农村。最后，在学校里，将政策的具体内容和措施以最佳的方式传递给高三考生及家长，使他们在做决定的时候能够明白、慎重，尽量避免考生及家长在对该项政策不够了解的情况下，只为“免费”二字，盲目报考，降低日后的毁约率，同时也消除有疑虑的家庭，让他们能没有后顾之忧地报考师范类院校。在农村地区和偏远地区进行重点宣传和讲解，让更多农村学子能够上得起大学，让优秀的学生能够在高校深造，能够在毕业后回家乡为建设家乡做贡献。

2. 协调公共意志与个人意愿

针对大学四年级的免费师范生就业问题，从学校层面看，第一，学校要做好就业指导，让免费师范生自身有一个积极寻找工作的意识，明确个人定位，理清按时履约的重要性。第二，与各省市教育厅/局做好信息对接工作，主动将免费师范毕业生的相关信息提交给当地教育部门，让教育部门能够有计划、有针对性地做好回归生源地免费师范生的接收工作。同时建立免费师范生就业信息公开平台，如通过公众号等渠道将各省市的相关招聘信息及时公布在微信公众平台。第三，在学校就业指导中心专门开辟免费师范生就业指导专区，与毕业生积极沟通，坚定每位学生的职业信念。

从政府层面看，政府在工作中配合学校对免费师范毕业生进行思想上的引导，用行动支持和鼓励新教师在一线基础教育教学岗位上长久工作。省级政府应为免费师范毕业生提供就业指导，不推脱责任，不模糊政策，为每一位毕业生谋实事。同时建立相应的监督检查制度和资金保障机制，对各省市师范生免费教育政策落实情况、毕业生就业情况、编制落实情况、工资待遇情况进行落实并在互联网上公开，力求政策的每一项优惠都落到实处。

3. 建立有效的约束机制

约束机制是对机会主义行为倾向抑制性反应的产物，它通常表现为一些特定的行为主体制定限制机会主义行为的规则并监督这些规则的执行，对可能发生的机会主义行为实行某种形式的惩罚。① 笔者认为，在免费师范生的学习过程中应建立持续的监督监控机制，对学习者的成绩提出具体要求，对教学实践情况做出要求，制定考核标准，并严格实施考核制度。针对考核达不到标准的一些学生科采取弥补措施，例如重新学习这门课程，重新参加考试。如果连续两次在同一门课程上表现不佳，严格实行推迟毕业，并且超出四年学习期限部分的学费及生活费需要免费师范生本人承担。这里提出的达标并不是达到合格的状态，而是作为储备教师要达到的优良状态。师范院校需要在一开始就树立一个严进严出的威严形象，让免费师范生意识到自己身份的重要性和学习的重要性，才能培养出高质量的教师。

4. 优化政策执行灵活性

政策执行中的灵活性能充分体现以人为本的社会要求，灵活的政策有利于吸引更多的优秀学生加入教育领域，扎根在教育事业的前线。首先，建议扩大对免费师范生的资助范围，除了原有的本科生补助项目，增加教育类硕士研究生的资助。在推行正式条例时加入对攻读硕士研究生的免费政策，同时不限研究生就读性质，师范生可自由选择就读三年全日制教育学硕士或两年全日制教育硕士，或攻读在职教育硕士。笔者认为，师范生不是无偿获得该项免费就读硕士研究生的资助，可以适当规定选择

---

① 贺红凤，周琴，魏登尖. 美国“教师教育资助项目”及其对我国免费师范生教育的启示[J]. 上海教育科研，2011(10).

申请就读硕士研究生的学生在毕业后增加基础教育领域服务年限或者在农村基础教育中服务年限,就读全日制硕士研究生同样适当延长在中小学校教育岗位服务年限。就读期间,中断原服务年限的时间累积,毕业后继续服务。对已就读的本科生和硕士生采取申请准入机制,成绩达到一定标准后,经过审查和考核,允许由自费生转为免费师范生。根据学生已就读的年限和剩余读书时间,确定补助金额。其次,建议调整服务时长和限制性条件。可以参考和借鉴美国 TEACH 项目要求学生在毕业后的八年时间内完成四个学年的教学任务,且四个学年的教学任务都必须在师资缺乏的地区从教这一做法。这样,时间的灵活性较强,可以根据自身需要合理安排教学时间。

二、有针对性地制订培养计划

1. 整合教育资源,培养教师职业情感

教师是需要奉献精神的高尚职业,从事教师行业,首先必须培养终身从教的坚定信念。在培养免费师范生时应开设专门、系统的教师职业情感培养教育课程,平日生活中开展教师教育信念的相关讲座,从专业课上和生活中将坚定地从教信念和教育信仰传送到每个免费师范生脑中。当今社会竞争日趋激烈,教育改革也开展得如火如荼,需要教师具备良好的素质,心理、情感素质十分重要。我们应该将职业情感的培养作为专业伦理教学的课程目标之一,将知识的学习和职业情感的培养相结合,教会学生将个人行为变成一种集体自觉、有意识的行为,让学生对教师这个行业有清晰的认识。

在具体的教育活动中培养教师职业情感。情感形成的关键是个体必须要有个人自己的体验,要有发自内心的思考判断。这就需要在教育见习和教育实习的具体活动中进行有计划、有目的的培养活动。在教育见习和教育实习活动之前,制订计划,向实习生提出积极的情绪教学要求,在课堂中精神饱满地与学生进行交流,既可以让学生体验到自己的情绪状态,又可以向学生传递自己的愿望、观点和思想,从而增强教学效果,完善教学目标。在第一次进行教学实践的实际体验后,注意对学生进行引导和鼓励,并且及时组织学生对教学的效果和感受进行总结归纳,通过及时总结的方式,引导表现稍差的免费师范生调整受挫心态,对学生教学情绪的及时疏导有利于职业情感的良好构建。把学生对部分儿童的具体喜爱情感上升为对于教育对象的理性情感,用教育的思维去善待每一个儿童,对每一个儿童的未来发展充满期待和信心。

2. 整体一贯设计,促进教师专业发展

扎实掌握教师专业技能是从事教师职业的根本所在。从高中生转为大学生后,要迅速培养免费师范生的教师意识,使其认清自己身份,了解掌握教师技能的重要性。首先,在培养方案上要树立“宽口径,厚基础”的目标。免费师范生在毕业后要求在农村地区工作,支援祖国贫困地区的基础教育建设。“宽口径”的培养模式有利于增强教师自身素质,掌握交叉性的学科知识,不仅要学得专,更要学得广。因为在农

村地区的教师数量缺乏，师范生在就业后可能面临的不是只教授自己专业所面向的这门课，而是要能担任多门课的教学。考虑到这一点，就需要师范生在学校里打好广泛的学科基础。“厚基础”是指专业基础要扎实，专业基础扎实后才能更广泛、更深入地学习知识。其次，优化课程设置结构。据调查研究发现，免费师范生的课程设置中，学科专业知识类课程所占比重较大，过分强调教师的专业性知识而忽略其他，从长远来看有碍于教师的长远发展。笔者认为，应该调整师范生培养方案，优化课程设置，均衡专业知识、通识知识和其他知识的课程分布比例。

3. 在实践中反思，获取智慧型实践知识

加强实践能力培养，首先，应从课程设置入手。注重专业知识，并且关注国外的先进教学方法，培养学生的自学能力，使学生日后成长为研究型教师，在走向工作岗位后能不断自我提升、向前发展。其次，重视在免费师范生培养过程中的师资力量安排。授课教师不仅指导学生的实践水平，同时也是师范生模仿的直接对象。在对师范生的培养中要注重师资力量的编排，让有丰富中小学实践经验的老师、让有扎实理论基础的老师来教学或者讲学，从侧面促进师范生实践能力的发展。在培养免费师范生教学实践中，除了落实半年集中性教学实习外，日常教学中应经常组织师范生到课堂中去吸取经验，内化所学知识，观摩学习后进行讨论和反思，在学习中加强锻炼，在锻炼中加强学习，培养主动思考能力和创新能力。同时在实习地点的选择上应给予学生多重选择的空间。在实习过程中应对实习的整个过程进行适当、有效的监督和指导，了解学生的实习状况以及存在的问题，及时对师范生做出相应的指导和纠正，避免出现“走过场”等完成任务式的实习模式。

三、优化政策落实环境，确保师范生就业选择时的合法权益

1. 优化就业政策，赋予学生选择权利

第一，跨省就业限制过多是众多免费师范生关心的首要问题，政府应适当放宽跨省就业的条件限制，明确跨省就业的办法和细则。根据本省教育发展的需要，以及提供岗位的多少，结合学生个人意愿和职业发展需求，可以允许跨省就业或放宽跨省就业的条件。部分免费师范生在求职过程中遇到在生源地省份找工作难的问题，生源地对某些专业免费师范生的需求量小，跨省就业能解决不同专业教师资源均衡配置问题，大大提高免费师范生就业的信心。第二，适当调整履约服务年限。享受政策优惠与履行从教义务是一个统一体，但师范生免费教育的就业政策也应具备一定的灵活性和选择性。政策可以根据情况提出不同的服务年限办法，例如自愿在县以下农村及偏远地区从事一线教学工作的免费师范生，在农村工作时间的延长相对减少整体服务年限。这样做有利于免费师范生更长时间引领农村地区教育发展，实现教育资源优化配置的目标。第三，细化和完善退出机制。为避免重复计划经济时期“定向培养、定向分配”的误区，在高校毕业生普遍自主择业的制度环境下，一方面应对免费师范毕业生的就业选择进行适当约束；另一方面应充分认可和尊重免费师范生自主

选择的合理性，增加其择业的自由度，不能简单地用“违约赔偿”的惩罚机制代替更为科学合理的退出机制。

2. 加强就业指导

第一，深化校地合作。在给予免费师范生就业政策的基础上，培养高校可与各省教育厅建立常态化的联络机制，确保第一时间获取各省就业政策和信息，并第一时间向学生解读。同时，还可以通过与各地人社局、人才市场等政策机构合作，将免费师范毕业生的就业市场分为各生源省省级教育行政部门市场、各市州县(区)教育局市场和中小学市场，通过走访、发函、电话、网络等途径与所有生源省省级教育行政部门加强联系，并建立地市级教育局数据库和用人需求较多的基础教育单位数据库，为免费师范生就业提供岗位信息和招聘资源。第二，加强职业规划教育。学校可在依托就业指导课堂的基础上，辅之以政策解读讲座、沙龙座谈、教育实习、咨询辅导等多种形式，进一步强化学生的职业信念，明确自身定位和职业目标。第三，构建就业服务体系。学校应构建全程化、专业化、个性化的就业服务机制，优化校、院两级就业工作体系，切实提高就业指导水平。同时，还应建设网络平台、个性化指导基地、校园媒体等平台，为免费师范生及时提供岗位信息。① 完备的就业信息服务体系有利于加强免费师范生的就业信息服务和从教技能训练，使其在就业竞争中获得先机。

师范生免费教育政策的出台是20世纪80年代以来教育市场化下的一种计划调整，归根结底要走向“谁受益、谁买单”、“双向选择、自主择业”的市场化道路。这种调整在一定程度上是20世纪90年代末以来我国教师教育改革(综合性大学办教师教育、师范院校综合化、高位移化)的一种反弹，也是农村教育被削弱、教师队伍建设困境的一种反映。免费师范生政策执行中遇到的问题与政府对农村教育的投入、均衡化问题解决的程度有密切的关系，教育政策调节教育内部问题必须与社会其他政策(人事政策、财政政策、教师其他政策)相互配合。该政策作为特殊历史时期颁布的政策因其特殊性更要综合配套。

另外，2018年2月，教育部等五部门印发《教师教育振兴行动计划(2018—2022年)》，提出：改进完善教育部直属师范大学师范生免费教育政策，将“免费师范生”改称为“公费师范生”，履约任教服务期调整为6年。推进地方积极开展师范生公费教育工作。未来，公费师范生教育政策如何发展、如何提高其执行绩效，值得我们进一步思考。

① 周琴，等. 教师专业发展视域下的师范生免费教育[M]. 北京：科学出版社，2013.

第五章　农村中小学教师分流问题研究

2005年5月，《教育部关于进一步推进义务教育均衡发展的若干意见》明确要求：统筹教师资源，加强农村学校和城镇薄弱学校师资队伍建设；建立区域内骨干教师巡回授课、紧缺专业教师流动教学、城镇教师到农村学校任教服务期等项制度，积极引导超编学校的富余教师向农村缺编学校流动，切实解决农村学校教师不足及整体水平不高的问题。①

2010年7月29日，《国家中长期教育改革和发展规划纲要(2010—2020年)》指出：推进义务教育学校标准化建设，均衡配置教师；加快缩小城乡差距。建立城乡一体化义务教育发展机制，在财政拨款、学校建设、教师配置等方面向农村倾斜。率先在县(区)域内实现城乡均衡发展，逐步在更大范围内推进；努力缩小区域差距。加大对革命老区、民族地区、边疆地区、贫困地区义务教育的转移支付力度。鼓励发达地区支援欠发达地区。②

2013年12月，《教育部、国家发展改革委、财政部关于全面改善贫困地区义务教育薄弱学校基本办学条件的意见》要求：推进县域内校长教师交流轮岗，提高城镇中小学教师到乡村学校任教的比例。③

2017年4月，《教育部关于印发〈县域义务教育优质均衡发展督导评估办法〉的通知》提出了政府保障程度评估的15项指标，规定：

① http://www.moe.gov.cn/srcsite/A06/s3321/200505/t20050525_81809.html.

② http://www.gov.cn/jrzg/2010-07/29/content_1667143.htm.

③ http://www.moe.gov.cn/srcsite/A06/s3321/201312/t20131231_161635.html.

全县每年交流轮岗教师的比例不低于符合交流条件教师总数的10%;其中,骨干教师不低于交流轮岗教师总数的20%。①

X县地处湖南省中部偏东,其从国家地区间义务教育均衡化发展的大背景出发,结合本县的区域内义务教育非均衡发展的现状,用政府行政干预的手段将一部分超编学校的教师分流到缺编学校,以达到区域内有效的教师资源均衡配置,从而实现义务教育的均衡发展。但是由于受观念、经济、管理、制度等方面因素的影响,教师分流过程中,产生了诸如分流多被动、操作难执行、过程乏民主、情绪欠稳定等问题。这些问题严重阻碍了X县教师分流政策的有效执行,导致在教师分流的过程中公平、公正、公开的缺失,造成了一系列严峻的教育问题和社会问题,产生了不良的影响。为了解决上述问题,规范X县的教师分流程序,整合X县教师资源,改变该县农村教育薄弱的现状,促进该县城乡教育一体化,保障教育公平,整体提高教学质量尝试,我们这里就转变思想观念、深化制度改革、加大经济投入、规范管理方式这几个方面提出解决分流问题的对策。

第一节 X县教师分流的背景

为了对分流的原因进行深层次的分析,笔者先从宏观的教育均衡发展的大背景出发,就X县财政情况、财政对义务教育投入、学生人数对比教师编制三个方面进行比较,以了解X县进行教师分流的政策背景、经济背景及教育发展背景。

一、政策背景

维护教育公平,促进义务教育均衡发展,是国家的大政方针。X县教育行政主管部门一直立足本县实际,率领全县教职工进行了深入的摸索和实践,果断采取了一系列改进措施,初步实现了全县义务教育阶段在资源配置、师资力量等多方面的均衡发展。教育资源配置均衡是教育均衡发展的首要条件。笔者在调研中发现,X县存在着城区学校好、农村学校差,平原学校好、山区学校差,大型学校好、小型学校差的状况,教育资源配置很不均衡。由此引发的教师调配问题接踵而至。为逐步缩小农村学校与城镇学校在师资力量上的差距,X县对教师分流问题进行了专门规定,试图根据X县现有初中学校数量和教师数量以及小学学校数量和教师数量,对于超编中学的教师进行分流,对教师资源进行重新整合,以期达到整体最优的效果。因此,部分初中教师分流到其他中学或者小学就变成一种硬性指标。X县教育局要求各乡镇联校将初中教师分流到小学任教的工作摆在教职工管理工作的首要位置,例如暑假工作的重要议事日程,明确责任,落实任务,实行行政首长负责制,即"联校校长和中学校长是第一负责人,局党委成员和各股室按照局党委安排的联系点,负责各联系单位

① http://www.moe.gov.cn/srcsite/A11/moe_1789/201705/t20170512_304462.html.

的工作指导和协调。县教育局将此项工作列入对乡镇联校绩效考核计分内容”。

由此可见，X县是将教师分流工作摆在比较重要的位置的，对于教师分流中的一系列问题都做了相关规定。作为一种政府行为，教师分流是学校管理和教师管理的重要组成部分。但管理要在“管”上下功夫，更要在“理”字上花心思。“管”指的是管束、是疏导，“理”则注重培养、服务。两者同样重要，不可偏废。教师管理要以人为本，关注人性发展，完善教师自我，从而使教师亲近管理，这样才能真正调动教师内在的动力，让教师通过人性化的管理得到更好的发展。

二、经济背景

X县地处湖南省中部偏东，位于湖南省“五区一廊”战略要冲，县域总面积2134平方千米，辖17个乡镇，总人口97万人。X县素有“天下壮县”、“湘中明珠”、“湘莲之乡”、“楚南粮仓”等美誉，并一直位居湖南省经济强县之列。近年来，X县委县政府围绕“挺进全国百强县，创建全国文明城市”奋斗目标，坚持“强工惠农”发展战略，实施“五大计划”，推进“五大竞赛”，经济社会发展呈现总体平稳、稳中有进、稳中提质的良好局面。

但另一方面，近年来X县在教育方面的投入相对不足，特别是对X县的欠发达地区。同时，由于经济利益和个人发展的驱使，很多教师不愿意到乡镇中学特别是乡镇边远学校任教，这些教师往往会想方设法地寻求机会从边远落后地区向经济文化发达地区流动，从工作条件差、待遇低的地区向工作条件好、待遇高的地区流动。这一方面造成了部分教学条件好、教师待遇好的学校严重超编；另一方面又使得X县这样的农村地区、落后地区和边远山区教师严重短缺，教师队伍数量明显不足，教师整体素质下降。另外，由于边远地区条件艰苦，给教师生活带来不便，也给教师自身发展带来局限。

X县教育局提出教师分流，一方面是为了充分利用教师资源，另一方面也是迫于财政压力：因为财政相对不足，不允许招聘更多的教师任教。这在某种程度上造成了某些地区的编制不足，无力改善学校环境、提高教师待遇，因此，不能吸引教师主动前去任教，很多被分流的教师也不愿意去。

三、教育发展背景

《X县2018年国民经济和社会发展统计公报》显示，2018年全县有中等职业教育学校5所，在校学生5023人，教职工421人。普通高中9所，在校学生18348人，教职工1601人。初中学校60所，在校学生29472人，教职工2473人。普通小学142所，在校学生47599人，教职工2462人。总体来看，X县整体师资配备符合国家相关规定和要求，但X县的教师在不同地区的分布极不均衡。笔者经调研走访发现，X县不少边远乡镇和乡镇边远学校的教师严重缺编。

从地域差异看，农村地区对教师的需求大于城镇地区。农村地区，尤其是边远地区和贫困地区,教师的工作条件和生活条件比较差,工资之外的其他福利含量比城市少,使得许多教师尤其是刚刚毕业的大学生对农村地区望而生畏,不愿意到农村去当教师。

从校际来看,教学质量较差的学校的教师需求大于教学质量较好的学校。教学质量较好的学校一般能够吸引学生就读,也更能吸引教师前去任教,学生多了,教师的福利就多了。而教学质量较差的学校,由于教学质量一般,因此就读的学生就相对较少,教师的福利待遇也不如教学质量好的学校。

从中小学来看,小学对于教师的需求大于中学对教师的需求。小学校区较为偏远而分散,因此需要更多的教师去任教,而中学则相对集中,很多教师会选择去中学而不是小学任教。

如果让 X 县的教师自由流动,那么 X 县的教师将会在区域的分配上变得非常不均衡。因此,X 县教育主管部门从均衡教师资源,保障区域内教育均衡发展出发,对教师资源的分配进行行政干预,即教师分流,这是 X 县教育均衡发展的需要,是 X 县建设教育强县的铺路石。

第二节 X 县农村中小学教师分流的现状

一、X 县农村中小学教师分流的现状与问题

从整体上来看,X 县县域中小学和农村中小学之间的差异较大,发展不均衡现象较为严重,而且 X 县的财政性教育经费的支出也还有待提高,因此,将县域学校、城镇中心学校和条件相对较好等超编学校分流出来一部分教师非常符合 X 县的县情。X 县这几年的教师分流工作也在“正常”中进行。但是在这个过程中,产生了一系列的问题,笔者采用问卷的方式,对 X 县 100 名不同性别,不同年龄,不同学历,不同职称,不同职务,不同区域的与教师分流有关的在校教师派发了问卷,回收率 100%。笔者对收回的问卷进行了统计,从中找出了 X 县教师分流的几个问题。

1. 分流多被动

在笔者问卷调查的对象中,100%的教师都不愿意被分流,他们不愿意被分流的原因中,认为被分流地方条件艰苦的占了 96%。在遭遇过分流的 73 位教师中,仅有 4%的教师认为自己被分流的原因是自身原因,如自己的学历职称、自己的教学业绩等。而且,笔者在对被分流对象进行访谈时发现,几乎所有的被分流教师都只想到分流对他们自己造成了生活、工作中的不便,都只谈到了自己的权益受损,没有人从学校管理层面,从教育这个大方面去考虑过。

2. 操作难执行

笔者通过调查问卷得知,77%的教师说制定教师分流的考核制度时参考了教师聘任制,这就是说,教师聘任制为教师分流提供了政策依据。但是,93%的教师认为

教师聘任制不能很好地保障教师分流的公平性，这些教师中，有 99%的教师认为教师聘任制的相关条款没细化(如教师的责任、态度等问题)，这些人基本同时认为参照教师聘任制具体操作的随意性大、无法真正规范教师分流、无法有力监督分流过程等。这些调查结果表明，教师聘任制虽然为教师分流提供了政策依据，但因为相关条款没有细化，而导致在具体操作过程中随意性太大，很难具体执行。

3. 过程乏民主

笔者通过问卷调查得知，其中 72%的教师对教师分流政策根本不了解，11%的教师对此不太了解，10%的教师说有所了解，剩下的仅 7%的教师对教师分流政策持完全了解态度。在调查分流教师之前制定考核制度及办法时，43%的教师说全由校长一人决定，32%的教师说由学校行政组人员确立，23%的教师说召开全体教职工大会商定，还有 2%的教师说根本没什么考核评价制度。从上述数据，我们可以看出，X县教师行政主管部门在制定教师分流政策时，没有进行全面的民意调研，而且，在学校具体执行教师分流政策时，校长及学校行政人员的意见代替了全体教职工的意见，民主严重缺失。

4. 情绪欠稳定

笔者的调查问卷中，有 87%的教师说其学校在进行教师分流后根本没采取任何安抚措施，而且，在遭遇过分流的 73 位教师中，有 88%的教师对被分流的结果不满意的原因有一项是学校没有采取任何安抚措施对其进行安抚工作。另外，笔者还对部分被分流教师进行了访谈，从中访谈中，可以更清楚地看到这个问题。下面是笔者对 X 县某中学的一名被分流教师(以下称为“教师”)的访谈内容：

笔者：您好，请问您是在什么时候分到现在的学校的？

教师：去年，已经一年了，还感觉像一场噩梦似的。

笔者：为什么说像噩梦呢？

教师：我原来的单位在布置暑假工作时，曾讲到学校将会有教师会被分流出去，但是那时根本就没有出台具体方案。所以没有任何心理准备。8 月中旬，接到校长的电话，说要我 8 月 24 日到现在的这所学校报到。

笔者：之前完全没有想到自己会被分流出去吗？

教师：是的，因为我在那所学校工作了近六年，领导安排的工作能够及时完成，和同事的关系非常融洽，也深受学生喜欢，教学成绩也较好。

笔者：平时和领导的关系好吗？

教师：我是属于那种喜欢做自己的人，有点自我吧，不太喜欢和领导套近乎。但是领导安排的任务，我都会按质按量地完成。

笔者：你们学校一共分流了几个？

教师：三个。

笔者：其他两个也是分流到现在这所学校吗？

教师：要是这样就好了，至少还有熟悉的人，有个照应。

笔者：现在还适应这里的环境吗？

教师：说实在的，还真的有点难度。去年校长给我打电话告诉我要到这个学校来报到，我当时根本就不知道这个学校在哪。问校长，校长敷衍了事地说了一下，就叫我自己去找。

笔者：是你自己来单位报到的？校长没有送你过来，这边的校长也没有接？

教师：是的。当时都找了很久，才找到的。

笔者：这个学校确实比较偏远。

教师：是的，出行和生活很不方便。

笔者：没有问过校长为什么要把你分流出来吗？

教师：校长说这是上面的安排。其实问了也白问。

笔者：没有想过要去申诉？

教师：想过，但是我们的力量太小了，没用的。

笔者：跟这里的同事关系怎样？

教师：还好吧，但是总感觉隔了一层什么，不是那么亲近。

访谈还有一部分内容，笔者在这里就不一一陈列。通过上面的对话，我们可以看出，教师在面对分流这个突然“打击”时，在内心里是很难接受的，特别是在管理者不能给自己一个合理的解释而自己又申诉无门时，心里的委屈和无助是不言而喻的。来到新的学校，重新建立社会关系有一定的难度，这也给教师适应新的外在环境和心理环境带来一定的困难。照理说，原单位管理者应该对教师进行心理疏导，给予教师安慰和人文关怀，但现实情况是：你离开我的单位，就不再是我校的工作人员，我就无须对你负责任。而在新单位的校长看来，被分流的教师肯定是在工作中或者生活中有不让人满意的地方。因此，被分流的教师的处境就很尴尬，情绪很不稳定。这在一定程度上，对其生活和工作产生了很大的负面影响。

二、X 县教师分流的不良影响

教师分流公平有序地进行，对 X 县的教师资源的均衡、教育的公平性、教育的均衡发展都有着非常重要的意义。但 X 县的教师分流中的一系列问题带来了多方面的不良影响。

1. 对 X 县教师的影响

对于被分流的教师来说，首先就是工作环境、生活环境和物质待遇的改变。这种改变从中长期来看，会引起“教师群体素质下降和教师群体内部分层”[①]由于在不同的班级、学校、地区任教，教师所能获得的经济待遇和经济地位不同，而且差距越来越大，造成了教师群体内部分层现象的产生。被分流的教师在艰苦环境中工作，在物质上得不到满足，又会将不满情绪带到工作中，引起一系列心理问题。被分流的教师到

① 石邦宏，戴霞．经济理性驱动下的中小学教师流动[J]．中国教师，2005(11)．

了一个新的学校之后，他们不仅要从教育理念等方面进行调整，而且要在职务、职责上进行自我调适，而一旦调整失败，将会对教师自身性格和个性发展产生不利影响。同时，在一个陌生的环境中，由于没有共同经历，要产生好感、亲近感、安全感、归属感及避免孤独感又是比较难的。因此，有些流动教师在重新入职初期会有很强的游离于单位外部的感觉。有的教师在分化期产生逆反行为，这种逆反心理实际上是新教师对于学校要求和外部事物拒绝认同而产生的心理活动。这部分教师很容易意志消沉，对生活及工作岗位失去热情，这样就很容易造成职业生涯的停滞不前。而且，即使是没被分流的教师，在看到被分流教师的现状时，也都人心思走，使得教师队伍极不稳定。

2. 对 X 县学校的影响

对于流入校而言，引进教师是一件“低成本、高收益”的好事。第一，节省了学校在培养和培训教师专业发展中的投入；第二，提高了学校的教学质量和管理水平，提高了学校办学效益和社会声誉；第三，促进了本校教师队伍的发展建设，提高师资队伍的整体素质。但是，若引进的教师意志消沉，对生活及工作岗位失去热情，那么这种“引进”对于学校来说就不再是“高收益”的好事。对于流出校来说，一方面能够精简人员，提高效率，给未被分流的教师“敲响警钟”，促进教师提高自身水平和能力。另一方面其损失也是巨大的：由于教师分流而导致师资队伍结构失衡、进而影响学校的教学质量，导致生源质量下降，随之学校的声誉受损；教师分流还可能增加其他教师的心理压力，从而影响教师的工作积极性。

3. 对 X 县教育的影响

X 县进行教师分流的目的是为了用行政干预的方式对教师资源进行均衡配置，从而达到区域内教育的均衡发展。但是，在实际的执行过程当中，由于被分流教师的生活和工作情绪都受到了较大的影响，致使其在新的学校无法正常工作，更不用说投入万分的热情，因此影响了教育质量的下降，教育质量的下降会带来学生生源的流失，生源的流失会威胁到学校的生存与发展。这样就加剧了原来区域间、学校间的教育水平差异与教师资源的不均衡，从而与当初的目的背道而驰。

教师分流关系着教育的发展，也关系着学生的发展，更关系着教师个人的发展，因此，更需要通过法律、制度等外在的强制力量来保障其过程的公正、公平和公开，也需要对被分流的教师进行人文关怀，做到以人为本。

第三节 X 县农村中小学教师分流问题产生的原因分析

第一节提到，在 X 县教师分流的过程中存在着一系列的问题，而且这些问题对 X 县的教师、学校乃至教育都产生了严重的不良影响，笔者尝试从以下几个方面对产生这些问题的原因进行分析。

一、观念性因素

首先是教育管理者的观念跟不上教育改革的步伐。学校管理是教育质量的根本保证和决定因素,所以在学校集体中,管理人员的作用更是不容忽视,他们的观念对于整个学校的发展有着举足轻重的作用。在X县教师分流的过程中,有些学校领导评价教师好坏的唯一标准是其与领导的关系,权力欲望的膨胀让一些校长在做决策的时候根本不考虑必要的程序,而是旧式的大家长作风左右着其思想,在进行教师分流的时候,完全由自己决定被分流教师的名单。还有些校长为了给自己的决策披上合理的外衣,叫上学校其他行政人员,为自己所圈定的分流名单制定出一套看似"天衣无缝"的考核标准。少数人的意见代表了整个分流的程序。这些管理观念滋长了教育内部的腐败,使教师分流发生了异化,一方面使钱权交易现象存在于教师分流中,另一方面使一些本不应该被分流的教师成了牺牲品,严重阻碍了教师分流过程的公平性。

此外,一些教师的观念也在新旧观念的更替中难以抉择。王蕙指出:旧的职业观认为职业仅仅是谋生的手段,新的职业观不仅强调职业收入对生活质量的保证,而且强调个性的发展和社会对其贡献的评价;旧的生活观强调安定、悠闲和低消费,新的生活观强调生活多姿多彩、快节奏以及高消费;旧的人才观强调对社会默默无闻的奉献,新的人才观重视收入的高低。因此,新的价值观念,使教师特别是青年教师处于一种两难的境地,最终一部分教师在接受新的价值观念时,不可避免地选择与新的价值观念相一致的职业。① 新的职业价值观使现在大部分教师不愿意到条件艰苦的地方去任教,致使被分流教师的情绪难以控制,甚至还因此引发了一些突发事件,这势必阻碍了教师分流的有序进行。

二、制度性因素

笔者访谈了几名有分流任务的校长,据他们反映,在制定分流的考核评价制度时,可依据的政策法规确实太少,教师聘任制对于某些具体的操作并没有细化,致使他们在具体的操作执行中也很难办。加之要考虑的方面很多,如性别、年龄、家庭、教师自身素质等,要制定一套相对完善的分流执行方案确实难度较大。

实行聘任制后,学校和教师的关系,应该以共同的意愿为前提,以平等互利为原则,双方具有对等的权利和义务,学校和教师的关系重新确立,不再是行政隶属关系,变原计划经济体制下的国家用工制度为单位用工制度,学校有用人自主权,教师有择业自主权,使学校和教师的关系走向规范化、科学化、法律化、合同化。但是考核教师聘用资格的相关条款并不具体,更为重要的是,教师聘用制在实际操作中也有一定的弹性。

---

① 王惠.教师流动的成因与对策[J].现代教育丛论,1994(2).

为了达到区域之间教师资源的均衡发展，分流教师的过程必须严格依据相关的法律法规，而教师聘用制的出台为此提供了政策依据。就在全国上下逐步推进体制改革和人事制度改革、打破“铁饭碗”的大背景下，实行教师聘用制也是大势所趋。然而，现在的教师聘用制里的一些条款原则性比较强，一些比较细的、好操作的条款还没有体现。比如教师的责任问题或态度问题，在考核制度里面没有办法体现。有的学校就借着教师聘用制把有些能教书、教得好的老师给分流出去了。

按照有关条款，实际上，在X县，教师是否被聘用，基本上是校长一个人说了算。如果校长有私心或者滥用权力，那么，教师的权益就得不到保障，甚至还会助长某些教师为了自己的利益而去搞那些拉关系、走后门的“小动作”。在教师分流的时候，往往是校长或者行政领导单纯靠行政手段做出决定。校长都是由上级任命的，而一些校长往往根据个人好恶，任人唯亲，将一些看不顺眼的教师分流到其他学校。在分配接收学校时，也没有尊重教师本人的意愿，只是单纯用行政手段硬性调配。

三、经济性因素

由于区域经济发展不均衡，使教师的物质待遇在城乡之间、区域之间存在较大差异，特别是在偏远的农村学校，教师工资普遍较低。而教师的待遇长期偏低、工资不能足额发放到位、福利津贴差，必然会导致骨干教师大量外流辞职、改行，造成教育质量下降。[①] 在教师分流时，由于被分流的去向大都是经济相对落后、交通相对闭塞的学校，这些学校的福利津贴跟经济发达、交通方便的学校之间有很大的差距，因此，被分流的教师首先出于经济因素考虑就不愿意被分流。

另外，教师在被分流后没有得到相应的补偿。被分流的教师一般都会流向农村地区、边远地区、贫困地区，这些地区的学校在人才竞争中处于极为不利的处境，这些地区的教师流动更多地表现为教师的单向流失和被迫流入。“人往高处走，水往低处流”，对于被分流的教师而言，他们不但没有更好的发展机会，而且要为别人的发展机会而牺牲自己。但是，被分流之后，教师就不属于原单位，因此原单位不会理会教师的补偿要求，接收单位也不会对被分流的教师特殊照顾。因而，教师分流就变成了无偿流动。这种无偿流动对于教师的情绪稳定及队伍稳定都具有阻碍作用。

四、管理性因素

“教育管理”一词是现代社会“大教育”概念下的产物。它打破了以往那种封闭状态的教育格局，立足于以社会整体化为前提的教育。从这个思想出发，原来意义上的“教育行政”、“学校管理”已经包容不下了。社会是一个大系统，它是以整体面貌出现的，教育系统是整个社会系统中的一个子系统，它不是孤立地存在于整体之中的，而

① 肖婷，成云，陶青芝. 基础教育均衡发展视角下中小学教师流动问题探讨[J]. 中国教师，2009(S1).

是要与其他子系统发生相互联系、相互作用、相互渗透的关系。教育系统的运行与发展一定要与其他子系统的运行与发展发生不同程度、不同层次、不同形式的互动。因此，教育管理是在一个国家或地区的政治、经济、文化等因素的约束下，遵循教育自身的规律，对整个教育系统及各级各类教育组织（正规的与非正规的）进行预测与规划、组织与指挥、监督与协调、激励与控制，使有限的教育资源得到合理配置，以提高教育质量、改善办学条件、促进教育发展和教育管理人才成长的有序过程。[①]

现在的教育管理依然是层级式的行政管理，在教师分流中，既有来自上一级行政部门的行政干预，又有来自学校校长的行政干预。而在行政管理中，存在一些管理者，他们的管理观念已经趋向老化，在很大程度上以个人的主观意志代替法律和相关制度，他们的管理观念已经不能很好地解决新形势下的教师分流问题。因教师分流问题的具体执行是在学校，而学校在决定被分流教师的操作方面是比较难的，即便是采用了末位淘汰制的学校，对一些考核项目例如工作态度之类的问题也很难进行评价，而这些抽象的不能量化的项目很多时候就是由学校的行政人员的主观意志决定的。笔者就此问题走访了部分教育行政人员。县教育局领导透露，他们开了党组会，制定了分流的政策，然后召集各乡镇中心学校校长，分派各乡镇分流名单，各乡镇遵照执行，将任务完成与否列入各乡镇中心学校校长考核范围。而各乡镇委派各学校校长具体执行，将任务完成与否列入各校长考核范围。整个过程几乎完全被行政强制执行了，行政的过度干预导致分流过程中民主的缺失，违背了分流的最初目的。

通过走访调研，我们发现被分流的教师当中，约有80%的教师是女性。还有笔者对被调查的教师进行统计发现，有73%的教师曾经被分流过，在这部分被分流的教师中，有27%的教师对被分流不满意的原因是因为有家庭、小孩需要照顾。这个结果意味着，在进行教师分流时，学校管理层没有认真考虑过教师的特殊情况，进行“一刀切”式的管理。而且，笔者通过问卷调查获知，在笔者的调查对象中，有28%的教师说学校制定分流考核制度是校长一个人包办，49%的教师说其学校是通过校委会行政人员这些少数人一起确立的分流考核制度，只有17%的教师说其学校是通过召开全体教职工大会商讨决定的分流考核制度，还有6%的教师说其学校根本没有什么教师分流考核制度就进行了教师分流。而且，有80%的教师认为学校在分流教师时程序过于简单。从这些数据可以看出，学校管理者在执行教师分流时，管理方式过于简单。

笔者走访的被分流教师中，其中有一个女教师带着幼小的孩子，原本夫妻俩都在同一学校，却被分流到了一所交通极不方便、离原学校相距甚远的地方。在校方没有提前知会、没有进行思想工作的前提下，女教师接到了被分流的通知，女教师的丈夫比较冲动，在得知消息后，找校长讨要说法，其结果是女教师的丈夫掀翻了校长的饭桌，把校长推搡在地，分流成了一场闹剧。事后，女教师拒不同意到新学校去上班，其

① http://www.pep.com.cn/xgjy/jyyj/jyts/jyx/xdjy/201008/t20100827_803491.htm.

夫则每每在学校开例会时坐在校长对面指着其鼻子破口大骂。类似的突发事件还有几起,笔者就不一一列举了。从中我们可以得到启示,在进行教师分流时,不综合考虑各方面的因素,管理简单粗暴,势必会造成极其恶劣的影响。

进行教师分流的目的是为了达到教育均衡发展的目的,而前文讲过,要实现教育均衡,最重要的就是实现教师资源的均衡。但教师资源本身是一种特殊的人力资源。这种人力资源不是一成不变的,它是随时间的变化而变化的,它是一种流动的资源,一直处于不断变化的过程之中,如果没有这种动态的变化,学校也就失去了自身应有的活力。根据这一原理,我们应正确地看待教师的流动。而教师分流作为教师流动中特殊的一种,理应运用科学的教育管理方式。

第四节　合理解决农村中小学教师分流问题

分析表明,X 县在中小学教师分流的过程中所凸显的问题严重阻碍了 X 县教师资源的均衡发展。因此,如何处理好教师分流中行政与法、人情与法、权力与法以及聘任制与法之间的关系问题就显得尤为重要,因为教师分流问题关系到教师资源的均衡发展,也就关乎我国教育均衡发展的大局。因此,处理教师分流问题,我们既要注重其短期利益,更要立足整体,从长远利益去谋划。

一、转变思想观念

为了促进农村中小学教师分流合理、有序地进行,无论是管理者还是被分流的教师都应该先转变思想观念。

管理者首先要树立服务意识。管理者要强化管理育人、服务育人意识,树立大服务观念,要服务学校的发展,服务教育的发展。管理者要树立正确的权力观和地位观,在教师分流中,不能搞以权代法。其次,要树立整体意识。整体意识要求管理者在做决策的时候,要首先考虑集体利益。这就要求学校管理者在执行教师分流时从学校工作的大局出发,把学校摆在首位,时时刻刻围绕学校发展的大局和教学质量这个中心,才能达到整体优化。再次,要树立民主意识。明确“校长负责制”与校长“专断”的区别:校长的职责是负责“学校的教学及其他行政管理”,对于人事问题具有决策权,但这种决策权绝非绝对的、唯一的、垄断的。在教师分流问题上,也绝不能“校长说了算”。校长的权力应该受到教代会等多种形式的监督。还有,要树立创新意识。在执行教师分流程序时,在保障分流遵循规范的程序进行的同时,可以根据自身的情况来创新执行方法,保证教师资源在稳定中均衡发展,以促进教育的均衡发展。

作为教师,其分流观念的转变也是引导教师分流顺利进行的重要前提。教师在面临分流时,首先要摆正态度,调节心理,不能只考虑自身利益,也要从教育全局发展的角度来考虑。另外,树立正确的职业观念,尽量达到教师个人价值与教育价值的统一。现代社会,新的“钱多钱少论英雄”的职业观念冲击着旧的“无私奉献”的职业观念，把很多教师冲进了新职业观念的旋涡，致使他们在面临教师分流时无法接受，有较大的情绪，甚至对管理者进行人身攻击。因此，树立正确的教师职业观念有助于推动教师分流工作稳步进行。

二、深化制度改革

首先要完善教师聘任制。教师聘任制已经实施很多年，教师被强制分流的现象也已经存在很久，但是由于教师聘任制在落实过程中，没有具体细化的规范章程，这就导致各级教育行政部门尤其是学校，在缺乏可操作性法律依据的情况之下，各自为政地实施教师聘任或者教师分流，不仅随意性极大，操作极不规范，而且教师应有的权利和应该得到的利益也没有保障机制。在实行聘任管理中，要认真细致地做好聘任期每一个环节的工作，使教师在流动中优化组合，在竞争中提高效率，达到既激发教师的积极性，提高整体素质，又保障教师的待遇，体现教师职业的特殊性，从而更好地提高中小学教育教学质量。为了更好地落实教师聘任制，各地都制定聘任制实施细则，这些严密的实施细则在一定程度上能够很好地为教师分流保驾护航。

其次，要健全教师流动制度，为教师分流提供制度化保障。到目前为止，关于教师分流并没有明确的政策或法律规定，X县教育局制定的《关于分流初中教师到小学任教的意见》也只是对教师分流做出一种说明或者规定，并没有法律意义。因此，建立健全关于教师分流的各项法律法规就显得非常重要。同时，X县教育局应该制定相关制度，明确教师分流的依据，特别是确定分流教师的名单。保障教师分流有一个公开、透明的环境。同时，要落实教师分流责任制。要对学校提出的分流教师名单进行审核和调查，了解被分流教师的工作情况和生活情况。对于已经确定被分流的教师，要及时做好其思想工作，以维护整个教师队伍的稳定。另外，要制定相应的补偿机制，给予被分流教师一定的物质补偿。要对学校管理者在教师分流中权力的行使进行监督，最好能够派一到两个人对整个教师分流过程进行全程监督，以防止权力寻租和权力腐败现象，做到“公平、公正、公开”和“合法、合理、合情”。同时也要做好交接工作，使被分流教师到了新的工作环境后，能够尽快地适应新单位的硬环境和软环境。同时，也要完善教师申诉制度，让教师在被分流中权益受损时能够拿起法律的武器，按合理的程序进行申诉，以维护教师资源的发展。

三、增大经济投入

首先，国家要加大对义务教育的投入。从国际社会来看，发达国家大多是由中央和地方政府共同负担初等教育的全部或主要费用，特别是中央和省级政府往往承担了更大的责任。例如日本，国家承担了初等、中等教育经费的25.4%，县级政府（相当于我国的省）承担了67.8%；美国联邦政府承担了8.5%，州政府承担了40.1%；而在中国，国家承担的不到4%，而县承担了教育投入的80%以上，因此，我国应该加大对教育尤其是农村义务教育的投入，切实改善农村中小学教师的福利待遇和物质条件，缩小区域间教师生活、环境之间的差距。

其次，对于被分流的教师，应该给予一定的经济补偿，同时应该对其生活加以特别照顾，不让其因为经济待遇不同而产生不乐意、不情愿到条件艰苦的地区去的想法。

最后，可以设立经济激励机制。运用经济激励的手段刺激分流，让一部分优秀教师能变被动为主动，自愿到艰苦的地方去任教，从而达到真正意义上教师资源的均衡分布。

四、规范管理方式

首先，要规范行政管理方式。对于上一级教育行政主管部门，在进行教师分流时，一定要依法行政。依法行政的重要的内涵是严格依法办事，杜绝以权代法现象的发生。在教师分流中，对于上一级教育行政主管部门来说，要更新以往单靠领导意志或红头文件来进行的旧管理模式。必须把教师分流纳入合法、合理、合情的轨道上来。为了实现这个目标，首先要改变管理者的旧观念。一是管理者要树立依法行政的意识。教育行政主管部门可以通过开展各种学习和培训来增强管理者的依法行政意识及自觉性，转换教育管理者的行政理念，提高教育管理者的整体素质和行政水准。二是教育管理者要规范教育行政行为。为了各项教育行政措施能够在法律的保护下切实贯彻到具体的教育行政行为中，真正做到依法治教，建立“公平教育”，教育管理者要时刻注意用法律约束自己的行政行为。三是教育管理者要转变教育行政观念。要用服务的理念实施教育行政，不能抱着“自己是管人者”的传统观念，而是以服务教育为宗旨来依法行政、依法治教。通过这些具体措施，让教育行政干部逐步树立较强的依法行政意识，避免行政干预过度。

其次，要规范学校管理方式。学校应实行科学、规范、人性化的管理。在进行教师分流时，学校管理者要转变观念，摒弃旧的以人代法的管理理念。学校作为教师分流的主要执行部门，第一步是成立分流组织机构。这个组织机构除了学校领导，还得有教师代表。第二步是制定考核评价制度。在制定考核评价制度时，要让校领导、教师代表参加，还可以让学生、学生家长和社会共同参与。第三步是召开分流动员大会。学校要召开全体教职工大会，学习分流政策，做好宣传动员工作。第四步是确立分流教师名单。严格依据考核评价制度确立分流名单，但也要适当考虑特殊情况，如带孩子的女教师、体弱多病的教师、年龄偏大的教师，切不可搞“一刀切”。第五步是分流后要做好配套措施。对被分流教师要给予一定的人文关怀，并给予一定的经济补偿。只有科学、规范的教师分流程序才能保证教师分流合理、有序地进行。

规范的管理程序有利于充分调动教师的教学积极性，避免传统管理模式中“以权力制约权力”的局限性。对于分流的实施过程，应该加强相关法律法规的建设和制度建设，这是进行教师分流的法律基础。还有，在教师分流的实施过程中，要用法律授权明确职责。教育始终要走向发展，而让教育走向发展的基础是规范，其保障是依法行政。对于每年的分流工作,应采用领导分工负责制,各处室明确分工职责,细化工作目标,落实到人,切不可简单粗暴地处理问题。规范的管理方式,可减少教师资源均衡配置出现的矛盾。

五、借鉴成功经验

澳大利亚、瑞典、日本、韩国在鼓励教师到农村和边远地区工作的具体做法上取得了不错的效果,这给我们的教师分流工作提供了很好的参考。

澳大利亚对边远贫困教师提供奖金或补偿金,实行奖金与补偿制度分离,用高额的奖励吸引有经验的优秀教师。澳大利亚为赴困难地区和困难学校任教的教师提供特别的专业发展机会,如鼓励教师到边远贫困地区去体验生活并为他们提供培训费用。日本、韩国和瑞典增大财政对教育的支付,首先保证边远贫困地区的教师工资和奖金。另外就是工资改革,主要由国家和省负担教师工资。尤其是瑞典的“教师个别化工资制度”,打破过去单一的工资序列,根据各种实际情况在市场需求下调节教师的基本工资。日本和韩国采用行政调动的办法实现教师刚性流动,教师按照教育公务员(准公务员)管理,用这一办法实现了教师资源地区分布基本均衡。

我们要借鉴国外做法,以“市场手段”为主,打破单一的工资序列,建立个别化教师工资系统,大幅提高贫困地区教师的物质待遇和提供其他各种优惠条件,吸引更多的优秀教师到落后地区和学校任教,让教师分流变被动为主动。

另外,各地的定期流动制度,如日本、韩国的定期流动制,北京的优秀教师轮岗制,广东的中小学校长、教师定期轮换制等,都给分流工作的开展提供了有益的经验。

我们的教师分流应该做到,由政府主导并参与调控,制定定期分流的政策,设立教师分流的实施程序,制定相应的配套措施,如规定分流的年限,年限期满后可以根据被分流者的意向决定是否回原来的学校工作。对于分流对象的确立,运用各种激励措施鼓励优秀教师自愿参与,这样的话,分流工作正常有序进行对于区域内教师资源的均衡配置就能起到推动作用。

教师分流对于改善教师无序流动、促进教育均衡发展具有重要作用。作为教师流动的一种,教师分流是追求教育均衡发展的一种政府行为。但是我们要把教师分流控制在一定的度之内,即将其控制在教师可以承受的范围之内。同时,要正确处理教师分流中的诸多问题,转变观念,深化改革,完善相关的法律法规和各项制度,使教师分流既“公平、公正、公开”,又“合法、合理、合情”,让被分流的教师最大限度地达到社会价值与自我价值的统一,实现教育和教师的发展双赢。

第六章　乡村教师职业吸引力研究

第一节　研究背景和意义

一、研究背景

乡村教师职业吸引力对于乡村教育质量和城乡教育均衡至关重要。乡村教师肩负着振兴乡村教育、实现教育强国、阻止贫困现象代际传递的重要使命，他们是决定乡村教育健康可持续发展的根本性因素。随着城镇化进程的快速推进，我国基础教育现有的发展结构发生了巨大变化，“全面普及教育”以达到总量的需求逐渐被“提高教育质量”以形成质的飞跃所取代，而达到这一终极目标的前提基础是要实现城乡教育的均衡发展。从目前我国基础教育发展的实际来看，实现城乡教育“均衡发展”的重点和难点在于乡村，而提高乡村教育质量，关键是要提高教师的质量[①]，提升教师的职业吸引力。“发展乡村教育，教师是关键，必须把乡村教师队伍建设摆在优先发展的战略地位”[②]。乡村教师作为乡村教育中的关键一环，富有职业吸引力的乡村教师队伍毫无疑问是急需的。富有职业吸引力的乡村教师

① 张力越，于伟. 加强农村教师队伍建设亟待建立进出有序、供求平衡的管理机制[J]. 国家教育行政学院学报，2008(5)：62-69.

② 乡村教师支持计划(2015—2020年)[M]. 北京：人民出版社，2015：3.

队伍意味着更优秀的师资、更高效的教学方式、更有希望的乡村教师，这是坚决阻止贫困代际传递、打赢教育脱贫攻坚战、实施乡村振兴战略的核心力量；富有职业吸引力的乡村教师队伍意味着对乡村教育和乡村教师的重视，也是对每个适龄孩子公平受教育权的尊重，让乡村孩子有平等机会通过教育改变自身命运、成就人生梦想。

乡村教师职业吸引力的现状不尽如人意。根据《中国农村教育发展报告 2017》，义务教育在校生 2/3 在县域，农村仍然是我国义务教育的大头。2016 年我国义务教育阶段在校生约 1.42 亿人，其中城区 4756.6 万人、镇区 5927.01 万人、乡村 3558.77 万人，农村在校生占全国在校生总数的 2/3。分学段看，普通小学有在校生 9913.01 万人，其中农村小学在校生数占全国总数的 67.04%。普通初中有在校生 4329.37 万人，其中农村初中在校生数占全国总数的 65.60%。① 乡村地区义务教育阶段学生人数基数大，而教师问题一直困扰其生态发展。长期以来，乡村教师身处艰苦的教学环境，经济收入微薄，教学任务繁重，面临着较低的社会地位以及巨大的生活压力。为此，我国曾先后实施了特岗计划、三支一扶计划、免费师范生计划等等，这些政策举措虽有效提升了乡村教师队伍结构的合理性和质量，然而受历史、经济发展水平、办学条件等诸多因素的影响，乡村教师的难题并未从根本上得到有效的解决，其职业吸引力仍然陷入困境。受城乡教育发展不平衡、交通地理条件不便、学校办学条件欠账等多种复杂因素的影响，乡村教师的职业吸引力仍然不够强，优秀人才不愿意去，不合格教师难以退出，教师队伍流失率高，中高级职称教师严重短缺等，“下不去、留不住、教不好”的困惑依然存在，严重制约了乡村教育的进一步发展。②

实际上，从国外的研究看，乡村教师职业吸引力也不高。如何提高乡村教师的职业吸引力是目前世界各国面临的共同问题，发达国家也是如此。乡村学校地理位置偏僻、生活工作环境艰苦、乡村教师数量不足等造成乡村教育存在很多问题，乡村教师缺乏职业吸引力也是大部分关于乡村教育的文献中都会涉及的问题。梳理国外相关研究文献，可知乡村教师职业吸引力的困境主要集中在以下几个方面。

第一，面临入职率低、离职率高的尴尬处境。相关资料显示：“大部分教师在参加教学工作几年之内会选择离职，尽管在不同的国家和时期离职率有所不同，但令人尴尬的是，它们都是一致的高。在比利时，超过 40%的年轻教师可能任职不满 5 年便选择离职；在荷兰，教师在工作 2 年和 5 年内的离职率分别是 40%和 50%。”③几乎所有的欧盟国家正在经历“大学生希望成为教师”者的人数下降，这可被认为是教师吸

---

① 邬志辉.中国农村教育发展报告 2017[N].中国教师报，2017-12-27.

② 刘华蓉，黄浩.乡村教师好政策落地才能开花[N].中国教育报，2016-03-16.

③ Stocking K，Leenders F，de Jong J. From student to teacher：reducing practice shock and early dropout in the teaching profession[J]. European Journal of Teachers Education，2003(3).

引力减弱的一项指标。[①] 这种下降的状态，无疑会给未来提供合格教师带来进一步的挑战。此外，许多教育相关专业的毕业生，并不打算从事教师职业，如在奥地利、挪威和西班牙，有60%到70%的毕业生选择留在教育领域；在德国、意大利和荷兰，这一比例只有50%。[②]

第二，福利待遇问题也饱受诟病。面对金融危机的影响，许多国家面临着对所有公共预算进行财政整顿的巨大压力。尽管人们普遍认为教育作为可持续增长的投资应该被优先保留，但事实并非如此，尤其在需要大幅短期财政整顿的国家。在20个国家的教育系统内，预算的削减致使其大幅降低教师的薪俸和津贴，如基本工资、假日薪酬和奖金等。其中，希腊降低教师基本工资的30%，并停止支付圣诞节和复活节的奖金；在西班牙，教师和其他公共部门雇员工资在2010年削减5%左右，且并没有因为通货膨胀再次调整。[③]

第三，教学工作压力导致的疾病频发更令人担忧。"1999年10月，欧盟贸易联盟教育委员会（ETUCE）、教育国际（EI）、世界卫生组织等机构联合举行的卫生、健康教育培训研讨会，传达出一项特别重要的信息：教学工作并不能免于风险和职业疾病。欧盟内越来越多的工作负载，导致教师职业疾病的上升，尤其是与压力相关的疾病……这些疾病在教育方面的影响，可能导致教学人员缺乏主动性，进而旷工、抑郁和压抑，最终要求转会，离开教师职业。"[④]同时，也有学者指出："由于乡村教师不足，乡村教师需要做更多的工作，承担更多的责任，有些工作对他们来说并不具备资格。这样，专业疏离和缺少专业支持会极大影响教师队伍的稳定。"[⑤]

第四，入职竞争激烈与上述问题之间的悖论。一个有意思的现象是，近年来，欧盟各国在实施教师招聘时，越来越倾向于高学历与经验丰富的教师，导致不同层面人才的激烈竞争，这与教师社会地位下降形成了强烈反差。有良好声誉的学校吸引最好的教师，优秀人才必然避免进入"落后"的学校。从而加剧了弱势学校的人才"赤

---

① European Commission. Supporting the teaching profession for better learning outcomes [EB/OL]. http://Eur-Alex. Europa. EU/Servile/Servile. do? Fri = SWD: 2012: 0374: FIN: EN: PDF. (2017-10-02).

② Stocking K, Leenders F, de Jong J. From student to teacher: reducing practice shock and early dropout in the teaching profession[J]. European Journal of Teachers Education, 2003(3).

③ European Commission. Supporting the teaching profession for better learning outcomes [EB/OL]. http://Eur-Alex. Europa. EU/Servile/Servile. do? Fri = SWD: 2012: 0374: FIN: EN: PDF. (2017-10-02).

④ European Commission. Supporting the teaching profession for better learningoutcomes [EB/OL]. http://Eur-Alex. Europa. EU/Servile/Servile. do? Fri = SWD: 2012: 0374: FIN: EN: PDF. (2017-10-02).

⑤ Jean-Marie Castanet, Moore George W. The highly qualified teacher: implications and recommendations for rural school districts[J]. Teacher Education and Practice, 2004(2).

字”，这不可避免地加剧地区之间教师队伍的不平衡。“整个欧洲教师供应，面临来自欧盟其他国家，甚至是欧盟以外国家的挑战……这些趋势提出了复杂的实际和伦理问题，其中包括需要保护新进教师免于剥削；促使他们融入所应聘的学校；确保他们的学校专业培训与聘用，与其学校的需求一致；同时，也要保护自己国家的教育系统免于培训教师的损失。”①

联合国教科文组织建议：“要在教学设备、资源和服务等方面给予农村小规模学校特殊的关注和支持，应给予在那里任教的教师额外的经济补偿，改善他们的工作条件，并在专业发展方面加强他们的职业训练，在理论和实践上尽力探索农村小规模学校办学经验和加强教师技能培养。”②

其中取得显著成就的有澳大利亚、美国等。“乡村地区计划”是由澳大利亚联邦政府实行的，为乡村地区的公立或私立中小学提供资金等资助以缩小城乡教育差距，提高乡村教育质量。该计划注重乡村的教师队伍建设，它要求各州政府在资金的支持下采取优惠政策鼓励优秀教师到乡村任教，如优厚的年薪、带薪假期、减免交通费用等。③ “师范生农村体验计划”就是针对西澳大利亚州乡村和偏远地区的教师数量不足、质量相对不高等问题而制定的旨在提高农村教育质量和乡村教师职业吸引力的计划，一方面保障乡村教师队伍的数量和质量，另一方面鼓励有志于农村教育事业的高校师范生到农村实习。该计划为到指定区域实习的学生提供实习补助，包括报销差旅费、补贴生活费等，其金额依实习区域的艰苦程度而定，师范生每周将享受到澳元的补助，从而提升师范生参与该计划的积极性。④ 美国目前广泛用于提升乡村教师职业吸引力（基于招聘和保留乡村教师）的五大策略，包括实施“家乡教师项目”，对愿意在师资紧缺学校或学科领域任教的教师给予针对性奖励；改善招聘和雇佣实践；提高学校层面对教师的支持；使用互联网技术以满足信息和专业发展的需要。⑤

欧盟着重改善教师薪酬，使教师与其他职业相比，其工资水平具有竞争优势：签订一个预付薪酬协议，以保证教师至少 8 至 10 年的工资保障；提高新教师的薪酬，以吸引有教育前途和教育激情的大学生进入教师队伍；采用差别薪酬制度，以鼓励教师

---

① ETUCE. Europe needs teachers—Teacher education in Europe[J]. ETUCE Policy Paper, 2008(15).

② 孙德芳. 保障农村教师发展的国际经验[J]. 中国教育学刊，2009(12).

③ Australian Department of Education. Priority Country Areas Program[EB/OL]. http://education，gov，Au/counterrevolutionary.(2017-09-20).

④ WA Department of Education. Teaching Program for Students[EB/OL]. http://www.debt，WA. due，Au/.(2017-09-25).

⑤ Hammer Patricia Cahape，Huches Georgia，Mcclure Carla，etc. Rural Teacher Recruitment and RetentionPractices: Areview of the Research Literature, NationalSurveyof Rural Superintendents，and Case Studies of Programsin Virginia[R]. AppalachiaEducational Laboratory, 2005.

快速发展;通过经济激励,以促进教师向特定的困难区域,如优先教育区、具有挑战性的学校等快速流动;设计职业发展系统,以留住优秀教师;发起相关的社会对话。[①]此外,各成员国在有实际困难的地区、教师格外短缺的学校,考虑额外的津贴补助,鼓励优秀人才进入并留在那里,这一措施在英国已取得良好的成效。

从国外的经验来看,提升教师吸引力,从社会形象,到福利待遇,到多元灵活的招聘手段,每一环节均至关重要。它需要以一定的政治手段为条件,精心发现、呵护与培育,使教师各得其所,各展所长,安心教育。

二、研究意义

提升乡村教师职业吸引力,它不仅关乎乡村教师的整体素质,关乎教育质量的全面提升,而且关乎国家的人口素质与长期的核心竞争力。一方面,提升乡村教师职业吸引力与乡村教师知识财富的生成与维护是一体的。“智慧和知识是夺不走的财富和唯一可以随身携带且终身享受不尽的资产”[②]。真正的教师,不断地吸取新知与信息,像科学家一样思考与探索,从而生成智慧,养成批判与创造精神,使教师成为名副其实的“精神富翁”,这是教师永远的财富。另一方面,提升乡村教师职业吸引力,是发展社会正义的核心,是成就一切美好教育的基础。乡村教师有社会责任感,能凭借自己的理性、激情与意志,凝聚社会良心,教导年轻人追求智慧,防止年轻人因愚昧而误入歧途,从而纯洁风气,匡正社会。

我国作为一个以农耕文化为根基而逐渐发展起来的国家,乡村是国家发展、实现现代化的重要基础。乡村教师作为“孩子心灵的守护者”、“教育理念的传播者”、“新奇世界的展示者”和“乡村时尚的引领者”,其承担着传播知识、传播思想、传播真理的历史使命,肩负着塑造灵魂、塑造生命、塑造人的时代重任。基于乡村教师中重要和不可或缺性出发,研究乡村教师职业吸引力的困境和出路,有利于提升乡村教师的职业吸引力,并结合新时代背景,构建与时俱进的乡村教师建设理论。

从实践的意义看,一方面,有利于为我国老少边穷地区建设更有力量、更有质量的教师队伍。近年来,乡村教师队伍一直存在“进不来,留不下,干不好”的局面,通过对于目前实施政策的梳理以及现状的总结,找到乡村教师职业吸引力在现存情况下的困境,并结合政策指导提出更具有建设性、针对性的建议,为乡村教师队伍建设提供更多细节化、有效化的突破路径。另一方面,为教师队伍建设提供中国方案。求木之长,必固其根;欲流之远,必浚其源。基于乡村教师队伍建设的研究,一方面可结合各地省情、市情、县情,实施更加个性化的改革措施,进行教育精准扶贫,尤其在近些

---

① European Commission. Study on policy measures to improve the attractiveness of the activeness of the teaching profession in Europe, volume 1[EB/OL]. http://EC. Europa. EU/education/library/study/2013/teaching-profession1_en. p(2015-11-02).

② 李滟波. 从《圣经·箴言》看古代以色列民族的智慧教育[J]. 大学教育科学,2016(1).

年国家高度重视乡村教师的背景下，更能为以后教育政策的制定和完善提供理论依据和参考；另一方面，在当今世界教育改革的潮流中，探索中国教师队伍建设和职业吸引力的提升，尤其是具有难度、特殊性的乡村教师，可尝试为乡村教师队伍建设指明中国道路、提供中国方案，当然，这也是中国教育界必须承担的神圣使命。

第二节　乡村教师职业吸引力的理论诠释

一、核心概念界定

（一）乡村教师

教师是指受过专门系统培养的、向受教育者传授人类积累的科学文化知识和进行思想品德教育，把他们培养成为一定社会需要的人才的专职工作者。① 教师的基本职能是教书育人。在明确教师基本职能之后，我们试图定义乡村教师。尽管在经典教育学教科书中，我们还未见到有关于“乡村教师”概念的表达，但通过国家颁布的教师政策文本以及相关学者的研究，我们可以得知：乡村教师是一支特殊的教师队伍，是一个区别于城市教师的群体。

首先厘清本研究中所涉及的乡村的概念。以罗斯菲尔德为代表的外国学者认为：“乡村是人口比较稀少、位置偏僻、主要以农业生产作为基本的经济基础、人们生活各方面都比较相似，与社会另外部分，特别是城市地区不相同的地方。”②而我国学者对乡村概念界定则主要从地域、功能等方面来进行。在《辞源》一书中，乡村是指居民以农业为经济活动基本内容的一类聚落的总称，又称农村。③ 唐松林认为，乡村指的是乡镇和村等行政区域，这其中不包括县城。④ 唐开福认为，就当前我国县（市）、乡镇和村落的经济社会与文化发展的现实情况以及城市化发展趋势而言，县镇和农村是有很大区别的，处于县镇的教师的生存环境与生活质量已和城市非常接近，但是集镇和农村地区的情况差别不大，并在研究中采用国家统计局对乡村的定义，将乡村界定为广大的乡（镇）和村等行政区域。⑤

鉴于此，本文将乡村界定为除了县城之外的从事以农业为主要经济活动的乡镇和村，并对乡村教师进行如下界定：乡村教师是以乡村人口为教育对象并为农村经济社会发展服务的教育工作者；乡村教师生活和工作在广大的县以下的乡镇和村落学校；本研究中的乡村教师主要指乡村义务教育阶段的教师，不包括幼儿园。

---

① 彭克宏，马国泉，陈有进，等. 社会科学大词典[M]. 北京：中国国际广播出版社，1989.

② 黄坤明. 城乡一体化路径演进研究：民本自发与政府自觉[M]. 北京：科学出版社，2009.

③ 辞源[M]. 3版. 北京：商务印书局，2013.

④ 唐松林. 中国乡村教师发展研究[M]. 杭州：浙江大学出版社，2005.

⑤ 唐开福. 城镇化进程中乡村教师精神生活的田野考察[D]. 上海：华东师范大学，2014.

(二)职业吸引力

乡村教师作为一支特殊的教师队伍,它无疑是应该具有吸引力的,这关系到其发展的活力和可持续性。那么,职业吸引力是什么呢?从心理学角度看,职业吸引力是指某行业岗位在社会中以其综合声望、社会地位、发展前景与整体福利等因素使社会群体和个体产生心理兴趣与爱好的能力。① 从管理学角度分析,职业吸引力与组织吸引力的概念密切相关,即反映企业用来吸引、留住和激励所需的员工,满足员工各种需求的现实能力、可能性估计和期望的实现程度。②

我们需要尤为关注的一点是,关于职业吸引力的探讨中,学界存在争议,主要集中在职业吸引力是主观概念还是客观概念,而这一问题的界定,直接关系到职业吸引力的定义与内涵。

从社会学中职业声望、职业地位等近似概念来看,职业吸引力是客观概念,是指这个职业在社会整体职业结构中的相对位置。姜超认为,有研究表明,在不同的国家和地区,同一种职业的吸引力程度基本相似,即职业声望具有国别相似性特征。比如说在中国的不同地区,中小学教师这一职业在当地整个社会职业体系中,大体处在相同位置,这体现了一种职业位置的客观性。从个体的决策来看,某个人选择某个职业会受到这一职业的客观吸引力的影响。③

如果从个体决策行为看,职业吸引力又是相对主观的概念,是指个人职业选择会受兴趣、爱好、性格等主观因素影响。徐辉认为,吸引力是一种独特的精神状态,促使主体被具有某种独特性质的客体对象吸引,使主体本身情不自禁地对之进行感悟、体味,以至于感同身受、陶醉其中,心灵受到震撼和摇荡。④ 这样一种由个体产生的精神状态会在进行职业吸引力判断时产生影响。作为社会人的个体,在与社会互动的过程中,个人的性格特点及个人特质会影响到个人选择、从业意愿。

综合来看,职业吸引力体现的是职业与在职人员和求职人员之间的相互吸引,职业吸引力是作为主体的职业与作为客体的在职人员和求职人员之间相互作用、共同完成的结果。职业发出的信息是因,而引发在职人员和求职人员的反应是果。假如仅仅把职业所能提供的信息,譬如薪酬待遇、晋升空间、社会地位等,作为职业吸引力的核心内容,就窄化了职业吸引力的内涵,把职业吸引力的因当作职业吸引力,也仅是把职业当作物性的存在。⑤ 基于上述梳理,笔者认为,对于职业吸引力,应从主客

---

① 邬志辉,秦玉友.中国农村教育发展报告2013—2014[M].北京:北京师范大学出版社,2015.

② 杨智勤.组织吸引力理论及其在人力资源管理中的应用[J].企业活力,2009(8).

③ 姜超.农村从教:不想去还是去不了?——基于一位村小教师的访谈资料[J].教育学术月刊,2015(4).

④ 徐辉.语文体验式阅读教学模式研究[D].武汉:华中师范大学,2011.

⑤ 周兆海.薪酬激励与制度吸纳:农村教师职业吸引力的提升路径[J].当代教育科学,2016(6).

观统一的层面来认识。职业吸引力的高低不仅与职业本身有关，也同在职和求职的个人的一些素质、特质有关（如性格、责任、职业理想等），我们需要全面地去认识它，才能更好地去对症下药。

（三）乡村教师职业吸引力

国内外众多学者长久关注乡村教师这一特殊群体，对其职业吸引力的研究也不断深入。事实上，想要真正厘清乡村教师职业吸引力的内涵与定义，我们可以通过明确影响乡村教师职业吸引力的指标入手，进而界定其概念。

高英哲等认为，乡村教师职业吸引力源于“在职人员的职业感受及对优秀青年学生是否具有吸引力是衡量一种职业吸引力水平的尺度”①。邬志辉运用自主研究的乡村教师职业吸引力模型（社会认可、职业提供、个人偏好和空间社会特质）作为分析工具进行研究。② 焦岩岩将教师职业吸引力划分为职业认同、社会认可、工资福利、工作环境和专业发展五个维度。③ 当然，还有学者直接分析诸如“从事意愿”、“优秀人才流入和流失程度”、“职业的薪酬待遇、晋升空间”等影响因素。④

梳理乡村教师职业吸引力定义、影响因素等相关研究，可将教师职业吸引力定义为：教师职业吸引力，是教师这一职业所具有的一系列特性。它使教师职业与其他需要相同资格水平的职业相比，更具吸引力，并且鼓励有能力的教师留在这一职业。它受到“工资待遇”、“晋升空间”、“工作环境”等影响，不仅可以主动或被动地吸引人员加入教师队伍，而且能激励有能力的人员留任，维护队伍的稳定性。此外，吸引力是某物或某人利用自身的性质特点将他物或别人的兴趣、注意力等引向自己的力量。⑤推及教师职业，它实际上是指一种神秘力量，产生于自身职业崇高性，使教师产生职业认同，生成对真理与生命的热爱之力，壮大于社会对其职业崇高性的认同之力。

鉴于此，本文紧扣乡村教师的职业特性和实践进一步将乡村教师职业吸引力定义为：乡村职业吸引力是一种基于职业崇高性产生魅力、自身对于真理与生命的热爱之力以及社会的认同之力融合而成的力量，它反映这一职业所具有的一系列特质，对于求职和在职人员来说，在与其他需要同等资格的职业相比较时更具吸引力，它吸引更多的优秀教师进入乡村教师队伍，激励乡村教师认真工作，维护乡村教师内心世界，并鼓励有能力的乡村教师留任，营造尊师重教的工作和社会氛围。

---

① 高英哲，等. 关于中小学教师职业吸引力的社会调查[J]. 中国成人教育，2011(5).

② 乌志辉. 如何提高农村教师职业吸引力[J]. 基础教育改革动态，2014(22).

③ 焦岩岩. 西部地区城乡教师职业吸引力现状及提升策略研究——以宁夏为例[J]. 宁夏大学学报(人文社会科学版)，2017，39(4).

④ 王璐. 提升职业吸引力、提高职前教育质量——英国教师教育改革最新趋势[J]. 比较教育研究，2012(8).

⑤ 许婧. 职教吸引力的文化影响因素[D]. 上海：上海师范大学，2012.

（四）乡村教师职业吸引力的理论基础

1. 双因素理论

赫茨伯格在《工作与激励》一书中，正式提出了双因素理论。

（1）保健因素。这类因素对职工行为的影响类似卫生保健对人们身体的影响。当卫生保健达到一定水平时，可以预防疾病，但不能治病。同理，当卫生保健低于一定水平时，会引起职工的不满；当这类因素得到改善时，职工的不满就会消除。但是，保健因素对职工起不到激励的积极作用。保健因素可归纳为十项：企业的政策和行政管理；监督；与上级的关系；与同事的关系；与下级的关系；工资；工作安全；个人生活；工作条件；地位。

（2）激励因素。当这类因素具备时，可以起到明显的激励作用；当这类因素不具备时，也不会造成职工的极大不满。这类因素归纳起来有六种：工作上的成就感；受到重视；提升；工作本身的性质；个人发展的可能性；责任。[①] 当然，虽然赫茨伯格将两种因素进行了划分，实际上在其后续的多次调查中发现，各种因素并不是绝对的，基于环境的变量会有不同作用，也会存在重叠的部分，但总体而言，我们可以将保健因素归结为与工作环境和工作关系等方面有关，将激励因素归结为与工作本身和工作内容相关。

对于双因素理论，最为重要的是在实践中的运用启示。正如双因素理论指出的，保健因素得到满足是激励因素发挥作用的基础，只有保健因素得到基本满足才能使激励因素充分发挥作用，激励因素在保健因素的基础上才能发挥。只有保健因素而没有激励因素的满足，只会让个体产生更多的不满意；只有激励因素而没有保健因素的满足，激励作用就会大打折扣，甚至起不到激励的作用。

2. 教育公平理论

从古至今，教育公平历来都是人们追求的理念。教育公平作为社会公平的一部分，人们对它的理解也是不同的。古希腊思想家柏拉图最先提出教育公平的思想，亚里士多德则首先提出通过法律保证公民的受教育权利。我国古代大教育家孔子提出“有教无类”的教育民主思想等，众多思想，百花齐放。其中，罗尔斯的“公平即正义”理论广受关注。在其《正义论》一书中提到公平的三个原则，分别是：①每个人有能够得到非常广泛的、与他人同样的自由；②个人得到的不均衡待遇及得到的地位、职位、利益需要对每一个人开放；③如果最开始情况（收入和财富分配）不一样，那么处于不利位置的人的利益需要用“补偿利益”的措施来保障。[②]

基于上述原则，结合教育实践，我们可以得出教育公平的三个内涵——起点平等、过程平等、结果平等，并由此引出三个命题——教育公平意味着个人在政治、法律

---

① 周三多，陈传明，鲁明泓. 管理学——原理与方法[M]. 上海：复旦大学出版社，2003.

② 周三多，陈传明，鲁明泓. 管理学——原理与方法[M]. 上海：复旦大学出版社，2003.

意义上享有的平等的受教育权利；教育公平既包括教育资源供给上的公平，又包括“对待”上的公平；教育公平意味着对弱势群体的特别照顾。

3. 生命正义论

罗尔斯的正义论强调个人基本自由权利，同时，通过社会体制上的努力，社会应保障最少受惠者的利益。而对于乡村教师而言，作为一个生命体“存在”，如果我们的行动逃离了生命，即使我们发出了许多声音，但似乎没有真理；如果我们的行动逃离了生命，即使我们有健全的制度规范，但似乎没有文明；如果我们的行动逃离了生命，即使我们养成了自己的专业知识，但是似乎没有文化。

生命正义论，正是视正义为生命的如其所是的状态，是人的意志自由及其潜能自由释放的存在状态。生命正义因为关注生命、维护生命、促进生命而存在。没有生命的正义是非正义的，是伪善的，是不道德的。正义与生命同在。在生命正义论的视角，在城乡教师的均衡中，在乡村教师的困境中，我们要做的除了知识本身的均衡、物质待遇的均衡，更需关注生命之间的共存、共竞、共享与共生的状态。我们要抓住乡村教师的生命特征，要明确每一个乡村教师都是一个独立完整的生命个体，要树立尊重生命、热爱生命的意识，要以生命正义论为理论根基，树立起对生命的热情与敬畏，对生命自由本质的认同与弘扬，对生命差异与多样性的包容，对所有生命怀平等的博爱之心，对处于不利或弱势地位之生命予以关爱与补偿。唐松林认为，让城乡教师生命绽放自由之美，机会与地位平等地向城乡教师开放，城乡教师差异间的博弈、共享与共生，城乡教师在磋商对话中凝聚共识，让处境不利的乡村教师利益最大化，这才是提升乡村教师职业吸引力、均衡城乡教师的必经之路。[①]

二、乡村教师职业吸引力的理论模型

（一）乡村教师职业吸引力之三种力量

对于乡村教师的职业吸引力，我们可以将其视作三种力量的综合体，来支持教师的发展。第一，教师职业蕴含的神秘魅力。教师是一个神圣、崇高的职业，它坚守教育之道，传授知识，修己正人，洗涤灵魂，彰明品德，达于至善。教师职业本身的崇高性，蕴含着较大的魅力。第二，教师对真理与生命的热爱之力。教师以学术与育人为本，将学生引向智慧、正义、勇敢、节制与信仰之道，使之具有完美的品性。所以，《中庸》篇首就告诫我们，“道也者，不可须臾离也；可离，非道也。是故君子戒慎乎其所不睹，恐惧乎其所不闻。”[②]许多教师为守教学之道，即使在没有人看见的地方，他们也是勤奋善良的；即使在没有人听见的地方，他们也是谨慎、敬畏与温暖的。第三，社会对教师崇高性的认同之向心力。教师的崇高性，须得到社会心理认同，并有相应的政

---

① 唐松林，佘君君. 城乡教师均衡发展的生命正义论诠释[J]. 湖南师范大学教育科学学报，2014(5).

② 东篱子. 中庸全鉴[M]. 北京：中国纺织出版社，2014:1.

治环境，才能使这种崇高性，与教师个体的生命力、与教师优裕的生存环境等，保持高度的相称与统一。《中庸》上说："故大德，必得其位，必得其禄，必得其名，必得其寿。"[①]所以，德才兼备的教师，必定得到他应得的地位，必定得到他应得的待遇，必定得到他应得的名声，必定得到他应得的寿命。

（二）乡村教师职业吸引力之四重理想状态

1. 乡村教师之"进得来"

对于优秀教师资源的引入，各国教育系统均将其置于重要地位。欧盟(2012)发布的《反思教育：为更好的社会经济结果而投资》的工作报告指出，世界各国教育体系的水平与教师队伍的素质有重要关系，教师队伍中来高水平的学生越多，则教育体系的水平也会相应提升。[②] 高水平的教师队伍毫无疑问是具有吸引力的。在我国，国务院颁布的《关于加强教师队伍建设的意见》指出，中小学教师队伍建设要以乡村教师为重点，采取倾斜政策，切实增强乡村教师职业吸引力，激励更多优秀人才到农村从教。[③] 结合实践可以看到，为乡村教师注入更多的新鲜力量是共同的认知，引入新的、优秀的乡村教师可以进一步形成尊师重教的浓厚氛围，提倡教育家办学，鼓励更多的优秀青年终身从事教育，为乡村中小学输送优秀师资，逐步缩小基础教育质量的地区差异，这样的乡村教师队伍是具有职业吸引力的。

2. 乡村教师之"留得住"

优秀乡村教师既是学校教育质量的保证，也是学校的品牌，因此留住优秀教师自然就成了政府、学校领导、学生与家长关注的焦点。[④] 教师政策的制定除了确保吸引优秀人才和聘用最好的教师外，还应注重优秀教师的留任问题，确保教师能在一个有利的环境下工作，促使优秀教师愿意留在学校继续他们的教学事业。学校优秀教师的留任与对优秀人才的吸引政策密切相关，一些影响教师职业吸引力的因素也同样影响着学校优秀教师的留任。[⑤] 对于学校来说，培养一名成熟、有能力的教师是需要时间和精力的，人才的流失对于学校来说是巨大的浪费，且极不利于学校的发展；对乡村教师个人来说，离职同样需要付出代价，而具有职业吸引力的教师队伍是不会允许这种情况发生的。

3. 乡村教师之"干得好"

我们不仅要吸收优秀教师，留住有能力教师，同时在岗乡村教师也要充满工作热

---

① 东篱子. 中庸全鉴[M]. 北京：中国纺织出版社，2014：151.

② European Commission. Commission staff working document supporting the teaching professions for better learning outcomes[R]. Strasbourg，2012.

③ http：/www. gov. c/Goolagong/content/2012/content_2226134. html.

④ 王淑娴，张民选. 美国联邦政府的期望：吸引、发展与留住好教师[J]. 全球教育展望，2005(11).

⑤ 张大鑫. 经济合作与发展组织《有效教师的吸引、发展与留任项目》(ADRETP)实施研究[D]. 重庆：西南大学，2004.

情，认真完成教学任务，为乡村教师力量添砖加瓦。干得好的乡村教师教好教科书的知识，他只把自己与学生当作目的，而不是当作手段。他在学生当中，是一个在知识与情感上均可依赖的人，他总是充满知识与道德的力量，每每和他交谈，都如初见，给人以新的力量与满足感。因为，他是知识与思想的使者。干得好的乡村教师更要认识到自己的专业价值，不仅是培养输送到城市学校的“精英分子”，更重要的是在农村传播、运用先进的人类科技文化成果，为当地的农村经济发展和社会建设服务。① 将乡土文化中的“和谐”、“自然”与“爱”等因素融入现存的课程体系，融入自己的文化，保留自己的特色，表达乡村和自身文化价值，得到广泛认同。

4. 乡村教师之“心里美”

有职业吸引力的乡村教师是心里美的，他们不仅享受工作，同时精神生活充实而高雅。他们心中充满对学生的爱、对幸福教育生活的追求，他们善于发现教育生活中所蕴含的美好人性和价值光辉。苏联著名作家高尔基说过：“当工作是一种乐趣时，生活就是一种享受；当工作只是一种义务时，生活则是一种苦役。”教师本人，应积极调整心态，将职业当事业，从平凡的工作中挖掘价值，培养良好的个性和心理特征，多方面发展和完善自我，使自己对生活和工作充满自信和热情。其不仅在教师共同体中，经常与其他教师磋商对话，凝聚共识，而且经常与学校周围的人与环境产生互动，并希望以一个乡土文化人的责任与使命，展开自己的智慧与德性，给周围的人带来知识与信息，使人有温暖如春的感觉。他们理性、深刻、清醒，能够发出自己的声音，有唤醒的力量，他们是乡土知识的传承者与保护者，也是现代文明的联结者。

教师是文化人，任何时代的优秀教师，其共同特点就是拥有爱满天下的襟怀、丰富的文化涵养和宽广的知识背景。如果教师的文化人特性得以充分发展和表现，其精神性、自觉性、主动性、自由性得以彰显，那么其思想观念与行为方式都会对学生、学校乃至社会文化产生积极的引领和导向作用。②

（三）乡村教师职业吸引力之几种方法

提升乡村教师职业吸引力，是为了尊重与维护乡村教师职业吸引力而运用的诸条件的总和。它体现了乡村教师物质与精神生存空间的文明特性，承载了社会对知识与文化的敬重。“莫如贵德而尊士，贤者在位，能者在职”③，我们要尊重有德性、有才能的知识分子，使有德性的人居于自己所希望的位置，使有才能的人保持他们应有的职位，这是保持乡村教师职业吸引力的最好方式。

第一，“培养”以保持乡村教师的高素质。培养具有乡土情怀的新乡村教师，并创造平台提升乡村教师的乡村素养，严控不合格乡村教师进出，促使乡村教师学而不

① 黎大志，刘洪翔. 村教师队伍建设的困境与策略——兼议如何完善师范生免费教育政策[J]. 湖南师范大学教育科学学报，2015(5).

② 李彦花. 成为文化人：乡村教师公共性回复的关键[J]. 大学教育科学，2008(5).

③ 东篱子. 孟子全鉴[M]. 北京：中国纺织出版社，2014：63.

厌，永保教育信仰与能量。教师能够照亮别人，给人以智慧与正义的力量，但自己也应该有源源不断的能量供应。这就需要持续性的知识补给与情感关怀，使他们对真理与生命保持持续性的信仰、热情与能力，以利于更好的教育产出。

第二，"厚生"以维护乡村教师对真理与生命的热爱。在平等开放各种资源的基础上，广泛地开源节流，分享财富，有针对性地、持久地实行对不利群体补偿的政策措施，以增加其福利待遇，改善其生活条件，重视其编制职称，提高其福利水平。唯有如此，他们方可回归内心，享受平静，享受学习的自由与创造的快乐；唯有如此，他们方可安居乐业，做内心向往之事。我们谈及教师职业的崇高性，并非否认教师的私人空间与个人情感。教师是人不是神，他们有一般人的需要、情感与意志，他们有追求人生幸福与个人价值的权利，有为家人创造富裕与安康环境的责任。教师不仅需要"厚生"之物质保障，而且需要人生幸福之精神追求。

第三，"强舆"以彰显乡村教师职业的崇高性。改变乡村教师日渐式微的知识分子身份，弘扬师道、尊师重教，使教师有令人羡慕的社会地位。同时建立乡村教师荣誉制度，跟踪帮扶、定期考核，家人共享荣誉成果等，吸引那些热爱真理与生命，并有能力的优秀人才选择教师职业，加入乡村教师队伍，真正做到"尊贤使能，俊杰在位，则天下之士皆悦"[①]。

第三节　乡村教师职业吸引力的现状及问题

乡村教师一方面天然处于教师职业系统、教育层级系统及社会分工系统的弱端，另一方面以经济和利益为中心的社会发展，促使传统社会结构的瓦解，伦理关系被经济关系所取代，"天地君亲师"等道德支持力量的崩塌，如此便形成了侧重物性增长而轻视精神发展的社会局面。在这样的背景下，乡村教师之于乡民而言是一种职业生计，抑或为工具性存在。乡村教师吸引力逐渐"暗淡"，乡村教师虽地处乡村，但在工作和身份属性上已与乡村社会系统脱离，其社会地位、职业吸引力的提升很难仰仗乡村社会的支持，而是转向依赖国家宏观层面的政策支持。因此，笔者基于乡村教师职业吸引力的政策文本，从文本中提取乡村教师职业吸引力的现状，揭示问题，分析原因，并试图在此基础上提出有效出路。

一、乡村教师职业吸引力现状

我国历来重视教师的发展，尤其重视乡村教师的发展。在我国长期的城乡二元发展历史中，城乡处于隔离状态，乡村为城市服务。随着城市化进程的加快，乡村与城市的差距越来越大，乡村学校和城市学校的发展越来越失衡，这种差距造成的失衡

---

① 东篱子．中庸全鉴[M]．北京：中国纺织出版社，2014：64．

问题只有通过政府资源重新分配才能得到解决。

我国首个明确指出乡村教师职业吸引力的文件是 2012 年 8 月 20 日由国务院签发的《国务院关于加强教师队伍建设的意见》,文件针对我国教师队伍整体素质不高、乡村教师职业吸引力不足的问题,指出:中小学教师队伍建设要以乡村教师为重点,采取倾斜政策,切实增强乡村教师职业吸引力,激励更多优秀人才到农村从教。同年 9 月 5 日,国务院还发布了《国务院关于深入推进义务教育均衡发展的意见》。该文件指出,义务教育均衡发展的推进对于促进教育公平、构建社会主义和谐社会,进一步提升国民素质、建设人力资源强国,具有重大的现实意义和深远的历史意义。文件还提出了推进义务教育均衡发展的基本目标,其中包括提高教师整体素质,使教师配置更加合理。在合理配置教师资源的具体要求中,文件还进一步提出了改善教师资源的初次配置,采取各种有效措施,吸引优秀高校毕业生和志愿者到农村学校或薄弱学校任教的要求。此外,具体条文还对乡村教师编制、待遇以及县域内教师交流等提出了指导性意见,多措并举,提升乡村教师职业吸引力。2013 年 1 月 23 日,教育部发布《教育部 2013 年工作要点》,再次把均衡发展九年义务教育、加快发展农村教育摆到教育发展的重要工作中。同年,根据党的十八大关于深化教育领域综合改革的要求和部署,教育部于 2013 年 3 月 4 日出台《教育部关于 2013 年深化教育领域综合改革的意见》,对教师管理制度提出了若干改革意见,包括设立专项资金,大幅提高中西部贫困地区、民族地区村小和教学点的教师待遇,以吸引优秀人才长期任教村小和教学点。2015 年,国务院印发的《乡村教师支持计划 2015—2020》(以下简称《计划》),着力解决乡村教师"下不去,留不住,教不好"三个关键问题,以"师德为先,优化结构,提升待遇和质量,深化机制改革,激发乡村教师活力"为总体要求,努力形成"越是基层,越是艰苦,地位待遇越高"的激励机制。《计划》提出了改善乡村教师队伍建设、提升乡村教师职业吸引力的八项措施:加强师德建设、拓展乡村教师补充渠道、提高乡村教师生活待遇、加强乡村学校教师编制管理、完善乡村教师职务评聘办法、促进城镇教师向乡村学校流动、提升乡村教师专业水平、建立乡村教师荣誉制度。[①] 2016 年 7 月 11 日,国务院印发的《关于统筹推进县域内城乡义务教育一体化改革发展的若干意见》,提及城乡二元结构矛盾仍然突出,乡村优质教育资源紧缺,教育质量亟待提高,为此,明确基本目标:乡村小规模学校(含教学点)达到相应要求;城乡师资配置基本均衡,乡村教师待遇稳步提高、岗位吸引力大幅增强,乡村教育质量明显提升,教育脱贫任务全面完成。[②] 2017 年 1 月 19 日,国务院印发的《国家教育事业发展"十三五"规划》也强调了城乡教育均衡,明确:推动省级政府建立统筹规划、统一选拔的乡村教师补充机制;逐步扩大乡村教师特岗计划实施规模,鼓励地方政府和师范院校加强本土化培养,采取多种方式定向培养"一专多能"的乡村教师;探索建立新聘教

---

① http://www.gov.c/Zhengzhou/content/2015-06/08/content_9833.html.

② http://www.gov.cn/zhengce/content/2016-07/11/content_5090298.html.

师农村学校任教服务期制度，将在乡村学校或薄弱学校任教经历作为城镇中小学教师晋升高级教师的必要条件；鼓励支持教学效果好、身体健康的退休特级教师、高级教师到乡村学校支教讲学；推动地方实行城乡统一的中小学教职工编制标准，对村小学和教学点采取生师比和班师比相结合的方式核定教职工编制；全面落实集中连片特困地区乡村教师生活补助政策，依据学校艰苦边远程度实行差别化的补助标准；建立乡村教师荣誉制度，对长期在乡村学校任教的优秀教师按照国家有关规定进行表彰[①]等指导措施加强乡村教师队伍建设，提高乡村教师职业吸引力。以上政策为缩小城乡教育差距，让乡村教师职业富有吸引力、感染力，建设稳定、高质量的乡村教师队伍，促进义务教育均衡发展，实现教育现代化提供了重要保障。

梳理相关政策，乡村教师经历了由“隐性”(隐含于农村教育、教师政策之中)到“显性”(专门制定乡村教师政策)的政策变迁过程，并且对于乡村教师职业吸引力也有多次提及。近十年来，专门针对乡村教师的政策大量涌现，且分类较多、覆盖面广，受关注度持续升温。我们不难发现各项政策均从稳定乡村教师队伍，提高乡村教师职业吸引力，激发乡村教师队伍的活力，形成“越往基层，越是艰苦，地位待遇越高”的激励机制等方面来实施的。对于颁布的各项政策，我们可将其归纳为以下几类。

(一)“培养”之提升素质，增强流动

富有职业吸引力的乡村教师是高质量、高水准的。乡村教师质量与水准对于学生而言至关重要，无论是教师进入机制，还是补充、退出机制，理应对教师质量做好严格把关。乡村教师由于其仅有的特殊性，存在对知识、经济与社会资源的缺陷，城乡教师拥有的天然的经济资本、文化资本与社会资本的差异，双方获取机会的能力存在差别。对此，政府应大力对乡村教师进行补偿，弥补乡村教师经济地理上的弱势、文化资本上的单调以及社会资本上的贫乏等，缓解他们在竞争中的不利地位。对于大多数乡村教师而言，在学校时所接受的是城乡统一的培养模式与标准，学习的学科内容较难，过于专业化、学术化，接受的教育与乡村教育的实际需要差距甚远。此外，到乡村学校后见习实习的机会很少，不了解乡村教育和乡村学生的实际。一进入教学岗位便“水土不服”，教育教学知识、技能方面比较薄弱，受限于地理、机会等因素，自身不能得到进一步的提升与完善。

基于对乡村教师素质、质量的提高，政府提出了诸多措施：如“国培计划”、“特岗计划”、“农村教育硕士”，更以“县(区)管校聘”管理改革为重点，全面推进校长教师交流轮岗工作，推动城镇优秀教师向乡村学校流动，全面提升乡村教师能力素质。

乡村教师补充渠道拓宽。一是实施部属师范大学师范生免费教育政策。从2007年起，6所部属师范大学在全国招收培养免费师范生，师范生毕业后回生源所在省份任教。截至2016年，累计招生9.4万人，毕业进入教师队伍6.2万人，其中

① http://www.gov.cn/zhengce/content/2017-01/19/content_5161341.html.

90%以上到中西部任教，为中西部地区培养输送了一大批优秀教师。二是积极推进地方师范生免费教育。在中央政策示范引领下，目前全国有24个省（区、市）采取在学免费、学费返还等方式，实行地方师范生免费教育，每年约有3.4万名师范生和高校毕业生到农村中小学任教，比2009年增加75%。鼓励地方实行定向培养，每年培养一批"一专多能"的本土化乡村教师。江苏、海南等省（区、市）要求定向师范毕业生在乡村学校连续任教不得少于5年，安徽等省份要求任教服务期不少于6年。三是着力实施特岗计划。2006年起，教育部会同财政部、中央编办等实施"农村义务教育学校教师特设岗位计划"（简称"特岗计划"），公开招聘高校毕业生到"两基"攻坚县和国贫县农村义务教育学校任教，服务期满后地方落实编制。2011年至今，中央财政累计投入资金222.6亿元，招聘农村特岗教师30.67万名，覆盖中西部21个省（区、市）和新疆生产建设兵团的1000多个县30000多所农村学校（村小、教学点）。实施特岗教师免试在职攻读教育硕士政策，2011年至今，专门面向服务期满并继续留在当地农村学校任教的特岗教师，在43所高校累计投放8500个招生计划。提高特岗教师工资性标准，特岗教师留任比例超过90%。2015年以后，招聘的特岗教师全部到县以下农村学校任教。四是实施农村学校教育硕士师资培养计划（简称"农硕计划"）。采取推荐免试攻读教育硕士专业学位研究生方式，每年为农村学校培养约1000名高素质中小学教师。五是推动全科教师培养。2014年，教育部启动实施卓越教师培养计划，分类推进教师教育综合改革。其中，针对小学教育的实际需求，重点探索全科教师培养模式，培养知识广博、能力全面、能够胜任小学多学科教育教学需要的卓越教师。目前，河北、吉林、山东、四川、宁夏等地在地方公费师范生培养中采取逐步推进、不断扩大规模的做法，重点为乡村中小学校定向培养"一专多能"的教师。六是全面推进各地实施县（区）域内义务教育学校校长教师交流轮岗。2014年出台《教育部、财政部、人力资源和社会保障部关于推进县（区）域内义务教育学校校长教师交流轮岗的意见》，重点引导优秀校长和骨干教师向农村地区、薄弱学校流动。要求城镇学校和优质学校教师每学年到乡村学校交流轮岗的比例不低于符合交流条件教师总数的10%，其中骨干教师不低于交流轮岗教师总数的20%。七是实施银龄讲学计划，鼓励并支持乐于奉献、身体健康的退休优秀教师到乡村和基层学校支教讲学。比如河南省郑州市出台《郑州市乡村教师支持计划细则》，鼓励城镇退休的特级教师、高级教师到乡村支教讲学，到乡村学校支教1年以上的，给予每人每年3万元的奖励。通过选聘城镇优秀退休教师到边远贫困地区学校支教讲学，发挥其引领示范、辐射带动作用，帮助解决贫困地区学校优秀师资总量不足和结构不合理等问题，促进教育均衡发展，提升教育整体质量。八是开展教师志愿服务活动。启动"名师大家公益讲堂"活动，向教师学生传播先进教育理念和科学学习方法。启动"烛光行动"计划，在"老少边穷岛"地区建立全国教师志愿服务实践基地。

乡村教师素养能力提升。一是实施国培计划。一方面，以中西部农村中小学教师为重点，开展大规模专项培训，培养了一大批推进素质教育和开展教师培训的"种子”教师。其中，示范性项目以省级教师培训团队为主要培训对象，重点为各地规划实施中小学教师校长培训、培养专兼职培训者和骨干教师校长；中西部和幼师国培项目设置了乡村教师培训团队研修、送教下乡培训、乡村教师网络研修、乡村教师访名校培训、乡村校园长培训等 5 类项目，以乡村教师校长培训为重点，持续提升乡村教师和校园长的素质能力。2010—2014 年，中央财政投入 64 亿元，培训全国中小学幼儿园教师 730 多万人次，其中乡村教师 706 万余人次，占 96.4%，完成对 640 多万名中西部乡村教师的一轮培训；2015 年实施改革，集中支持中西部乡村教师校长培训，培训 200 万人。实施边远贫困地区农村校长助力工程，为增强教师培训实效，在总结各地培训经验基础上，2016 年以来，教育部先后印发了乡村教师、校园长培训指南，对工作坊研修、培训团队研修、送教下乡培训、“送培进校”诊断式培训、“三段式”培训等乡村教师、校园长培训的不同形式进行指导。另一方面，置换脱产研修提升水平。通过组织高年级师范生、城镇教师到农村中小学顶岗实习支教，置换出农村骨干教师到高水平院校和优质中小学进行为期 3 个月左右的脱产研修，全面提高教师教育教学水平和专业能力，促进教师教育改革。同时，进一步完善师范生顶岗实习支教制度，做好师范生顶岗前培训，加强支教过程的管理与服务，确保实习支教效果。网络研修提升“国培计划”实效。从 2015 年起，“国培计划”集中支持中西部地区乡村教师培训。通过开展网络研修与校本研修整合培训、教师工作坊研修，针对乡村教育实际需要，设置包括关爱留守儿童等相关课程内容，对有条件的乡村中小学教师开展网络培训，提高教师教育教学能力和整体素质。二是正式启用全国教师管理信息系统。系统采集全国各类教师基础信息，并为每一名教师建立了电子档案，确保“一人一号”，旨在为推进教师管理信息化提供支持，更好地开展教师队伍建设工作。根据工作需要，目前已开发运行了教师培训学时学分管理、教师交流轮岗管理等功能模块，为各地各校进行教育决策提供信息服务。

（二）“厚生”之提高待遇，改善条件

正如赫兹伯格的双因素激励理论，工资、工作环境以及工作条件等，对于乡村教师而言，即是保健因素，就如同必需品般，“有它没什么不同，无它困难重重”。对于本就在城乡自然地理、生存环境、历史文化等方面处于“不利”境地的乡村教师而言，乡村教师的家庭结构、收入状况、生活方式与本土农民较为接近。他们处在自己狭窄的社交网络中，工作忙碌沉重，业余生活单调。特别在“老少边穷”地区，还存在规模小、教师人数少的学校，甚至还存在“一校一师”的学校。在那里，他们面临着物质和精神上的双重匮乏，在各个政策及措施层面上推动地方全面落实连片特困地区乡村教师生活补助政策，引导地方财政加大投入，力争将这一政策扩大到所有乡村地区，同时引导各地对长期在农村基层和艰苦边远地区工作的教师实行工资倾斜政策，给予他们应有的保障甚至优待，这是最基本也是最应该做的。

一是改善乡村学校生活条件。2011—2016 年，教育部会同国家发展改革委组织实施农村初中校舍改造、中小学校舍安全工程、农村学前教育推进工程、边远艰苦地

区农村学校教师周转宿舍建设等,共安排中央投资 674 亿元。其中,“十二五”期间安排中央投资 153.4 亿元,支持 1.4 万所学校建设 27 万套教师周转宿舍,建设规模 946.8 万平方米,其中乡镇地区教师周转宿舍面积占比逐年增加(见表 6-1),受益农村学校教师约有 30 万人。

表 6-1 全国教师周转宿舍建设面积表

年份	地区	乡村(平方米)	镇区(平方米)	总计(平方米)	占城乡总量比例(%)
2017	初中	4759586.02	8373130.44	13132716.46	89.54%
	小学	7686987.64	5660471.27	13347458.91	93.28%
2016	初中	4260547.35	7408798.12	11669345.47	89.39%
	小学	6636511.23	4838523.01	11475034.24	92.74%
2015	初中	3619220	6421333	10040553	88.83%
	小学	5562580	3957079	9519659	92.10%

二是提高福利待遇。国家出台多项倾斜政策提高乡村教师工资待遇,包括:基本工资标准提高 10%;明确规定义务教育教师平均工资水平不低于当地公务员平均工资水平,对农村学校特别是条件艰苦的学校要给予适当倾斜;到中西部地区、东北地区或艰苦边远地区、国家扶贫开发工作重点县和乡以下(含乡)中小学工作的大中专及以上毕业生,可直接转正定级且高定薪级工资;可享受艰苦边远地区津贴;发放乡镇工作补贴,等等。其中实施集中连片特困地区乡村教师生活补助取得显著成效:2013 年启动至今,中央财政下达综合奖励补助资金 43.92 亿元,全国集中连片特困地区的 22 个省份已全部实施乡村教师生活补助,覆盖率达到 100%;2015、2016、2017 近三年全国集中连片特困地区乡村教师生活补助投入资金逐年递增,分别为 49.2 亿元、44.3 亿元、34.4 亿元,覆盖面积进一步扩大,涉及县数分别为 699 个、708 个、725 个,人均月补助由 262 元增加至 322 元,增加 60 元,增长 22.9%(见表 6-2)。乡村教师生活补助政策实施以来,乡村教师职业吸引力明显增强,职业荣誉感和幸福感显著提升,乡村教师“下不去、留不住”的局面得到有效缓解,一些地方出现了城镇教师争相到乡村学校任教的可喜局面。

表 6-2 全国连片特困地区乡村教师生活补助实施情况表

年份	实施县数(个)	乡村学校			乡村教师			支出资金	
		学校总数(所)	覆盖校数(所)	所占比例	教师总数(万人)	覆盖教师数(万人)	所占比例	人均补助(元/月/人)	资金总额(万元)
2017	725	84749	82516	97.37%	131.92	127.18	96.41%	322	492042
2016	708	82966	81438	98%	135.51	129.94	96%	284	442815
2015	699	74370	71093	96%	113.12	104.36	92%	262	343912

（三）“厚生”之改革编制，倾斜职称

在颁布的一系列政策中，对于乡村教师编制与职称的指导意见并不罕见。正如赫兹伯格的双因素理论，编制对于乡村教师而言不仅仅是种保健因素，还可以在一定程度上提高自己的工资水平，增加收入，更是一种激励因素，是自身职业发展的扩展与延伸，更意味着培训、交流机会和发展空间。为平衡教育差距，《国家中长期教育改革和发展规划纲要（2010—2020 年）》（以下简称《教育规划纲要》）中明确提出，要逐渐实行城乡统一的中小学编制标准，对农村边远地区实行倾斜政策。[①] 乡村教师职称评聘关系则到教师的切身利益，我国一直实行职称与工资挂钩的工资制度，这意味着职称越高，工资也越高，这就会使乡村教师在享受国家普遍提高生活待遇的同时，随着职称的晋升也会进一步提高工资，这有助于激发其发展的内驱力，进而以更大的热情与积极性投入工作。同时，职称评定对于乡村教师而言，代表着参加表彰、学科带头人、骨干教师、优质课评选的机会，职称晋升困难更易造成乡村教师的职业倦怠。为此，我国实施了一系列改革编制、职称评聘的政策，如区域统筹、动态考核、合理设置职称比例。

一是统一城乡中小学教职工编制标准。2014 年出台《中央编办、教育部、财政部关于统一城乡中小学教职工编制标准意见的通知》，要求各地按照城市中小学教职工编制标准核定农村、县镇中小学教职工编制。对学生规模较小的村小和教学点，按照“生师比”与“班师比”相结合的办法核定编制，确保基本开齐开足国家规定课程，特别是体育、音乐、美术、科学技术等课程，切实解决乡村教师编制相对不足、结构性短缺问题；乡镇中心小学及山区、湖区、海岛、牧区和教学点较多的地区可按照从严从紧的原则适当增加编制；实行义务教育教师编制城乡、区域统筹和动态管理，按照班额、生源等情况，统筹分配各校教职工编制和岗位数量。二是教师职称评聘向乡村教师倾斜。《人力资源和社会保障部、教育部关于深化中小学教师职称制度改革的指导意见》提出，职称评价具体标准应向教育薄弱地区、农村和边远地区适当予以倾斜；在乡村学校任教（含城镇学校教师交流、支教）3 年以上、经考核表现突出并符合具体评价标准条件的教师，同等条件下优先评聘。中办、国办《关于深化职称制度改革的意见》提出，对在艰苦边远地区和基层一线工作的专业技术人才，不做职称外语和计算机应用能力要求；侧重考察其实际工作业绩，适当放宽学历和任职年限要求。在职称评审中专门对乡村教师增设加分项目或调整评分标准；各省份对乡村中小学教师职称评审均不作外语成绩、发表论文的刚性要求，加大对一线教师特别是乡村教师的倾斜力度，激发乡村教师队伍活力。同时，将教师到乡村学校、薄弱学校任教 1 年以上的工作经历作为申报、评审高级教师职务（职称）和特级教师的必备条件；在乡村学校任教 3 年以上（含城镇学校交流、支教教师）、经考核表现突出并符合具体评价标准条件的

---

① 刘善槐. 我国农村教师编制结构优化研究[J]. 教育研究，2016(4).

教师，同等条件下优先评聘；优先任(聘)用具有乡村学校或薄弱学校管理岗位任职经历的人员担任校长等，鼓励校长教师积极投身交流轮岗。在中小学职称制度改革试点中，按照新的评价标准和办法评聘中小学正高级教师806人，其中县及以下乡村学校教师有240多人，约占总数的30%，拓宽了乡村教师的职业发展通道。

(四)"强誉"之加强表彰，彰显荣誉

提升乡村教师的职业吸引力，绝不是纯粹靠经济条件完成的，更主要发自教师灵魂深处对自身及其关系的自发意识和行动欲望。① 这种更深更高层次的激励来自对乡村教师的认可与认同。社会认同理论认为，如果社会大众对一个组织的评价很积极，与该组织有关的个体就会觉得周围的人是在支持他，所以会被具有良好声誉的组织所吸引。② 可见，良好的职业声誉、具有"荣誉"的社会地位对于乡村教师职业选择的重要性。乡村教师由于工作地点远离城市，工作环境艰苦，通常无法参加各种教师专业发展活动，薪资待遇也偏低，再加上社会对乡村教师"低素质、低水平"的刻板印象，以及当前我国"乡村教育文化缺失的现实"③，乡村教师在与城市教师的竞争中往往处于劣势，心理上难免产生落差，萌生"技不如人、低人一等"的观念。其实，正是乡村教师在中国广袤的农村地区撒下知识的种子，"让文字下乡，给乡下人学习的机会"④。乡村教师是我国乡村世界的"传道士"，是我国乡村教育发展的中坚力量、现代化进程的幕后推手，我们理应对他们表示应有的关心与支持。乡村教师的发展动力来源于自我肯定，来源于他人肯定，来源于对细微教育成就的敏感。如果乡村教师发现自己的努力，不仅可以改变一个孩子、一个家庭，而且通过自己的努力能为实现中华民族伟大复兴的中国梦做出贡献，这种责任感和使命感，会激发出强大的动力。在这样的基础上，明确公办中小学教师国家公职人员的法律地位，是一个重要的制度安排和创新；同时，在各种表彰活动中向乡村教师倾斜，建立乡村教师荣誉制度，这是对长期坚守在乡村教育工作岗位，持续多年为乡村教育做贡献的一线乡村教师崇高教育精神的赞扬，同时更是乡村教师队伍建设及教师整体素质提升的激励措施，最终能够唤醒整个国家、社会和民族对乡村教师的尊重。

乡村教师荣誉制度实施。早在清雍正时期就已经产生了专门针对乡村教师的荣誉奖励，社学中"有能文进学者，将社师从优奖赏"。1945年，南京民国政府专门制定了《国立各级边疆学校教员服务奖励办法令》。《乡村教师支持计划2015—2020》明确指出：对在乡村学校从教30年教师颁发荣誉证书，提升乡村教师职业荣誉感，推动省(区、市)、县(市、区、旗)分别对在乡村学校从教10年、20年以上的教师给予鼓励，

---

① 唐松林，魏婷婷，张燕玲．媚俗：城乡教师均衡不能承受的生命之轻[J]．湖南师范大学教育科学学报，2016(1).

② 沈阳，凌国顺．雇主吸引力国内外研究评述[J]．企业活力，2011(1).

③ 钱理群，刘铁芳．乡土中国与乡村教育[M]．福州：福建教育出版社，2008：13.

④ 费孝通．乡土中国[M]．北京：人民出版社，2015：10.

激励广大教师安教乐教终身从教，在全社会营造浓厚的尊师重教氛围。各地也纷纷出台本土化细则制度，如四川省蓬安县除了给从教30年的教师发放荣誉证书，还规定在农村地区从教30年，符合职称评定基本条件且表现突出的，可以直接推荐评高级职称；从教10年、20年的，工资不受职称限制，直接享受该职称的最高档位工资。西藏自治区则决定在"建立自治区级教师荣誉制度"、开展"西藏人民教育家"评选及自治区名教师、名校长、特级教师、骨干教师评选中，要"进一步向乡村学校和高海拔艰苦边远地区学校教师倾斜"，并"设立乡村教师终身成就奖"，对连续在乡村学校从教25年的教师颁发荣誉证书并给予一定资金奖励。①

二、乡村教师职业吸引力困境

乡村职业吸引力长久以来受到各方掣肘，尤其是社会分工的市场化与精细化愈发凸显劳动群体的职业化与专业化，多数具有道德标签的传统职业随历史大势逐渐祛魅化，但是鉴于教师的工作对象特殊性、社会责任重大性等特点，其职业吸引力的重要性不言而喻。国家层面政策的实施虽在一定程度上缓解了乡村教师职业吸引力，但与此同时也暴露出了更多需要着力解决的困境。对于乡村教师职业吸引力而言，面对着乡村社会与学生的双重弱势，"培养"、"厚生"、"强誉"三个维度的困境依然令人担忧。

（一）"培养"困境之队伍素质欠佳

对于贫瘠的乡村教师队伍，"免费师范生"、"特岗计划"等措施的实施，确实在一定程度上缓解了乡村教师队伍人数缺少，提升乡村教师的职业吸引力。但从整体现存地区，尤其是"老少边穷岛"地区来看，补充的新晋乡村教师相对于当地的需求是捉襟见肘的。同时，由于专业、实践等种种原因，部分乡村教师的质量令人担忧。

第一，部分新进乡村教师专业不对口且素质参差不齐。为了缓解乡村教师严重短缺的问题，放宽乡村教师入职门槛，来招收更多的乡村教师，这是许多"老少边穷岛"地区做出的改变。首先，部分师范生在经过学校的理论教学后便奔赴一线教学岗位，甚至部分非师范毕业生通过考核或考试就进入乡村学校任教。对于他们而言，"所教非所学"现象严重，学科知识的缺乏和良莠不齐，影响了学科教育的品质。其次，乡村教师所面对的大多数学生均属于留守儿童、留守青少年，他们在成长过程中父母情感缺失，多由年龄较大、文化水平较低的老人看护，突出的心理难题以及家庭教育的缺失给许多乡村教师带了更多的挑战。最后，对于位置偏僻的村小和教学点而言，尽管有省（区、市）出台了一些面向村小和教学点的师资招聘政策，也对乡村教师的工资、福利等进行补偿，但由于乡村教师在城乡学校分布结构和城乡社会发展水

---

① http://moe.edu.cn/jyb_xwfb/xw_zt/moe_357/jyzt_2015nztzl/2015_zt17/15zt17_gdssbf/gdssbf_xz/201512/t20151229_226334.html.

平中处于底层地位，工作和生活环境艰苦，而且工资和福利待遇相对于城镇教师而言依然水平较低，更不用说像处于现代文明中心的城市教师，有一定的地域优势与知识聚焦力，在知识创新、教学改革、课题获取、成果发表等学术资源方面，拥有“近水楼台先得月”的便利，享受更多的论坛、杂志、资料、标准、评价等知识资源，并容易成为教育活动的发起人，甚至以专家的身份，享有更多的教育思想、政策与行动的话语权。种种掣肘使村小和教学点仍然难以吸引优秀的高校毕业生到哪里任教，乡村也难以获得扎根基层、奉献农村的优秀年轻师资。因条件艰苦、环境不适应而辞职的教师不在少数，也有部分在村小和教学点任教的高校毕业生被“借调”到其他单位工作，而这一切正如菲利普·库姆斯所言：“发展中国家农村地区常常像半干旱的教育荒漠一样而没有教育质量可言，不但教师通常都是水平较低的，而且贫困儿童的比例也很高，这些儿童真正需要最好的教师，然而他们却最后得到。”①

第二，乡村教师流失率高。新进入的乡村教师大多数为年轻教师，他们更多的是呈现一种“飘”的状态，他们中的大多数在城市里接受大学教育，具有城市文化情结，拥有城市文化价值观，他们难以真正融入乡村文化。文化选择与文化适应成为乡村年轻教师无法回避的困境，他们对工作生活的满意度较低。而这种满意度低所衍生出来的便是工作懈怠。久而久之，缺少激情的他们便因为“苦”、“偏”、“远”、“穷”因素选择逃离，能力强者被“上调”，能力弱者“原地坚守”，即使不情不愿，却也无可奈何，最后的结果也只是潦草应付教学和学生。本来最缺人、最需要人的乡村学校成了练兵场，每年迎来一批“新手”，送走一批“能手”。

（二）“厚生”困境之发展土壤“贫瘠”

对于乡村教师而言，福利待遇、职称编制等方面的优待能够保障其发展的空间，“肥沃的土壤”更有利于乡村教师扎根讲台、扎根学校、扎根乡村。现在各方已然关注到“厚生”对于乡村教师职业吸引力的重要性，也有政策不断落地，但鉴于历史欠账多、经济化的社会环境等，乡村教师职业吸引力发展的保障依然堪忧。

第一，福利待遇满意度不高。首先是生活补助标准偏低且不到位，乡村教师生活补助是对乡村教师长年坚守乡村学校默默无闻工作的充分肯定，也是对乡村教师辛勤工作的货币化补偿。生活补助偏低或不到位，严重挫伤了乡村教师的工作积极性。首先，各个地区发放生活补助的具体金额不定，虽大多在300～600元，但仍存在“一刀切”的迹象，与政策所强调的依据学校艰苦边远程度实行差异化的补助标准相背离。同时发放的大多是普惠性补助，无论是乡村教师还是城镇教师都能享受。其次，补助的方法往往需要上级政府审批，发放到乡村教师手中至少需要几个月的时间。考虑到乡村地区的环境、交通、生活等因素，这些补助远远不能对乡村教师产生应有的补偿效果和激励作用。其次，绩效工资虚化。乡村教师的绩效工资是提高其收入

① 菲利普·库姆斯. 世界教育危机[M]. 赵宝恒，译. 北京：人民教育出版社，2001.

待遇的有效补给，令人遗憾的是，教师绩效工资制度在现实执行中却并不完善，绩效考核发放的奖励工资并未依法执行，激励机制的作用也未发挥出来，绩效工资制度被严重虚化。考核的结果很难做到公正和公平，不同岗位考核标准难以确定，考核具有主观性，考核中的人际关系因素，这些都对教师造成了一种心理上的导向，过于追求绩效考核，囿于数字主义的“升学率”及相应的教学技术形式支配，沦陷于繁重的“升学”劳动中，背离了教学的初衷。这无疑与教师的教学任务相违背，使其对本来意在激励乡村教师的绩效工资产生不满情绪，不公平、不服气的心理渐渐滋生。对于部分乡村教师而言，面临着理论上应依据绩效考核发放的奖励性工资却被以平均分配的方式发放，绩效工资制度实施后其工资增幅不大，或者没有增加，甚至因为调整奖励性绩效工资的分配办法带来教师每月实际收入下降。最后，周转房建设滞后。尽管有些地方乡村教师周转房建设搞得轰轰烈烈，但仍有不少地方仅仅只是“雷声大，雨点小”，乡村教师周转房建设只是停留在“文件”或“口号”上。乡村教师周转房建设的滞后，导致许多乡村学校教师住房紧张、苦不堪言，五六人挤大通铺的现象依然常见。同时，周转房一般在乡镇以上，对于村小和教学点的教师只能选择住在学校办公室、借住在亲友家或租住村民的住房。这一困境不仅增加了乡村教师的经济负担，带来了人身安全、心理、婚姻、家庭等问题，更是加剧了教师离职意向，影响了乡村教师队伍的稳定。

第二，编制供需矛盾尖锐。编制问题是教师队伍建设的一个关键问题，它关系到教师的待遇、社保、职称、培养等一系列环节，对于教师的职业稳定感和安全感至关重要。一方面是“表面超.实质缺编”现象严重。东北师大农村教育研究所通过对2003—2012年近十年间乡村小学“教职工数”和“在校生数”的数据进行研究，得出其间乡村小学师生比分别为：1∶19.64，1∶18.88，1∶18.13，1∶17.67，1∶17.17，1∶16.60，1∶16.06，1∶15.70，1∶16.64，1∶15.90。[①] 对比数据，我们不难发现，这一比值远高于教育部所规定的农村标准1∶23和城镇标准1∶21、城市标准1∶19。同时，按师生比1∶19这一标准出发，全国乡村小学教师早已处在严重超编的现实窘态。而在现实情境中，据国家教育督导团对全国6省(区)15县的调查，15县全都存在缺编问题，有的省农村中小学教师缺编高达2.6万人；中部某省调查3个县共缺编8500人，西部某县教师缺编率竟高达43%。[②] 乡村教师实际上处于缺编的非常态境遇，乡村地区学校仍在为每年的教师“进不来”和“留不下”苦恼，“畸形”教师队伍编制现象已严重影响了乡村基础教育的长久发展。另一方面是现行编制制度过于僵化。随着乡村人口出生率的持续下降，以及学龄儿童不断向城市涌动，乡村小学正在遭受着一场由“大班额”向“小规模”不断演进的现实冲击。而正因如此，以师生比和班师比为主要核定

① 周兆海，邬志辉.工作量视角下义务教育教师编制标准研究——以农村小规模学校为例[J].中国教育学刊，2014(9).

② 唐松林.理想的寂灭与复燃：重新发现乡村教师[J].中国教育学刊，2012(7).

标准的现行教师编制制度正在逐步被现实问题所困扰，从而使其面临着新的挑战。[①] 由于乡村学校教育人口存在着波动性与不稳定性，因此以师生比和班师比为主要效度的核定标准也随之失去理性的考量依据。与此同时，按照由县（区）统一核编的原则，受限于自身财政能力，基本上处于“一个萝卜一个坑”，根本没有额外的教师编制。此外，偏远的村小和教学点，面临“被遗忘”的窘境，毕竟在安排教师编制时，基本上会优先安排乡镇中心小学和农村完全小学。

第三，职称评聘面临难题。乡村教师职称评聘被认为是影响乡村教师队伍稳定与乡村教师专业发展的瓶颈因素，“不评不甘心，参评特累心，落评更灰心”是乡村教师职称评聘的真实写照。根据东北师范大学农村教育研究所的调查，职称评聘晋升是乡村教师所关心的仅次于工资待遇的工作和生活问题，但是乡村教师的职称评聘多年以来有两大难题。一是中高级职称评定名额太少、乡村教师晋升机会少是其普遍反映的问题之一。像学校这种事业单位，尤其是乡村学校中高级职称指标普遍偏紧。依据统计数据测算发现，全国具有高级职称的乡村教师比例仅为 4.2%，比全国平均值低 6.6 个百分点，比城区教师更低了 12.0 个百分点。而在初级职称中，乡村教师占比 44.9%，高于城区教师 12.2 个百分点。这意味着，乡村教师职称更多地停留在初级和中级上，能评上高级职称的乡村教师凤毛麟角，城乡差距过于明显。[②] 例如，湖北省罗田县有 4000 余名教师，仅 30 个高级职称名额；陕西省商州区目前还没有一个正高级职称教师，该区沙河子镇有 13 所学校，3 个教学点，298 名乡村教师，仅有 15 名副高级职称教师，仅占该区全体乡村教师总数的 5%。[③] 同时，职称指标是人事部门根据由省至乡的顺序逐级分配的，城镇学校、重点学校往往多于乡村学校，而且在下放的过程中职称指标容易被截留与挪用。[④] 过少的高级职称名额显然打击了一直坚守在教学一线的乡村教师的积极性，不公平抑或是“没盼头”，残酷的现实不得不令乡村教师发出“评高级职称比登天还难”的感叹。二是职称评定指标硬性，未向农村倾斜。依照相关文件规定，不少县（区）乡村教师评聘高级职称已经取消了论文的基本要求，但任教年限、科研课题、教学实绩、获奖等一项都不能少，那些工作在乡镇以下的乡村教师尤其是村小和教学点教师处于明显的劣势地位。同时，部分县（区）乡村教师职称评定的指标不公开，且暗箱操作，导致不少乡村教师认为“向城性”的教师职称评定政策没有任何改变。

---

① 吴亮奎. 乡村教师专业发展的矛盾、特质及其社会支持体系构建[J]. 教育发展研究，2015(24).

② 高慧斌. 乡村教师职称（职务）评聘制度演变及改革策略[J]. 当代教育科学，2017(1).

③ 付卫东，范先佐.《乡村教师支持计划》实施的成效、问题及对策——基于中西部 6 省 12 县（区）120 余所农村中小学的调查[J]. 华中师范大学学报（人文社会科学版），2018(1).

④ 蔡群青，夏海鹰. 中小学教师职称制度改革探究[J]. 教育探索，2016(5).

（三）“强誉”困境之荣誉制度“不荣誉”

乡村教师是我国乡村世界的“传道士”，是我国乡村教育发展的中坚力量、现代化进程的幕后推手，我们理应对他们表示应有的关心与支持。所建立的乡村教师荣誉制度，结果却不尽如人意。

第一，满意度并不高。对从教30年的乡村教师仅仅是颁发证书，荣誉往往成为乡村教师发展的“高原”，有的荣誉教师甚至失去先进示范性特征。同时，激励作用欠佳。不少乡村教师认为，乡村学校环境恶劣、条件艰苦，仅靠荣誉激励教师是远远不够的。同时，教师荣誉制度含金量不高，缺少配套的优惠政策，如子女农村学校从教优惠政策、工资晋升政策和专业发展激励政策等。

第二，缺少“誉后”管理。实际上，在我国现行的教师荣誉制度中，关于奖励的普遍做法是“一次性激励”，即所有的奖励一次性发放，对教师的后续发展缺乏关注，导致荣誉教师失去前进的动力，安于现状。

三、乡村教师职业吸引力困境的原因分析

（一）“培养”之管理机制不完善

第一，乡村教师入口把关不严。为了缓解乡村学校教师严重短缺的问题，国家和地方政府放宽了乡村教师招聘条件，陆续实施“特岗计划”、“农硕计划”、“乡村教师资助行动计划”和高校毕业生农村任教退学费政策等。这些投身于乡村教育的特殊群体，是在高校毕业生就业难与农村“空漠化”的大背景下，基于外部压力进入乡村教师职业的。这部分特殊群体大都非师范院校毕业，缺乏基本的教学技能，且所学专业和所教专业严重不对口，加上部分高校毕业生在乡村学校任教期间“朝秦暮楚”，不安心予教学工作，力图在服务期内通过报考公务员、考研和“上调”等形式离开乡村学校。

第二，乡村教师在职培训少。乡村教师常年生活在较为落后的乡村地区，信息闭塞，对教改知之甚少。对于乡村教师而言，培训是其适应乡村教学、更新知识储备、改善教学效率的有效途径，而在实际工作中，教学压力以及人员不足等矛盾，致使乡村教师根本没时间外出进修。同时，教材内容城市化倾向也是乡村教师面临的又一困境，城市化的教材，城市化的培训内容，无法为参加培训的现存教师提供有效的、可操作性的指导，对其教学工作的改进作用也微乎其微。

第三，乡村教师退出机制不健全。教师退出机制是以教师考核为依据，对达不到任职岗位要求的教师所采取的换岗、接受离职或在职培训、结束聘任合同和退休等一系列制度安排。[①] 目前乡村学校有不少“民转公”教师和长期生病的乡村教师，这部分群体中有些教师因教学理念落后或身体条件差难以适应乡村学校的需要，但教师

① 安雪慧．完善中小学教师退出机制的政策路径[J]．华中师范大学学报（人文社会科学版），2011(6)．

退出政策不完善，导致不少不合格的教师仍“滞留”在乡村教师岗位上，“享有”编制的同时，却由无编的年轻教师担任一线教学工作，任由他人在前方“冲锋陷阵”，自己在后方“颐养天年”。

（二）“厚生”之支持力量单薄

第一，现行教育财政投入方式单一。一方面，“以县为主”的财政体制薄弱。我国一直沿用的是“以县为主”的财政保障体制。2006 年国务院颁布的《关于义务教育学校实施绩效工资的指引建议》中虽提出了依照老师均衡待遇水准不能比地方公务员均衡待遇水准低的基准确定，但也明确提到按照“以县为主”的乡村教师工资承担体系。而我们可以看到，延用“以县为主”的工资保障体系，并没有解决乡村教师的工资问题，薄弱的县级财政无力承担乡村教师的工资，更不用说各级各类津贴。2009 年国家开始在义务教育学校实施绩效工资制度改革，要求：义务教育学校实施绩效工资所需经费，应纳入财政预算，按照以县为主、经费省级统筹、中央适当支持的原则，确保义务教育学校实施绩效工资落实到位。改革取得了不错的效果，保障了乡村教师工资待遇，绩效工资的加入也激发了乡村教师的工作积极性，但仍存在不少突出问题：绩效工资难以核算，地区之间、校区之间工资差距大，甚至是同一学校内教师绩效工资分配不均。2015 年实施的《计划》中明确规定“地方自主实施、中央综合奖补”的乡村教师生活补助政策，实际上仍然沿袭“以县为主”的财政体制，县级政府是实施乡村教师生活补助的责任主体。另一方面，公共财政投入不够。客观地讲，近年来公共财政对教育的投入是有目共睹的。我国自 2012 年实现国家财政性教育经费占 GDP 比例达 4%目标以来，连续第四年超过 4%。① 但是，追踪投入的公共财政去向，明显地看到其中对于乡村教师生活补助明显不足。2014 年，在享受连片特困地区政策的 21 个省（区、市）604 个县中，共投入乡村教师生活补助资金 33.2 亿元，比 2013 年增加 10.78 亿元，人均月补助为 307 元，比 2013 年增加 49 元。② 2014 年全国教育经费总投入为 32806.46 亿元，比上年增长 8.04%。其中，国家财政性教育经费为 26420.58 亿元，比上年增长 7.89%，新增教育经费 1932 亿元。义务教育总投入为 14243 亿元，新增义务教育投入 1039 亿元，各地共投入的乡村教师补助资金仅占全国新增教育经费的 1.71%，仅占新增义务教育投入的 3.19%。2016 年，在享受连片特困地区政策的 22 个省（区、市）708 个县中，有 684 个县实施了乡村教师生活补助，覆盖率达到 96.6%，比上年提高 14.6%。各地共投入乡村教师补助资金 44.3 亿元，比上年增加 9.9 亿元，增幅 28.8%，中央核拨奖补资金 29.8 亿元，比上年增加 7 亿元。③ 2016 年全国教育经费总投入 38866 亿元，比上年增长 7.57%。义务教育经费总投入为 17603 亿元，比上年增长 9.76%，新增义务教育投入 1718 亿元。各地共投入乡村教

① http://www.yicai.com/news/5155604.html.

② 晋浩天.生活补助逐步提升 乡村教师安心乐教[N].中国教育报，2015-09-10.

③ 万玉凤.乡村生活补助连片特困县覆盖率达 96.6%[N].中国教育报，2017-03-03.

师补助资金仅占全国新增教育经费的1.5%，仅占新增义务教育投入的2.57%。对于庞大的教育投入而言，其中对于乡村教师补助明显不足，且所占比例是下降的，这种方式显然不利于乡村教师基本生活的保障。

第二，编制管理制度不合理。长期以来，我国城乡地区在教育资源的分配使用上始终存在着显著的差异，教师编制作为教育资源链条上的一环，也逃离不了城乡二元特征的差异范围。首先是现有的编制管理体制“失衡”。“以县为主”的教育管理体制过分强调整体效应，忽视地方学校发展的独特性；同时，乡村教师编制的增加意味着教育经费支出的增长，受限于地方财政压力，政府在进行核编制编时便主张采用财政计划供养人员“只减不增”政策思想。尤其是“只减不增”意见的实施，更是加速了一部分县域政府“一刀切”现象的发生，即针对计划意见，对本县域内财政供养人员进行核定，继而将财政供养人员减少部分直接分摊到每一个所属事业单位，这种直接、割裂、主观的目标平均分解行为毫无实际可言①，也导致部分县（区）出现“有编不补”这一怪象。其次是编制核定流程单向沟通。目前所实施的“自上而下”的核编方式难以满足乡村学校的实际需要，依照县（区）级政府根据财政收入投放到教育部门的编制人数比例，教育部门根据学校生师比和班师比进行定量配比，学校根据本校实际情况进行补充，在“财政供养人口只减不增”的政策背景下，教育部门很难在县级政府争取更多的乡村教师编制。我国地方政府在制定乡村教师编制的执行标准时主要依据其财政能力而非学校的实际需求，教育部门能够获得多少编制，取决于县级财政能力、县级政府对教育的重视程度和上级部门的编制政策三个因素。② 最后是缺少机动编制。乡村学校编制核算出现窘境，不仅“受益于”编制体制“只减不增”的举措，同时还“得益于”编制供求结构上的矛盾——机动编制的缺失。从2016年开始，我国各地开始实施“全面二孩”政策，乡村学校女教师进入生育高峰期。有调查显示，中心校（含教学点）育龄女教师的比例分别为67.37%和55.30%，若有三分之一的育龄女教师准备在近期生育一孩或二孩，则意味着将会有20%的女教师需要休产假，这对于原本教师就紧缺的乡村学校，保证正常的教育教学成为一个严峻的现实问题。③ 此外，乡村教师缺乏机动编制，也使得学校面对教职工因培训、病假以及婚丧嫁娶等请假时“束手无策”，不批准是对教师缺乏“人性关怀”，批准则无形之中给学校带来较大的工作压力。毫无疑问，这种“一个萝卜一个坑”的编制结构显然难以满足乡村学校的实际需求。

第三，职称评定制度僵化。职称评定是教师的生命线，也是解决当前乡村教师“下不去”、“留不住”、“教不好”等突出问题的重要组成部分。但多年来，乡村教师职称评定面临严重困境，在一定程度上挫伤了乡村教师专业发展的积极性和扎根农村

① 杨柳，张旭．乡村教师编制困境的现实省思[J]．教育发展研究，2016(15)．

② 刘善槐．我国农村教师编制结构优化研究[J]．教育研究，2016(4)．

③ 苏令．女教师“扎堆”生二孩学校怎么办[N]．中国教育报，2016-01-25．

的奉献情怀。一方面，指标分配不均。根据教育部颁布的《关于深化中小学教师职称制度改革的指导意见》，中小学教师高级、中级、初级岗位之间的结构比例，以及高级、中级、初级岗位内部各等级的结构比例，根据新的中小学教师职称等级体系，按照国家关于中小学岗位设置管理的有关规定执行。其中，正高级教师数量由国家实行总量控制。虽然依照相关规定，中小学教师作为专业技术人才，到2020年，具有高级职称的比例为10%，具有中级职称的比例为40%，具有初级职称的比例为50%，但在各级职称的具体分配比例上没有具体的指导意见。结合我国推行的一系列职称改革，一直遵循先大中城市后城镇农村，先基础较好的学校后其他学校，先评审高级、一级教师后评审二、三级教师等步骤，分期分批进行。这种优先考虑城镇教师的改革方式，让在实际的指标分配中城乡教师之间的差距拉大，引发了乡村教师评职称难，尤其是评高级职称极为困难。另一方面，评聘标准不合理。在新实行的中小学教师职称制度改革中明确提出：具体评价标准条件要综合考虑乡村小学和教学点实际，对乡村教师予以适当倾斜，稳定和吸引优秀教师在边远贫困地区乡村小学和教学点任教。但对于具体标准缺乏针对性、可操作性的指导意见，导致职称评聘过程中，各地政府"章法"不一，更多的是流于形式。即使删去发论文等标准，仍有诸多硬性标准，比如有些地方删去外语等标准，着重看待工作绩效，但对于工作绩效该如何去评判，尤其是乡村教师，如果再从升学率、课题等指标去考量，那这次职称评聘改革将毫无意义。总之，职称评聘并没有真正向乡村教师倾斜。

（三）"强誉"之荣誉制度不权威

第一，缺乏权威性。周洪宇教授曾指出，我国教师荣誉制度存在的问题之一就是缺乏权威性。[①] 一方面，我国的教师荣誉体系不完善，缺乏顶层设计，没有权威的、广泛的、代表性强的国家级教师最高奖。虽有"全国优秀教师"等类似国家级荣誉的称号，但其影响力与国外相去甚远，不宜作为国家级教师荣誉。另一方面，现有目前我国大部分县（区）不注重乡村教师荣誉的广泛宣传，也没有进行隆重的表彰仪式，有的仅仅是发给教师一纸证书，而这样的证书的价值又有多大呢？对于乡村教师而言，荣誉制度其实来自他人、外界对其默默付出和辛勤劳动的肯定，"无人知晓"的荣誉证书某种程度上背离了乡村教师荣誉制度的初衷。

第二，缺少物质性奖励。从乡村教师荣誉制度的实际实施过程可以看出，大多数县（区）只是授予符合条件的乡村教师荣誉称号，仅仅给予一张荣誉证书就匆匆了事，缺少物质性奖励，这使乡村教师荣誉称号的激励作用尚未完全发挥出来。

第三，"誉后"管理体制不健全。乡村教师"誉后"管理体制，即对获得荣誉的乡村教师建立稳定的、规范的后续管理运行方式，妥善协调乡村教师管理中的各种关系和

---

① 周洪宇.国家教师荣誉制度亟需完善[N].中国教育报，2012-09-07.

要素，使这些教师能够获得新的提升与发展。[①] 实践中，荣誉终身化是当前我国教师荣誉制度存在的弊端之一。特级教师"誉后"发展的困局因被评为"特级"而步入"高原"，"誉后"专业成长乏力；"教而优则仕"现象普遍，琐务掣肘学问精进；优秀人才很难留住，应有效力发挥有限。[②] 此外，获得荣誉证书的乡村教师并未在后续得到必要的指导，也需要奖励性政策扶持去协助其解决工作和生活中的各种困难。

第四节　乡村教师职业吸引力出路

提升我国乡村教师职业吸引力，必须有清晰、系统与可操作的思维逻辑。第一，目标清晰。包括"培养"以保持教师的高素质水平、"厚生"以维护教师对真理与生命的热爱、"强誉"以彰显教师职业的崇高性三个目标。第二，乡村教师职业吸引力的出路。从"培养"（教育支持）、"厚生"（管理支持）、"强誉"（舆论支持）三个方面，采取有效的综合行动策略，经常对照目标进行过程评估，发现与解决问题，进一步调整与实现这些目标。

一、"培养"以保持教师的高素质水平

（一）严把乡村教师"入口关"

第一，培养具有乡村情怀的未来教师。乡村教师的培养不仅仅要解决当下面临的缺人困境，更要有长远的眼光，考虑到教师入职后的长远发展以及未来对于乡村教师的需求增量。因此，学校在培养师范类或专业类教师时，要在原有的课程基础上进行"乡村化"，结合村学校环境的具体特质、乡村社会环境的特点以及乡村教学的特殊要求等。在培养的过程中要与乡村学校进行合作，比如开设每学期为期一个月的见习课，或者是在大四学年，让学生到定向学校进行实地跟班教学，帮助其毕业后尽快融入工作。强化基于教学现场、走进真实课堂的教学环节，通过现场诊断和案例教学解决实际问题，采取跟岗培训和情境体验改进教学行为，利用行动研究和反思实践提升教育经验，确保培养实效。改革传统讲授方式，强化学生互动参与，增强培训吸引力、感染力。尤其要注意学生的"走过场"思想，对于见习课可以采取乡村学校管理人员、学生、大学辅导员等多主体打分的形式，综合考量学生的见习情况，对于不合格者可以适当延期毕业，以此来保障培养质量。此外，学校在招生时也可多留"心眼"，综合考察学生的家庭情况、成长经历，尤其是个性倾向，选择那些能适应乡村生活的学生，并对于他们的就业意愿进行切实的了解，保证能找到愿意留在乡村，甘愿扎根乡村，适应乡村教学需求，具有乡土情怀的未来乡村教师。

---

① 伟浩，曾素林.乡村教师荣誉后管理体制探析[J].赣南师范学院学报，2016(2).

② 金连平.特级教师"誉后"发展的困局及化解对策[J].教育理论与实践，2011(31).

第二，严格乡村教师招聘条件，具体包括以下内容。首先，无论是村小还是教学点，都要实施“凡进必考”的招聘政策；所有新进乡村教师，必须强调专业对口；乡村教师岗位应聘前必须获得教师资格证书，等等。其次，建立乡村教师资格证书年检制度，年检的内容主要包括持证者的信息档案、考核结果以及继续教育情况等。通过年检，及时了解乡村教师在岗情况、教育教学考核成绩、接受继续教育情况等，使那些不能适应新的教育形势、不注意自身提升、知识老化和经验过时以及已脱离教育岗位一定期限的人员退出乡村教师岗位。

（二）提高乡村教师的乡村素养

“从基层上看去，中国社会是乡土性的。”[①]乡土生活中形成的乡土知识和乡土情感是儿童发展过程中不可缺少的养料。乡土文化蕴含着丰富的教育内容，是一种内容丰富的课程资源。乡村教师只有融入乡土生活，融入乡土文化，方能提升自我乡村素养。刘铁芳教授认为，乡村素养指“对乡土文学、乡风民俗、乡土伦理以及现代乡村发展的理解”[②]，只有真正理解乡村，才能热爱乡村，才能以乡村教师为荣。如今大多数乡村教师虽生活在乡村，但把自己局限在学校院墙之内，对脚下的土地茫然无知。提高乡村教师的乡村素养，可使乡村教师更好地理解乡村，理解乡村教育，融入乡村，建立起与乡村教育、乡村文化、乡村世界的亲密感与归属感。

首先，实施乡村教师“引进来”战略。基于乡镇学校的特殊地理位置以及乡村教学的特殊性，老师外出培训时因时间紧张而无法进行，可以在乡镇设立乡村教师研修顶岗中心，聘请优秀的教师、专家以及城镇优秀的退休学科教师担任中心的指导员，便于乡村教师进行学科教学研究，弥补乡村教师研修指导的空白，解决薄弱学科教师短缺。

其次，实施乡村教师“走出去”战略。借助“国培计划”、“省培计划”，让乡村教师有机会走出校门，走出乡村，搭建研修学习的平台，形成平等互惠的对话机制。一方面，更新乡村教师自身的文化知识储备，改革教学方式，与时俱进；另一方面，给予乡村教师与外界交流的机会，改变传统的以“城市为中心”的培训方式，主动向城镇、外界传递自身的教育观念、教育经验，甚至是融合“新生”的乡村文化，重拾乡村文化的价值，展示乡村文化底蕴，去培养属于乡村的教育专家。

最后，当然也是最重要的，实施乡村教师“融进去”战略，就是让我们的乡村教师走出校门，走出围墙，真正地走向乡村社区，了解乡土文化，了解它的过去、现在，设想未来，通过自己的教学活动使乡土文化的价值被认同。在继承乡村传统文化的基础上，更与时俱进地结合时代背景进行融合创新，做乡土文化的代言人。“关注农村现实需要，培养新型农民，整合乡土教育资源，开发特色课程，采取多种教学形式，激发

---

① 费孝通.费孝通文集(5)[M].北京：中国群言出版社，1999：316.

② 刘铁芳.乡土的逃离与回归：乡村教育的人文重建[M].福州：福建教育出版社，2011：198.

劳动的热情，培养作为一名劳动者的自豪之感与对本土价值的忠诚，才是乡村教师幸福人生与美好生活的正途。”①

（三）完善乡村教师退出机制

建设乡村教师队伍，不仅要严把入口关，更要对不合格的教师进行及时清点和退出，形成“能进能出”的乡村教师队伍，以保证队伍的整体质量和素质。首先，加强对在岗教师的考察。定期不定期对在岗教师进行考察，考察其任课情况、教学成果及学生反馈等，保证教师的师资水平能够胜任正常教学工作。其次，建立乡村教师资格证书年检制度，年检的内容主要包括持证者的信息档案、考核结果以及继续教育情况等。通过年检，及时了解乡村教师在岗情况、教育教学考核成绩、接受继续教育情况等，使那些不能适应新的教育形势、不注意自身提升、知识老化和经验过时以及已脱离教育岗位一定期限的人员退出乡村教师岗位；最后，重视在岗教师培训进修。这个主要是指对那些爱岗敬业但不能胜任教学的教师，可以采取待岗培训的方式，跟岗培训，调整自己的工作状态；对于部分年龄偏大或学习能力较弱的教师，可以与其沟通，调去从事行政或后勤工作，个别年龄大的或因身体原因不适合教学工作的教师，在其工作年限达到一定标准的情况下，实施弹性退休机制，允许其提前退休，保障其退休待遇不低于在岗时的工资待遇。

二、“厚生”以维护教师对真理与生命的热爱

（一）科学分配财政投入，提高生活待遇

改善乡村教师生存和生活状况，提高其职业满意度，提升其职业吸引力，是乡村教师队伍建设的基础。提高工资水平、提升待遇是对乡村教师最直接和最实在的支持。东北师范大学农村教育研究所对 2013—2014 年中国农村教育发展的调查显示，“有 74.22%的乡村教师认为他们最在意的工作与生活内容是工资水平”②。因此，提升乡村教师生活待遇，一是提高乡村教师工资水平，二是使其享受与城市教师同等的社会保障待遇，解除乡村教师工作和生活上的后顾之忧。

第一，逐渐建立“以省为主”的乡村教师工资保障机制。参照发达国家义务教育工资的保障体制，按照“国家办学、分类承担”的原则，建立中央和地方分地区、分项目、按比例共同分担的乡村教师绩效工资保障机制。首先，将基础性绩效工资作为中央和地方财政分担的重点，奖励性绩效工资则由省级财政统筹解决。其次，划分三类地区，发达地区基础性绩效工资主要由地方自行负担，中等地区实行中央和地方按 5∶5 共同分担，西部贫困地区以中央为主，按 8∶2的比例分担。也就是说，将基础性绩

① 唐松林，丁璐. 论乡村教师作为乡村知识分子身份的式微[J]. 湖南师范大学教育科学学报，2013(1).

② 邬志辉，秦玉友. 中国农村教育发展报告[M]. 北京：北京师范大学出版社，2015.

效工资落实地方财政责任进一步明确为：发达地区“省级统筹、省市县共担”，中等地区“中央与省为主，地方配套经费省级统筹、市县辅助”，西部贫困地区“中央为主，地方配套经费省级主要承担”。① 同时，省级财政的统筹职责是否切实履行、省级财政投入力度的大小是绩效工资是否落实的关键因素。因此，我们要进一步加强省级政府财政投入职责，中等与发达地区省级统筹力度至少达总经费的一半。

第二，加大公共财政投入，确保乡村教师生活补助稳步增长。补助作为教师劳动保障的重要组成部分，其代表着教师在本职工作之外，由于工作条件等差别而获得的补偿性津贴。基于其本身特殊的性质，乡村教师的补助按时按量发放至关重要。为此，一方面，我们可以将乡村教师补助列入政府财政支出的重要项，每年在进行财政预算时，基于上年情况以及当时物价等水平，列出乡村教师补助的专项资金，以保障补助的按时按量发放。另一方面，也要及时对补助的类别、金额等进行核对，保证金额逐年增加，以切实保障乡村教师的权益。

第三，健全社会保障制度，保证乡村教师安居乐教。根据国务院 2015 年发布的《关于机关事业单位工作人员养老保险制度改革的决定》，由政府相关部门为义务教育教师建立基本养老保险制度。基本养老保险费由政府财政和个人共同承担，其中政府财政负担 20%，个人一般负担占本人基本工资的 20%左右。此外，机关事业单位还应当为教师建立职业年金，其中，政府财政按教师个人工资总额的 8%缴费，个人按本人工资的 4%缴费。② 乡村教师退休后，享受基本的社会保险待遇和按月领取职业年金。同时，所有乡村教师和当地公务员享受的住房公积金完全一致。还有，县（区）级政府应将教师周转房纳入地方经济社会发展规划，实施乡村教师安居工程，优先改善乡村教师居住与生活环境。对于还未实行的地区，给乡村教师提供一定的租房补贴。

（二）完善编制管理制度，实现管理科学化

目前，我国教育已进入改革发展的深水区，如何促使教育新常态的实现，办人民满意的教育，义务教育领域中的乡村教育是不容忽视的重要议题，而教师编制问题又是其中的关键变量。中小学教师编制的城乡二元标准导致的直接结果是乡村教师缺编严重，特别是边远、经济欠发达地区的乡村教师结构性缺编已成为影响教育公平的主要因素。以整体思维来推进教师编制资源配给的系统完善，在优化编制存量的同时适当提升增量，在教师编制体制、核编定编方式、增加机动编制以及政府购买公共服务等方面进行改革，以重塑乡村教师发展的幸福之路。

第一，科学管理编制体制，坚持经费统筹。当前我国义务教育普遍实行“以县为主”的教育管理体制，受种种因素影响，尤其是县财政收入压力，教育经费的短缺让部

---

① 付卫东. 努力构建“以省为主”的义务教育学校教师绩效工资保障机制[J]. 教育与经济，2013(3).

② 范先佐. 乡村教育发展的根本问题[J]. 华中师范大学学报(人文社会科学版)，2015(5).

分县(区)只能采取有编不补的“权宜之计”。为此,应科学统筹教育经费,适当增加更高层级行政部门在财政供给中的承担比例,根据各地区教育发展与财政供给的实际承载底线,逐步实现中央、地方与受教育者个人三者之间的经费均分机制。同时,对于财政薄弱的县(区)也进行相应的政策、资金帮扶,切实贯彻统一城乡教师福利待遇政策,逐步建立“同心异距”(以城市为中心向周围不等距扩散)的逆向待遇标准,即偏远地区教师工资福利高于近城区域待遇,保证偏远地区对教师的吸引力,打破城乡二元特征的教育资源配给格局,以缓解乡村教育资源贫瘠的尴尬境遇。

第二,改革原有核编定编方式,加强双向交流。“自上而下”和“自下而上”相结合来确定科学合理的编制,应以学校为出发点,通过科学的编制核算与配比,实现乡村教育的生态发展。一方面,为学校增加行政编制,改善大部分乡村学校一直存在的行政人员占据教学编制的现象,让更多的一线教学人员能够拥有编制;另一方面,改革原有的仅依靠师生比与班师比标准来进行核编定编的方式,切实从实际出发,从学校出发,从教师出发,遵循“以人为本”的理念,依照乡村教师的实际工作量以及本校所处地域和学校性质、班级数量和学科类别等因素进行科学定编。

第三,建立乡村学校教师编制动态调整机制。动态更新是实现乡村教师编制结构优化的基本途径。首先,设立“临时周转编制专户”,不计入乡村学校教师总额,由编制管理部门单独管理,按照“退补相当”原则,解决乡村学校总体超编但学科结构性缺编的问题。通过逐年核销工勤和教辅人员编制、分类推进经营类事业单位转企改制、事业编制跨行调剂等途径,腾退出机动编制,优先用于乡村教师的统筹调配使用。其次,为乡村学校设立 10%~15%的教师机动编制,保证所有乡村教师有机会外出参加培训,保证女教师可以正常休产假。最后,各县(区)政府部门要考虑到当地的实际情况,考虑到本地区乡村学校入学人数、课程安排设计以及偏远的村小和教学点等因素,保证至少每年一次,定期去本地区的教师编制部门进行核编定。防止超编超岗、有编不用、在编不在岗等现象,按照“编制部门统筹核定、教育行政部门灵活使用”的原则,对县(区)区内乡村教师编制进行动态管理。

第四,创新管理方式,购买公共服务。为了保证乡村学校内教师人员享有编制,又确保乡村教师编制总量不过于庞大,符合地方财政及人事管理规划,县(区)可采取政府购买公务服务的方式,对于乡村学校的部门行政人员、后勤工作人员、保安等人员实施政府购买公共服务,一方面不占用教职工编制,缓解编制压力;另一方面由社会力量提供专业化、标准化的服务,保证学校的规范有序运营。

(三)职称评聘指标下放,标准多元

“职称对乡村教师来说,不仅仅是养家糊口的基石,更是职业价值的标尺,不仅仅是物质生活的依托,更是精神层面的慰藉。而城乡教师高级职称比例之间的悬殊差异,都是对乡村教师的不公正。”[①]为此,我们要重视职称评定对于乡村教师的积极和激励意义,给予乡村教师更多的中高级职称,同时在评定标准上更加多元化,打破以

① 高慧斌.向乡村教师精准倾斜路在何方[N].中国教育报,2016-04-21.

往的僵化评定指标，让更多的乡村教师能够加入高职称教师队伍。

第一，中高级职称指标下放。由省内根据各县乡村教师高级职称已有人数、本地学校以及教师的实际情况，尤其是乡村教师与城镇教师的数量、结构等，确定各县比例，科学地制定本地区教师职称指标的分配比例，并将乡村教师高级职称指标落实到校，在保证将城乡教师合理分配的基础上，更要适当向乡村教师倾斜，给予更多的指标名额，不能仅提出倾向农村的话语而缺少实际名额的平等分配。同时，尽量弱化职称与工资之间的必然联系，适当缩小岗位工资级差，提高初、中级岗位的工资标准，缩小不同职称之间的工资差距，增加对初、中级教师的激励力度。此外，可以鼓励教育行政和业务部门尝试设立乡村教师评职类、评优类及教学类专项奖项，不仅仅局限于职称，通过多种渠道给乡村教师更多的认可和保障。

第二，乡村教师职称评定标准多元。首先，在评定标准的制定上要区别城市与农村，取消“工龄论”、“奖状论”。一些并不擅长科研的一线乡村教师，往往他们的教学方法更受学生欢迎，却在评定过程中因为工龄或证书问题没能得到肯定。因此，乡村教师的评定标准应淡化工龄及所谓的“带头人”、“优秀公开课”等奖项，而是根据工作态度及取得的教学成绩综合评定。其次，要综合考察。学校教育工作不仅体现在专业知识的传授上，还有精神知识的传播，担负着育人的任务。农村学生相比于城市学生更需要教师在综合素质等方面的引导，所以对参评教师要综合考察，在注重个人能力的同时，将对个人素质的考察放在更突出的位置。最后，积极引导教师向乡村流动。比如城镇教师晋升为高级职称的标准中要求必须有乡村或薄弱地区的任教经验，这样不仅突出了薄弱地区教育事业的重要性，又能促进区域间的师资力量合理流动。

三、“强舆”以彰显教师职业的崇高性

毫无疑问，物质层面的均衡是“均衡”的重要举措，但它并不是“均衡”的本质。实际上，城乡教师均衡发展，主要发自教师灵魂深处的对自身及其关系的自发意识和行动欲望，绝不是纯粹靠经济条件完成的。[①] 正如帕尔默所言：“方法固然重要，然而，无论我们做什么，最能获得实践效果的东西是在操作中去洞悉我们内心发生的事。越熟悉我们的内心领域，我们的教学就越稳健，我们的生活就越踏实。”[②]乡村工作和生活的艰苦环境，需要乡村教师具有坚守、默默奉献、仁心大爱的品格，这种无悔坚持需要其对乡村教育的信仰。

以舆论作为一种外在的、客观的精神力量，向社会传达教师的性质、标准、义务、

---

① 唐松林，魏婷婷，张燕玲．媚俗：城乡教师均衡不能承受的生命之轻[J]．湖南师范大学教育科学学报 2016(1)．

② 帕克·帕尔默．教学勇气：漫步教师心灵[M]．吴国珍，等，译．上海：华东师范大学出版社，2005：6．

意义与使命，提升教师社会形象，铸造社会心理认同。孟子曾引用孔子的话说："德之流行，速于置邮而传命。"[①]宣扬教师的德政一旦流传开，要比驿站传递政令还要快。

（一）弘扬师道，尊师重教

无论国之兴衰，尊师重教的文化传统要永远张扬，对待教师的尊敬态度要永远保持，这是国家富强与民族兴旺的根基。《中庸》也表达了这样的意思："国有道，不变塞焉，强哉矫；国无道，至死不变，强哉矫。"[②]国家无论什么情况下，都要尊师重教，持之以恒，矢志不渝，这才是真正的强大啊。通过传统尊师重教的故事，如利用"子贡以太阳、月亮喻孔子"，程门立雪，陆佃尊师等，让大众知道教师不仅是真理的使者，而且是热爱与唤醒生命的燃灯者。

一个人可以走得很快，一群人则可以走得很远。由于乡村教师在促进学校和区域教育发展及乡村教师队伍建设中有着义不容辞的责任，在我们实际实施乡村教师荣誉制度过程中，相关部门应举行隆重的颁奖仪式来宣扬优秀乡村教师。借鉴国外的一些成功经验，比如 BBC（英国广播公司）每年都会直播"年度教师奖"的颁奖盛典，美国的"国家年度教师"获得者均受到时任总统在白宫的接见，这些荣誉对乡村教师而言是无上的荣光，可以极大地激发乡村教师的教育热情。一方面，借鉴英国 BBC 的做法以及我国"全国劳动模范"、"感动中国十大人物"等项目，将荣誉乡村教师的颁奖仪式和先进事迹以纪录片或年度盛典的形式在中央电视台或各省卫视播出。另一方面，利用微博、微信公众号等新媒体平台，向用户推送关于荣誉乡村教师的感人事迹和优质文章，发起"最美乡村教师"的热门话题讨论。在传统媒体和新媒体的双重作用下形成强势舆论潮流，带给乡村教师真正的荣誉感。优秀乡村教师示范实际上是在为乡村教师提供一种导向，如在全国范围内开展的寻找"最美乡村教师"活动。"最美乡村教师"是乡村教师的缩影，不仅是在向他们平凡的坚守致敬，同时也是在向乡村教师示范重要的价值观和实践。通过身边最美乡村教师示范的力量，感染浸润教师，让这些价值观和实践融入每个乡村教师的日常生活，并内化为时刻奉行的信念。

（二）建立乡村教师荣誉基金制度

对于获奖的乡村教师，应避免给予一次性物质奖励，可以成立乡村教师荣誉基金，通过政府拨款、社会资助、爱心企业援助等多种途径筹集资金，来鼓励获奖的乡村教师开展关爱农村困境儿童、乡村教育改革和教育创新、研修培训等活动。通过这些有益的活动促进乡村教师专业发展、鼓励乡村教师进修、提升乡村教师学历及唤醒全社会对乡村教育的重视。比如马云成立的"乡村教师基金"以及新东方与好未来教育

---

① 东篱子. 孟子全鉴[M]. 北京：中国纺织出版社，2014：54.

② 东篱子. 中庸全鉴[M]. 北京：中国纺织出版社，2014：85.

集团成立的“情系远山”等公益活动与基金，在缓解政府财政压力的同时，更为乡村教师送去一份温暖。

（三）跟踪帮扶，定期考核

“建立‘荣誉乡村教师数据库’，在授予乡村教师荣誉称号的同时，将该乡村教师纳入数据库进行管理”①。一方面，做到“定时、实时、及时”，定时对他们进行回访、咨询，关注其事业需求和心理情感，实时了解荣誉乡村教师的动态以及生活、工作中的困难，及时提供相应的帮扶，同时也加强与乡村教师之间的双向沟通，增加其反馈渠道，切实了解荣誉教师的诉求。另一方面，对荣誉乡村教师进行定期考核。如每年或每两年考核一次，包括是否在岗、离职原因调查以及其他关于乡村教师的评价等内容，考察乡村教师是否适合继续保持该荣誉及享受荣誉奖励，发挥教师评价的功能。

（四）家属共享荣誉成果

“家庭是人的港湾，既可以使家庭成员在事业忙碌之余得以放松身心，养精蓄锐，又可以把工作、生活的烦恼和家人一起分担，把快乐和家人一起分享”②。乡村教师对乡村教育的坚守离不开家人的支持，因此乡村教师的荣誉成果理应与家属共享，包括物质荣誉和精神荣誉。比如江西省于 2015 年 12 月发布的《〈乡村教师支持计划（2015—2020 年）〉实施办法》提出，建立乡村教师荣誉制度的具体实施办法包括“予以表彰”和“建立教师疗养制度”。在“予以表彰”方面，可邀请乡村教师家属参加表彰大会并发言，在荣誉称号的设置和荣誉证书的颁发上可考虑相关的“家属奖”；在“建立教师疗养制度”方面，允许优秀乡村教师代表携带 1～2 名家属到省内职工疗养点休假疗养。此外，也可以对从教 20 年以上的乡村教师子女，在县（区）内乡村教师招考时，同等条件下优先录取等奖励性政策，让乡村教师和家属共享荣誉成果。

在乡村振兴战以及教育现代化的背景下，乡村教师是一个独特且关键的存在，作为乡村中的“知识分子”代表，他们继承乡村传统文化，学习现代科学知识；对于在那里学习的青少年而言，乡村教师帮他们“系好人生的第一颗扣子”。在城乡二元结构的冲击下，原本在地理、文化、亲缘因素等方面处于“不利地位”的乡村教师职业吸引力更是大幅下降。正是基于乡村教师职业吸引力的重要性及困境，国家出台了一系列政策行相关的扶持与援助。

目前学者们对于乡村教师的研究也较多，大多是从一个维度展开研究，比如“补充”、“薪酬”、“编制”等，且均集中在物质层面。本文从乡村教师职业吸引力内涵的三种力量入手，结合现行政策，明确内容、成效，厘清问题、原因，并提出了以“培养”、“厚生”、“强誉”三个维度为措施的出路。

---

① 侯伟浩，曾素林. 乡村教师“荣誉后”管理机制探析[J]. 赣南师范学院学报，2016(2).

② 张丽丽. 试论家庭生活在社会保障体系中的作用[D]. 武汉：华中科技大学，2009.

本研究认为，将乡村教师职业吸引力进一步细化厘清，并划分出“培养”、“厚生”、“强誉”三个维度，相比以往更注重物质条件的提升方式，也注重从社会地位、价值认同等方面找寻出路，更加切合现今的乡村教师所面临的政策、社会环境。

当然，本研究还有许多值得探讨改善的地方。其中，研究中定量化的部分稍少。下一步针对现行政策和成效的收集，可以再增添一些更有深度的数据，可以通过分区域进行更加深入的研究。

第七章　县域义务教育均衡发展状况调查与分析

1986 年,《中华人民共和国义务教育法》颁布,这是我国教育事业发展的一大进步,自此我国义务教育发展有了基本的法律保障。此后,我国政府用了 25 年时间锲而不舍地在全国范围内普及九年义务教育,同时进行了大规模的扫盲活动,取得了举世瞩目的成就。当前,我国义务教育已经全面普及并进入新的发展阶段。但是,许多历史遗留问题使得城乡义务教育差距越来越悬殊,经济发展的不均衡、资源的有限性、教育投资的差异、贫富差距的扩大等复杂因素导致日益严重的义务教育水平差距,义务教育的公平性问题受到了严峻挑战,"有学上"的基本问题得到解决后,"上好学"的社会诉求日益强烈,其面临的公平性的问题也愈发突显。

"少年强则国强",适龄孩童的上学问题直接关系到国计民生,义务教育水平的提高也有利于从根本上提升我国整体人口素质,影响深远。进入 21 世纪后,教育公平问题、教育均衡化发展问题成为我国政府政策特别是教育政策中的高频词。例如,2001 年颁布的《全国教育事业第十个五年计划》首次将教育公平作为教育改革和发展的指导思想和基本原则,提出"坚持社会主义教育的公平与公正原则更加关注处境不利人群的教育"。2005 年,教育部印发了《关于进一步推进义务教育均衡发展的若干意见》,将"均衡"作为义务教育发展的指导思想,要求各地把推进义务教育均衡发展作为实现"两基"之后义务教育发展的一项重要任务,研究制定本地区推进义务教育均衡发展的目标任务、实施步骤和政策措施。2006 年我国修订、完善了相关法律并颁布了《新义务教育法》，明确了政府对教育公平的重要责任。《国家中长期教育改革和发展规划纲要(2010—2020 年)》指出：把促进公平作为国家基本教育政策。教育公平是社会公平的重要基础。教育公平的基本要求是保障公民依法享有受教育的权利，关键是机会公平，重点是促进义务教育均衡发展和扶持困难群体，根本措施是合理配置教育资源，向农村地区、边远贫困地区和民族地区倾斜，加快缩小教育差距。教育公平的主要责任在政府，全社会要共同促进教育公平。并明确指出，均衡发展是义务教育的战略性任务。推进义务教育学校标准化建设，建立健全义务教育均衡发展保障机制，均衡配置教师、设备、图书、校舍等各项资源。2011 年 3 月 10 日，教育部与北京、天津、河北、辽宁、上海、江苏、安徽、福建、江西、山东、河南、湖南、广西、海南、重庆等 15 个省、自治区、直辖市人民政府签署义务教育均衡发展备忘录，共同推进义务教育均衡发展。中共中央政治局委员、国务委员刘延东专门作出指示，强调要把义务教育工作作为造福人民群众的重大民生工程，确保适龄少年儿童接受良好义务教育。党的十八大报告明确提出“促进教育公平，提高教育质量”是深化教育领域综合改革的“主线”。2012 年起各级政府一系列相关政策出台以落实义务教育水平均衡化的要求。在这一系列政策背景下，C 县委县政府十分重视义务教育的均衡化发展问题。为了积极响应党和国家的号召，落实国家相关政策，C 县委县政府讨论并制定了一系列关于推动义务教育均衡发展的政策。2013 年，C 县的相关工作得到了认可，被评为“全国义务教育发展基本均衡县”。

第一节　C 县义务教育发展现状

一、湖南省 C 县社会经济发展状况

为更好地研究 C 县义务教育均衡发展，先需了解 C 县最基本的情况。C 县利用邻近省会和交通便利的条件，吸引外来投资，建设工业园区，发展优势企业和产业集群，坚持以工促农，促进粮食生产和特色农业发展，实现兴工强县、强农富民，成为闻名遐迩的“三湘第一县”。C 县地理位置较好、地理优势明显，有深厚的文化底蕴，培养了许光达、杨开慧、黄兴、徐特立、李维汉、田汉等一大批爱国人士。此外，国务院前总理朱镕基、全国人大常委会前副委员长李铁映等名人的家乡都在 C 县。C 县工作成效明显，获得了多个光荣称号。例如，“全国文明县城”、“中国人居环境范例奖”、“国家生态示范县”、“国家园林县城”、“全国文明小城镇示范点”等。2016 年的经济增长数据显示，全县实现地区生产总值 1350 亿元，同比增长 10%；完成地方财政收入 222.2 亿元，增长 16.3%。C 县在全国县域经济基本竞争力百强排名中从 2015 年的第 8 位升至第 7 位，在中国中小城市综合实力百强排名中蝉联第 6 位，获评“2016 中国最具幸福感城市(县级)”，卓越的发展成效引起了全国的瞩目。

近年来，C 县一直以办党和人民满意的义务教育为宗旨，以“湖南一流、中部先

进、全国有特色”为目标，大力实施“科教兴县”战略，加快义务教育均衡发展的改革进程，明确认识到“教育是经济发展的前提”，并提出了要全力保障贫困儿童受教育权力的宏伟目标，落实义务教育政策，加大资金注入量，工作重心向教育倾斜，促使教育事业健康、和谐、有序发展。5 年来的发展成效显著，获得了多个荣誉称号，比如“全国阳光体育先进县”、“全国会员评议职工之家工作先进单位”、“全国义务教育基本均衡发展县”、“全国教育系统关心下一代工作先进集体”等。C 县在教育等领域树立了良好的社会形象。

二、C 县义务教育发展现状

C 县共有各级各类公办学校 175 所，在校中小学生 94164 人。有公民办幼儿园 248 所，其中公办幼儿园 34 所，民办幼儿园 214 所，在园幼儿 44216 人。有全日制民办学校 7 所，在校学生 6735 名；培训学校 94 所，参加培训学生 13999 人；教育系统外乡镇农校 13 所。有公办教职工 5438 人，其中高中 968 人，初中 1853 人，小学 2273 人，县职专 157 人，乡镇职校 18 人，特校 24 人，公办幼师 55 人。2016 年的小学、初中的入学率和毕业率稳定在 100%，高中入学率再创新高，达到了 98.3%。

2015 年，湖南省 C 市教育质量监测与评估中心为了解本地教育资源分布情况，明确下一步的工作方向，对全市范围内的义务教育均衡发展进程进行测评。该机构重点考核了有关教学资源配置的几个指标，如师生比、人均图书册数、人均体育运动场馆面积等。综合评测结果显示，C 县学校的综合差异系数均符合全国通用标准，其中小学为 0.39，初中为 0.30。说明 C 县小学、初中义务教育发展总体基本均衡。可以说，C 县初步实现了义务教育均衡发展初级阶段的教育资源均衡化。

第二节　C 县推动义务教育均衡化发展的举措与成效

一、C 县推动义务教育均衡化发展的举措

（一）加大财政投入力度

在经济高速高效、又好又快发展过程中，C 县始终坚持把稳定的财政投入作为教育资源优化配置的关键点。近 3 年来，C 县财政对教育投入 34 亿元，其中 2013 年预算内教育经费支出 11.2 亿元，2014 年提高到 12.9 亿元。当地财政扶持中，用于教育方面的资金增长 16.28%，当地财政总收入增长 16.18%。与财政总收入的增长幅度相比，教育资金款项的增长更快，比前者高出了 0.1 个百分点。人均教育事业费用、办公经费也大幅增长，与 2015 年相比增长率达到 11.16%。教育资金投放总额在全省处于领先地位。此外，学校扩建及维护、师资力量培训、教育监督等行政教育专项经费全部按照要求足额做好预算工作，保证专款专用，这在很大程度上保障了教育事业的长期稳定健康有序发展。稳定的财政投入，优先的发展战略，奠定了 C 县

教育资源优化配置的高起点、高水准、高架构，大手笔绘就了学校巨变的锦绣画卷。2015 年，C 县的义务教育普及率位于全省前列，成为当之无愧的“湖南省教育强县”。这些与教育投入密不可分。

（二）全面改善学校办学条件

C 县坚持把教育工作摆在适度超前发展的战略地位，把全面改善学校办学条件当作教育资源优化配置的支撑点。C 县近 3 年来投资 10.29 亿元用于学校建设。到目前为止，新建 196 栋学校教学楼，占地面积共计 62 万平方米，修缮教学楼 236 栋，面积约有 56 万平方米。目前正在建造的有 110 栋，建好的学生宿舍 34 栋，面积约有 8.06 万平方米。教师公寓 22 栋，面积约有 3.4 万平方米。新修建的塑胶环形操场 200 米以上的有 46 个。新建学生食堂 38 栋 8.4 万平方米，中小学办学条件得到了全面改善。县城内开设泉塘小学、百熙实验学校、丁家小学、龙塘小学、中南小学、泉星小学、华润小学、松雅湖中学、湘龙小学、泉塘中学等学校。并对盼盼小学、金鹰小学、东业晨曦小学进行了扩建。这些学校的建设能够满足城区内适龄学生的上学需要。此外，在农村建设标准化学校，如干杉中心小学、金井中学、福临中学、黄兴中心小学等。31 所公办幼儿园在青山铺、江背、开慧开设并运行，促进城乡义务教育资源优化，义务教育水平提高。2011 年，该县承办全省促进中小学校校园安全建设现场会。2012 年，全县范围内的中小学成为合格学校。2013 年，该县举办了市级义务教育盲点学校的提升建设学习交流会。

1. 科学发展，制定工程项目

C 县委县政府切实加强战略思维，立足长远，着眼大局，高起点、高水准、高架构谋篇布局，共计颁布了《C 县农村中小学布局发展规划（2011—2020）》、《C 县县城中小学建设用地布局发展规划（2010—2020）》、《C 县义务教育薄弱学校提质改造三年行动计划实施方案》等规划方案。规划的研制不仅把视野放在县域内，更拓宽至全地区、全省乃至全国；注重全方位的发展，以及有重点的综合发展。正是有了这样的定位和追求，才有了全县中小学校气势磅礴的发展现实与无限广阔的发展前景。

2. 县城配套工程

按照“高标准的硬件建设、高档次的育人环境、高品位的校园文化、高效率的指挥系统、高质量的人才摇篮”的建设要求，星沙县城一批学校先后崛起，带给老百姓无限希望，成为发展县城、繁荣县城的重要支撑。当星沙经济以日新月异的发展速度朝前挺进，县城的扩容提质成为一种必然，而由此也带来了城区学校大班额问题的困扰。县委县政府大力寻找解决方式，提高了县城内中小学的建设和改造速度。在原先的基础上，扩建了几所小学，如盼盼、湘龙等四所学校，新建了中南、龙塘等四所学校。新兴建设了松雅湖中学并开始建设泉塘中学。新建起来的小学可以增加近 10000 名学生，初中可增加近 4000 人，促进学生“应读就读”的实现。

3. 农村提质工程

C 县以更加强有力的政府行为、更加有效的推动措施，吹响了统筹城乡义务教育发展、全面提质农村中小学校的集结号，有力推进城乡结合下教育事业的发展，建立完整的教育发展制度。在此基础上，改善、改进财政支出结构，大力建设农村中小学，加大投入力度，完善农村义务教育水平。投入近4.8亿元经费用于改造江背五福小学、广福中学等几所薄弱学校。建造学生公寓29栋，学生食堂35栋，教师公寓410套。一系列的建设，改善了农村的义务教育水平和条件，促进了教育的平衡发展。

4. 标准化建设工程

按照"统一新建项目标准、统一校舍改造项目标准、统一新建运动场标准、统一教学设施设备配备标准"的要求，C县大力实施标准化建设工程。集中投入，扩建一所，标准化一所，一大批农村标准化学校相继建成。新设了黄兴中心小学、干杉中心小学、榔梨龙华小学、暮云西湖小学等几个学校。整体扩建了福临中学、黄兴中学、开慧小学、果园中心小学等26所学校，农村优质教育资源进一步扩大。

5. 教育信息化工程

C县投入教育信息化装备经费近1.7亿元，其中财政预算投入1.3亿元，学校自筹经费4千多万元。全盘推行教育信息化"三通工程"，建设并完善了C县教育领域的区域网络，实现镇(街)汇聚点到教育局万兆光纤互联、所有中小学(含公办幼儿园)千/百兆光纤互联、县属学校及城区中小学与教育局千兆裸光纤互联；建设了2220套多媒体教室型"班班通"终端，配套建设(改造)了173所学校的校园局域网，实现了千兆光纤主干、千兆交换到桌面，保证优质资源推送每一个环节的畅通，全县每所学校、每间教室、每个学生都可享受同等优质教育资源；建设了湖南省基础教育资源中心C县分平台，全县所有教师和初中以上学生均开通了实名制网络学习空间，开通网络学习空间共计44021人，开通率100%，组织教师和学生开展优秀学习空间评选，选出优秀学习空间。

(三) 提升师资队伍水平

C县把强化教师素养的目标放到教育事业发展的核心位置，促进义务教育综合平衡发展。近3年来，C县面向社会公开招聘、选调优秀教师885名，大部分充实到乡镇中小学任教。县委"3235"工程的提出和实施，引入和培育11名特级教师，推荐了218名县级骨干教师和146名市级骨干教师。给予所有免费师范生编制和岗位。健全教师岗位及时填补制度，科学合理地建设教师结构，促进教师资源合理运用于城乡教育领域的建设。

1. 完善教师管制，增强教学能力

首先，建设师德长效制度。加强教师的中国特色理论教化，使教师以正确的政治方向为基础，成为遵纪守法、师德良好的教师。师德被作为评判学校综合水平的重要指标。实施一票否决制度，对师德进行严格的规范。二是优化教职工编制管理。落实统一城乡中小学教职工编制标准，按学生数量合理配备教师，实行实名制管理，人员和编制核定到校。三是严格教师准入制度。科学制订教师招聘计划，以每年教师自然退休数为基数，依据全县学生增减情况核定教职工编制总额，合理确定当年教师招聘数量。四是建立教育创新人才平台。打造“互联网＋”和“智慧教育”理念，发展“大众创业，万众创新”空间，设立教育创新人才平台。大力支持教育创新人才在农村办学，或到农村学校教学，给予校长充分的权利，选择各类优秀人才。

2. 加强师资力量培训，提高教师专业力量

首先，通过培训加强对教师的引导。按照“教研训一体”的要求，组建C县教育研究培训中心，制定相应政策，合理规划培训项目，鼓励教师到教育水平较高的地方去学习。在支持教师参与学历提高的学习中，特别注重对民办教师教育水平的培训。其次，开展名师打造项目。加大名师工作室支持力度，建设名师“孵化器”，保障各级名师工作室的经费。逐步探索“名校长”、“名班主任”的培养与评聘，设立“名校长工作室”和“名班主任工作室”，鼓励学校主动引进高层次教育人才，对成功引进市级以上首席名师、特级教师的学校予以奖励。

3. 完善激励机制，落实奖优罚劣

一是完善教师（校长）激励机制。设立C县政府教育教学奖励金。校长级别的奖励金为200万元规模，教师级别的奖励金为4200万元规模。采取措施激励特级教师、优秀骨干教师及初级、中级职称教师，经考核合格给予适当奖励，重点激励教学一线有突出贡献的优秀教师。二是推行考核末位诫勉警示制度。建立并实施校长和教师考核末位谈话诫勉警示制度。每学期结束时，按照考查的结果，根据管理阶层高低，主管人员对在考查排名末位的学校工作人员开展交谈训示以警醒他们。对经核实确系工作态度原因，连续两年考核末位受诫勉警示的校长予以免职，对连续两次受到诫勉警示的教师实行待岗。

4. 建立交流轮岗制度

一是建设交流轮岗制，有利于激发学校工作者、教师和校长等的工作积极性。促进县域内教师（校长）资源优化配置和流动，重视鼓励优秀校长和骨干教师等力量向农村学校、薄弱学校流动，探究并建设公办与民办学校师资力量双向流动制度。颁布《C县中小学教师（校长）交流轮岗实施办法》的规划纲要，经历几年的建设，实现该制度的日常运行。二是完善校长负责制，扩大办学自主权。提高中小学校长的责任心，规范学校的各项制度，实现教学制度现代化。促进校长专业化，校长必须是学校课堂教学的领导者，中小学校长必须兼课，深入课堂听课。

（四）提升义务教育教学质量

C县研究设立具有自身特色的义务教育测评体制，完善质量监督体制。对全县中小学教育质量定期进行监测，监测结果可以成为学校与校长年终考查的指标。C县连续多年在地区内保持高考综合评估的领先地位。同时，C县深入推进教学改革，扎实构建多位一体的课题研究网络，先后有100多个课题获得国家、省、市奖励，并成为湖南省首批唯一的农村课改实验县。第一，学校新兴德育活动有利于开辟新的思想教育方式。促进德育成为治理学校、教育学生的核心观念。区域推进“成长体验式教育”德育项目化管理工程，全县94所学校成为试点项目校。学校重视法治教育，调配专职的法治副校长、法治辅导员。合理运用德育资源，建设德育中心，全面开展德育主题活动。与此同时，展开以学校、家庭和社会为一体的德育实践研究和主题研讨活动，大力推进“德育工作先进校”、“德育工作先进班级”、“中小学德育示范校”等活动建设。有利于中小学德育建设层层深入，综合深入建设。第二，管理规范到位夯实了质量立校的根基。颁布了《C县教育局关于进一步重申有关中小学招生、补课和收费等行为的若干规定》和《C县教育局关于规范办学行为严肃招生纪律的规定》等，办学行为不断规范。建设教育教学日常测评机制，逐步建设起详细有效的监督管理制度。坚守“轻负担、高质量”的原则，全面实施课改。积极响应“向科研要质量，以科研出名师，以名师创名校”的号召，促进课堂效率的提高。同时，投资40多万元建立了网络评卷系统，适时有效进行质量监测。第三，活动丰富多彩彰显了活力校园的魅力。注重学校各色活动的举办，重视内容和形式的联系，不断举办校园相关的读书、科技、文学艺术等方面的活动。拓宽了学生的眼界，提高了学生的体质，发掘了学生的潜能。课外知识读物竞赛已经持续了10年时间，是老师和学生共同的最喜爱的活动。第四，环境整体优化提升了办学竞争实力。一方面，要大力支持改善中小学的投入，改善中小学办学质量。坚持“缺什么、补什么”以及“创建一所，合格一所，提质一所”的原则，促进农村义务教育学校质量提高，促进学校环境改善，使各中小学校实现了华丽的转变。另一方面，加强校园安全建设。促进学校全面发展，就要保证学校工作环境良好，周边环境和学校的精神文明建设都有极为重要的作用。全县有4所省级学校和32所市级学校符合要求，并建设成为安全文明校园。

（五）推进教育惠民工程

民生工程主要由“德政工程、民心工程、阳光工程”组成，与社会每个公民的利益都息息相关，甚至对寒门学子的未来起到决定性作用，大力开展民生工程有利于和谐社会建设。C县以推进教育公平为重点，以确保校园平安为关键，突出教育公益性原则，大力实施关注民生工程。为了顺利解决民生教育问题，不断建立健全三维助学体系，大力拓展筹集奖学金的渠道，形成以政府资助为主、社会资助为辅的资金筹集机制。为了进一步彰显教育的民生价值，将所筹资金用来资助学生完成学业、提高家庭教育质量、保障校车安全，从而实现“学有所教，学有优教，学有安全保障”的目。在义务教育阶段，该县免除了学生的各项学杂费用，在寄宿生生活补助方面，分别为每个贫困初中生、小学生每年提供1250元和1000元；在各项补助方面，分别为寄宿初中生、小学生每年提供160元和120元补助，确保无一人因贫困而辍学，并连续12年保持这样的成绩，两次获得“湖南省扶贫助学工作”先进单位荣誉称号。

1. 学生资助全覆盖

关爱家境贫困的孩子，点燃他们的求学希望，是数千年绵延不绝的中华民族伟大美德，是春风化雨般的伟大母爱，是成就孩子梦想、实现中华民族伟大复兴梦想的重要推动力量。在大力发展教育事业的过程中，为了彰显教育公平，C县始终将扶贫助学放在首要地位，真正贯彻并落实党和国家的资助政策，严格按照国家的要求执行资助策略，在建立“C县学生资助中心”的基础上，不断完善常规助学机制，比如“社会爱心捐资助学”、“一对一、一帮一助学”和“师生爱心帮扶助学”等。政府为每一个贫困生提供资助，帮助其完成学业，直至考上大学，使以政府资助为主、社会资助为辅、多渠道筹措助学资金的三维助学体系得以最终形成。无论是爱心企业，还是普通的人民群众，都为帮助贫困学生顺利完成学业贡献出自己的力量。在这10年间，共募集助学资金1.15亿元，共帮助约11万名小、中、大学生继续自己的学业，用于扶助贫困学生的资金达到1.13亿元。从而在12年内都没有因为贫困而辍学的学生，实现了寒门学子“应读全读”的目标。在2008年，C县被评选为“湖南省扶贫助学工作先进县”，2010年获得“湖南省学生资助工作先进单位”荣誉称号。

2. 家庭教育全覆盖

C县在2008年首次提出“创建家庭教育示范县”的口号，并出台了一系列文件，比如《C县家庭教育工作“十一五”计划》、《C县创建家庭教育工作示范县（乡、镇）工作指导资料》、《示范家长学校建设工程实施意见》和《关于创办示范家长学校操作程序的指导意见》等。同时，以提升家长育人水平为目标，以推进家长学校建设为抓手，通过健全领导机构、加大经费投入、动员“五老”发挥余热、聘请外国专家示范引路、培养培养本土专家登台唱戏，以及教学观摩、教学经验交流、亲子活动、家长开放日、“让爱伴随留守儿童、困境少年健康成长”等形式多样的活动，家庭教育取得突出成效。当下，该县实现了百分之百的中小学家长学校办校率，共拥有75所县级示范家长学校、15所市级示范家长学校和4所省级示范家长学校，并且有3所被评为省优秀示范家长学校。

3. 校车运营全覆盖

C县于2012年成立了C县学生用车工作领导小组，由主管副县长担任组长，在教育、交通、公安、财政等17个科局和各镇（街道）的积极配合下，正式启动校车管理改革工作。确立了“两阶段三步走”策。第一阶段为试点运营阶段，在开慧和安沙两个镇进行试点运营。第二阶段为全面铺开阶段。分三步走，第一步，在C县北部14个镇运营；第二步，覆盖全县所有镇；第三步，逐步解决幼儿园问题。2012年在义务教育阶段投入了1000万元，主要用来补贴购置校车、学生乘车。为奖励安全运营校车的校车公司，之后又增加500万元投入。按照“政府主导、市场运作、公司管理、财政补贴”的管理模式稳步推进，形成了多方协作的同抓管理、共担风险、分摊经费的校车管理机制，校车运营逐步走上规范有序轨道。就现在来看，该县的校车数量共计286台，每年接送1.4万名学生，基本实现了城乡校车全覆盖。

二、C县推动义务教育均衡化发展的成效

班额指的是一个班级的学生数量，在确保班级容量时，往往需要遵循教育规律，结合国家的具体情况。非完全小学指的是对儿童、少年实施基础义务教育的场所，包含1～4年级的学生。完全小学指的是对少年进行义务教育的场所，包含1～6年级。

根据国家的相关规定，非完全小学的班额为30人，完全小学的班额为45人。在我国的现实生活中，大班额现象比较常见，也就是一个班级的学生数量超过了相关要求。近3年来，C县针对区域内中小学大班额问题，加快县城学校建设，先后新建了松雅湖中学、中南小学、华润小学，并对实验小学、湘龙小学、盼盼小学、东业晨曦小学、金鹰小学、泉塘小学进行扩建，新增9000多个学位，确保城区的初中班额不超过60人，小学班额最多不超过50人，城区大班额的问题得到初步解决。2016年下半年，泉星小学已竣工开学，泉塘中学的建设也已经启动，预计2017年竣工后可新增学位3600个，以满足全县不断增加学位的需求。

（一）农村义务教育办学条件不断改善

在近5年里，不断完善农村义务教育基础设施，加大这方面的投入，投入资金在4.5亿元左右。新建32个塑胶运动场地，新建25万平方米师生宿舍，对面积为11万平方米的校舍进行装修改造。一是优先改造基础薄弱的学校，广福中学等28所基础薄弱学校得到全面改造；二是配套功能用房建设，新建综合楼32栋，北山等乡镇中心小学都拥有了与课程设置相配套的综合楼，有标准的计算机室、科学实验室、多媒体教室等；三是提高师生生活条件，新建232套农村教师周转宿舍，为10所小学和15所中学的寄宿生配备了功能齐全的宿舍，同时改造了52所学校厨房和食堂，新建了65个冲水式厕所。

（二）进城务工人员子女入学落实到位

由于经济的高速发展，越来越多的农民进城务工，大量的进城务工人员流入C县星沙城区，随之带来的是进城务工人员孩子的就学问题。C县出台《C县城区中小学入学招生办法》，以保证农民工子女能够顺利就读，并使外来务工人员的子女能够和当地学生一样接受正常的义务教育，还能够享受"两免一补"政策。通过分析相关数据可知，从2015年第二学期开始，该县县城学校外来务工人员子女共计12647人，其中初中3428人，小学9219人，基本实现了进城农民工随迁子女百分之百的就学率。

（三）留守儿童教育管理已成体系

C县各中小学组织班主任、学科老师和生活老师扮演留守儿童的代理妈妈或者代理家长的角色，即建立"代理家长"制度，为留守儿童提供学习和生活上的帮助，尤其在心理层面，缓解留守儿童的焦虑心理，使其能够真正感受到温暖，能够快乐成长，就现在来看，在政府的大力号召下，引起社会各界对留守儿童的关注，C县已经基本建成留守儿童关爱体系。此外，通过创建教师家长QQ群和微信群、开设"家校通"、联系箱、亲情专用电话、学校家庭联系卡等，不断完善留守儿童亲情交流制度。通过开展亲子活动，能够拉近家长和孩子之间的距离，在进行双方互动的同时，增进感情，为留守儿童的身心健康发展创造一个良好的环境。

（四）适龄"三残"少年儿童基本入学就读

以"巩固发展，完善提高"为中心，C县建立了特殊教育学校，主要目标是帮助"三残”儿童顺利完成学业。在政府的倡导下，社会各界积极提供帮助，为“三残”儿童积极捐款捐物。近5年来，收到社会各界捐款40万元，全县70名“三残”儿童已经步入学校，接受教育，入学率在99%左右。

（五）家庭困难儿童实现全部入学

2009年，C县决定为智障儿童、聋哑儿童和孤儿免费提供上学的机会，并建立了学生资助中心，设立了教育基金。于2011年启动了冠名助教、助学工程。在2012年共募集1568.45万教育基金，全年免补费用共计7000多万元，为13834名贫困学生提供学习机会，扶助金额共计1325.36万元。从而在12年内都没有因为贫困而辍学的学生，实现了寒门学子“应读全读”的目标。

第三节　C县义务教育均衡发展存在的问题及原因分析

我国正在不断推动义务教育实现均衡发展，不断强调教育公平的重要性。在这样的时代背景下，C县在大力发展义务教育的驱动下，不断在教育领域进行探索，通过采取种种措施缩小城乡义务教育差距，并取得了不错的成绩，农村义务教育不均衡状况有所改善。但由于C县地方经济发展水平不高，教育资源、教育经费短缺，致使城乡义务教育阶段不均衡状态仍然存在，并没有从根本上解决农村教育不公平的问题。这意味着还需要进一步探索并完善城乡义务教育，为实现教育公平而努力奋斗。

一、存在的主要问题

（一）学校间非均衡发展

虽然C县在义务教育均衡化上做了大量工作，进行了大胆的探索和实践，但是影响义务教育均衡化的因素很多，不是一朝一夕就可以解决的。目前，在C县不同学校之间还存在教育不均衡问题，而且好的学校发展得越来越好，一般学校发展逐渐陷入瓶颈，这种差距还在慢慢拉大。我们认为，义务教育应该是惠及普通人群，面向社会各阶层，最体现社会公平的。但是我国现阶段又对学校进行等级划分，有省重点、市重点、县重点，这种等级划分在一定程度上有利于选拔优秀人才进行集中培养，但是和义务教育的初衷相背离。就现在来看，在我国，所谓好学校和一般学校之间还存在很大的差异，最显著的特点就是家长越来越热衷于选择学校，为了孩子上好的学校费尽心血。尤其是市场经济条件下，各种社会资源引入义务教育阶段，好学校有着弱学校不具备的优势，它们不仅有政府财政的支持，还与企业集团、社会团体等共同办学，通过多元化融资，掌握了更多的教育资源，这种教育资源又转化为教学优势，成为吸引家长的利器。同时，由于城区学校的交通便捷和好学校的软硬件优势，可以吸引农村学校和一般学校的优质老师向这些学校流动，这就导致优质师资更加集中，这种人才流失会逐渐拉大学校之间的差别。C县靠近市中心城区，许多本地学生都到名气更大的市中心名校就读，致使诸多资源流失。为减少类似情况，C县政府采取一系列措施，不断引进名校办学，对底子较好的学校进行重点办学，在教师引进、待遇及学校建设等各方面都给予政策倾斜，尽力避免区域间教育差距更加拉大。

（二）区域间非均衡发展

我国的区域间教育存在诸多影响因素，既有经济、文化方面的，也有民族、宗教等方面的，教育资源配置不均衡的现象可以说非常普遍，各省之间，省内各市县之间都存在。这种现象在C县也不能避免。C县的南部乡镇靠近市中心，是C县的工业中心，经济水平比以农业为主的北部乡镇要发达。南部乡镇教育资源丰富，中小学数量、规模都比北部乡镇要多、要大，虽然C县政府及教育行政部门就北部乡镇的教育问题采取一系列行政手段和政策倾斜，但是教师队伍不稳定、升学率不高等问题仍然存在，充分说明经济对教育的巨大影响。

（三）城乡间非均衡发展

由于城乡经济发展存在较大的差异，从而导致在义务教育方面，城乡之间也存在较大的差距。C县政府和教育主管部门为了早日改变城乡教育发展不均衡的现象做出了很大的努力。但是，在加快推进城镇化的过程中，与城市的义务教育发展情况相比，农村义务教育无论是在发展水平还是在发展速度方面都远远落后于城市。首先，在经费投入方面。义务教育的不均衡发展主要是由于城乡之间的义务教育经费投入存在明显差异。C县在发展农村义务教育的过程中，逐年增加经费投入，然而由于起点比较低，因此在绝对数量方面仍然存在明显的差异。近年来，政府在教育领域的财政投入越来越多，但是从整体来看，投入到城市学校的资金远远高于农村学校。一方面城市学校可以利用资金不断引进优秀师资、改善教学环境，另一方面农村学校却仍然面临入不敷出的局面。除了正常的教育开支，农村还有许多贫困家庭无法承担最基础的教育费用，存在老师数量较少、待遇较低等问题。新增的教育经费投入并不能解决这些由来已久的老问题，农村教育现状并没有得到根本性、跨越式的改变。其次，城市学校和农村学校在软硬件条件方面存在着明显的差距，城市和农村对教育的物质支撑能力存在差距，这种差距在教育条件上得到明显印证。城市中小学在教学设施方面具有明显的优势条件，城市学校拥有齐全的教育设施，能够满足实践基地、教学楼、多媒体、实验室和专业教室等现代化教育的需求，学生可充分享受到丰富的教育资源带来的便利。而农村学校只能解决广大学生最基本的上课问题，缺乏基本教学设备在很多农村学校都是很常见的事，甚至有的学校校舍破败不堪，无法遮风挡雨。在这种落后的办学条件下，义务教育质量不高也是可以理解的。尽管存在较大差距，但是城市和农村学校所收的学杂费并没有很大差异。市场经济讲的是等价交换，从这个角度来看对于农村的学生来说是有失公平的。最后，城市和农村学校的差距体现在师资队伍上，由于生活质量、工资水平、教学条件、生源素质等因素，很多优秀的农村教师不愿意再留在农村任教，而是向城市学校流动。这种恶性循环导致农村学校的人才流失，师资力量严重不足而且能力水平不高。就现在来看，城市学校教师选拔需要层层筛选考核，竞争压力非常大，但是农村学校面临师资短缺的严重问题。而且，城市学校新进教师的学历普遍在本科以上，但是农村学校的教师学历普遍较低，其中有些是代课教师转正而来，有些是从低年级的教师上调到高年级来，不仅和平均水平有差距，甚至不具备应有的教学能力。

二、原因分析

世界各国都在不断追求教育公平，希望教育和谐均衡的发展，希望每一个孩子都能得到优质的教育资源。我国为实现这一长期目标，在 2010 年提出《国家中长期教育改革和发展规划纲要(2010—2020)》(以下简称《纲要》)，其中将义务教育均衡作为核心制定了具体的实施办法。要真正解决 C 县的义务教育失衡问题，就必须吃透《纲要》精神，从理论与实践两方面入手，通过抽丝剥茧，找到城乡义务教育发展失衡最深层次的原因。

(一) 城乡经济发展不均衡是根本

我国是典型的城乡二元经济结构型社会，它是以社会化生产为主体的城市经济和以小生产为主体的农村经济并存的一种社会发展样态。这种经济结构导致城市和农村经济发展不平衡，也是农村教育发展滞后的重要原因。这种城乡二元经济结构主要通过户籍制度进行保障。公安部早在 20 世纪 50 年代初通过了《城市户口管理暂行条例》，从 1952 年开始，我国城乡之间的户籍壁垒开始形成。1958 年出台的《户口登记条例》，一直沿用到改革开放后，至今仍能看到这种户籍制度造成的历史痕迹。正是因为城乡分立，社会资源配置制度也有明显差异。“城镇优先”是这种资源配置最鲜明的特色。这使得农村与城市、中心城市与周边地区之间，甚至城区与城区之间出现极大的差异。C 县发展的历史与现实都打上了这种二元发展的时代烙印。C 县近年来实施南工北农政策，南部街道(乡镇)以发展工业为主，北部乡镇(街道)以发展农业为主，南部街道(乡镇)经济社会发展远远超过北部乡镇(街道)。这使该县在城乡义务教育生均公用经费基准定额统一的情况下，南部街道(乡镇)更有优势发展教育。因此，C 县城乡义务教育发展不均衡的最根本原因是城乡经济发展不平衡，更进一步来说是二元经济结构的长期存在的历史影响。

(二) 政策偏向是关键

我国城乡义务教育发展不均衡，但政府公共政策的制定与城乡价值的取向差异是导致当下 C 县农村教育失衡的主要因素之一。国家城乡发展政策从 1985 年开始进行改革，到 1990 年以后，国民收入分配方向更加趋向城市，城市居民在资源分配上占据明显优势，而农民收入反而不断减少。尤其是农村公共产品的供给问题的代表——义务教育问题，已然变为突出的城乡差别对待问题。国家在 1985 年又出台了更加不利于农村义务教育的政策，政府财政不再对农村学校的教育经费进行拨款，变成农村要自己筹集教育经费来办学。这个政策的出台对C县义务教育产生了极大的影响,C县的县中心街道的人均教育公用经费与农村的差距越来越大,城乡教育发展不均衡的情况被继续拉大。城乡义务教育阶段的财政预算内经费划分不均,农村与城市相比经费较低是C县城乡义务教育差距的主要体现;城市和农村的义务教育办学条件有明显的差别,农村学校的教育用房和教学工具都不齐全,在数量和质量上都远远落后于城市学校;城市和农村的师资队伍有着明显的差别,农村学校教师数量少、学历低、教学理念落后、培训提升的机会较少,城市学校教师不仅在人数、学历上占优,而且有丰富的研究资源和晋升培训机会;城市和农村的教育投入有着明显差别,农村学校缺乏财政支持,又没有其他资金渠道,但是学校运营成本并不比城市学校少多少,不仅缺乏发展前景,而且很有可能存在负债经营的现象,反过来又造成农村义务教育质量缺乏应有的保障。在C县,近几年来,虽然政府高度重视义务教育,制定了学校建设标准,力求缩小城乡学校差距,也在一定程度上改善了部分落后农村学校的教学条件和师资力量,但是仍然抵挡不住市场经济条件下的教师人才流动,城市学校打着擦边球,通过借调等手段挖掘农村教师人才的情况还是很普遍,当地政府也对这种城区教育优先发展的趋势和现象持默认态度。二是义务教育校际差异的形成原因是设置了重点学校。作为义务教育政策中的一个主要项目——设立重点校,其也是造成教育非均衡发展的主要原因。重点学校的设置经常会占有大部分优质的教育资源,在一定时期内如此设置会使学校的教学质量有所提高,与此同时也引起了教育不公平的负面影响。C县不管是小学、中学都存在重点校、示范校、实验校等等。比如,小学有百熙小学、盼盼小学等,初中有星沙中学、松雅湖中学等,高中有C县实验高中、C县一中等,甚至还有天骄等重点幼儿园,大部分优质教育资源都注入这些重点学校。长此以往,重点学校获得的投入更多,发展得更好,一般学校获得的投入更少,发展得就更差,两者的差距成倍增长,问题矛盾也日益凸显。与此同时,重点学校的出现掀起了一股“择校浪潮”,越来越多的家长为了不让自己的孩子输在起跑线上,不惜缴纳高额的择校费,背上沉重的经济负担。然而一般家庭或者困难家庭的孩子没有选择的机会,甚至因此被排挤出重点学校,更加凸显教育资源的分配不公。

(三)教育政策执行偏差是推手

政府的职责之一就是向社会提供公共服务,这种公共服务必须基于公平公正的原则,才能得到社会的普遍认同。教育也是公共服务的一种,政府在分配教育资源的时候,也应该做到公平公正。政府管理资源的分配,其出台的有关政策的偏向性对义务教育均衡发展是否能实现产生极大的影响。教育领域的知名专家袁振国教授曾经提到,超过地区经济发展差距的教育差距问题在持续扩大,在社会发展过程中需要逐渐缩小教育差距问题。同时,袁振国教授认为,政府在制定政策时的偏差常常会引起教育不均衡问题。一是教育机会不公平的原因之一是教育收费政策问题。当前,C县义务教育实行的是国家统一的政策,即学校只收取学杂费,对接受义务教育的学生免收学费。政策本身没有问题,但是在执行过程中出现了很多变通甚至歪曲理解的情况。首先,有的地区或学校,表面上严格遵照政策执行,但是又采取补课及要求学生购买辅导教材、教学工具等形式变相收取费用。表面上学生要交纳的费用低了,但是后续的乱收费实际上提高了上学的门槛,增添了家长的负担。其次,城市和农村的教育经费来源不同,农村学生的家长依然要为自己孩子负担各种附加费用、集资费用,而这些费用在城市学校都是不存在的,这就导致经济收入越好的城市家庭,需要承担的教育经费比经济收入较差的农村家庭还低,农村接受教育的门槛再次被提高。二是当地政府在行使公共服务职能时出现误差,从而引起义务教育非均衡化。众所周知,义务教育属于公共事业的一部分,教育资源投入也应该由各级政府来负责。但是具体操作上,由于各种历史和现实的原因,有的地方政府没有也不愿意承担义务教育的全部费用,而是将部分本来应该政府囊括的费用转嫁给社会大众。义务教育不仅仅体现为公民有接受教育的义务和权利,也体现为政府有义务保障公民平等接受教育。这种义务既对公众有约束力,对政府同样具有约束力。但是这种写进宪法的约束力,在实际运行的过程中,又因为经济、政治、文化及执行者等主客观原因,有的地方并没有真正落实到位,义务教育执行得并不彻底,从而造成义务教育非均衡情况。

第四节　促进C县义务教育均衡发展的对策建议

一、切实贯彻《中华人民共和国义务教育法》的相关规定

《中华人民共和国义务教育法》是义务教育发展的根本保障。C县的义务教育发展应结合《中华人民共和国义务教育法》为本地区义务教育发展找到合适得发展路径。

从相关规定看,《中华人民共和国义务教育法》为切实保障义务教育的均衡发展提出了很多明确要求。比如不得再出台相关文件评选重点学校,取消重点学校和一般学校的划分;在同一所学校里,不得再设置重点班、实验班,取消重点班和普通班的划分。除此之外,《中华人民共和国义务教育法》还提出,要进一步优化教育资源在不同地区、城乡之间的配置,也进一步规定了教育经费投入等问题。《中华人民共和国义务教育法》还加强了对学区内学校资源配置的管理,并规定有关部门要着重发展区间内资源配置落后的学校。另外,《中华人民共和国义务教育法》还规定政府应加大对基础及资源配置差的学校的经费投入,平等划分各学校间经费,等等。这些要求如果落实到位,义务教育均衡化发展将会有长足的进步。

二、有效发挥政府的主导作用

义务教育属于公共服务范畴,因此政府必须无条件对其提供有效保障。《中华人民共和国义务教育法》第六条规定:国务院和县级以上地方人民政府应当合理配置教育资源,促进义务教育均衡发展,改善薄弱学校的办学条件,并采取措施,保障农村地区、民族地区实施义务教育,保障家庭经济困难的和残疾的适龄儿童、少年接受义务

教育。第七条规定：义务教育实行国务院领导，省、自治区、直辖市人民政府统筹规划实施，县级人民政府为主管理的体制。[①] 因此，义务教育的均衡化发展需要更加有效地发挥政府的主导作用，进一步提高政府的施政能力。具体而言，包括以下几个方面：其一，科学筹划义务教育发展并制定相应的发展政策；其二，保障经费的投入及合理使用；其三，协调并监管各部门，形成义务教育发展的合力；其四，监督、检查义务教育政策落实情况并及时改进。同时考虑到C县义务教育均衡化发展过程中存在的校际差异、区域差异和城乡差异问题，因此在政策制定过程中，应加大对薄弱学校和农村地区的倾斜和支持力度。如加大对义务教育的经费投入和公共投资规模，优化财政支出结构，落实薄弱学校改造和标准化学校建设工程等。

三、合理配置城乡义务教育资源

C县义务教育要全面发展，就要从义务教育均衡化入手，实现全县义务教育水平全面提升。这不仅需要有充足的教育资源做保障，而且要做到教育资源在全县的均衡分配。鉴于此，C县政府应加大对贫困乡镇的教育投入，率先发展资源较差的学校，建立学区化管理模式，把优质和一般的学校划为一个整体，在这个整体内实现教育资源的有效共享，从而使C县教育资源配置达到良好状态。从目前国内研究的情况看，学区化管理是近年来学者们提出的一种管理方式，这一方式目前处于初试阶段，有待进一步完善。学区化管理就是将一定地域范围内的几所学校划分为一个学区，对学区内各个学校的教育资源集中进行分配或共享。施行学区化管理模式是推进教育资源均衡的一种重要途径，可以有效实现教育资源在一定范围内的均衡，最终从整体上实现义务教育均衡化。

在C县施行学区化管理虽然任重道远，但是笔者认为可从以下几个方面逐步着手进行。第一，若想实现资源共享，政府需撤除重点与非重点学校的划分，将本学区内的教育资源整合优化，以使各学校间差距缩小、协同发展。第二，将学区管理模式引进农村教育。农村教育资源相对落后，学区化管理有利于实现优质资源共享从而促进农村教育发展，因此要加大对农村学区管理建设力度，对学校进行优化整合，实行规模化、制度化管理。第三，大力扶持资源配置较差的学校，优化农村教学条件及资源，这样可以在较短时间内实现义务教育均衡化目的。

四、促进师资队伍的均衡化分布

教育的关键在教师。义务教育均衡化发展的重中之重是实现教师资源的合理配置和分布。

---

① http://old.moe.gov.cn//publicfiles/business/htmlfiles/moe/moe_619/200606/15687.html.

1. 强力推进教师轮岗交流制度

实施校长轮岗、教师交流制度。要加强城市与农村、好学校与一般学校之间的交流，让城市优秀的校长和教师下沉到相对较差的农村，把先进的教育管理、教学方法带去，让农村的校长和教师到城市来，学习城市好的学校的经验，开阔眼界。这种交流不是自然形成的，而是需要教育行政部门加强统筹管理，建立校长、教师定期交流的长效机制，积极主动推动制度落地。交流制度的实施，可以让优质的师资流入到条件相对较差的农村学校中，让素质相对较高的教师能够支持农村义务教育工作的开展。同时，还要建立城市支援农村的义务教育对口支援项目，选派城市学校的优秀教师到农村开展支教工作，进一步充实农村学校师资力量，解决农村教师资源短缺的问题。①

2. 全面提升教师综合素质

全面提升教师特别是城镇薄弱学校教师和农村教师的综合素质和能力。第一，加大教师培训力度，并在政策上向城镇薄弱学校教师和农村教师倾斜。在培训的过程中，要根据培训对象及实际需求的不同，提供不同的培训内容，如为新入职教师、班主任、学科骨干、学校管理人员、农村教师等不同群体，以及音体美、综合实践等紧缺学科提供的培训应有不同。第二，提高教师运用现代信息技术的能力和水平，要求教师特别是城镇薄弱学校教师和农村教师能充分运用网络教学资源和远程教学平台开展数字化课程学习，以解决城镇薄弱学校和农村学校优质教育资源不足的问题。这就要求在教师培养和培训过程中重视教师信息化教学能力的培养。第三，鼓励教师在职学习与深造，以提升其学历层次和综合素质，可在政策上予以扶持和补贴。

3. 切实提高农村教师待遇

随着社会主义市场经济的蓬勃发展，人们的经济意识也越来越强。当今社会，人们在进行职业选择时首先考虑的是该职业的工资待遇与福利保障。当前，待遇低、机会少、编制少、职称难是困扰农村教师最较直接的问题。这就要求地方政府在提高教师待遇上下功夫，这样才能有效促进义务教育的均衡化发展。第一，结合当地的经济社会发展水平和当地公务员的收入情况，制定农村教师工资和福利政策，保障农村教师的工资和收入不低于甚至略高于公务员的工资和收入，并根据社会发展逐步提高。第二，建议在正常的工资和福利之外，根据教师在农村从教的时间和工作效果，设立特殊津贴或奖励性工资，并在职称评定中给予相应的优惠。对长期在贫困地区任教并有突出贡献的，可放宽晋级标准，以提高农村教师的职业吸引力。

---

① 邬静. 河北省义务教育均衡发展的问题及对策研究[D]. 石家庄：河北师范大学，2013.

第八章　美国农村教师师资队伍建设

20 世纪中后期，美国崛起，成为超级大国，其教育也处于领先水平。然而，美国教育也存在各种问题，美国历任总统也出台过一些政策性文件以解决这些问题，例如，1983 年由里根总统挂帅的美国高质量教育委员会发布报告——《国家处在危险之中，教育改革势在必行》，揭露美国教育存在落后于苏联等问题的同时，也给美国的基础教育蒙上一层神秘面纱。2001 年，布什政府颁布法案——《不让一个孩子掉队》(简称"NCLB")，拉开了以提高每一个学生学业成绩为宗旨的教育改革运动的序幕，该运动的影响持续至今。《不让一个孩子掉队》这一法案的颁布也彰显了对美国落后地区及农村教育、农村教师的数量及质量的重点关注。

然而，完成后工业化进程的美国仍存在落后的农村社区，如 2003 年美国最为贫困的 250 个社区中 244 个社区在农村，农村地区贫穷发生的概率通常是 14.6%，而城市的这一概率通常是 11.4%。根据美国国家教育统计中心 2011 年的数据，57% 的正规学区和 32% 的公立学校在农村地区，约 24% 的公立学校学生就读于农村学校，乡村学校接纳了大量的学生。[①] 以上一系列数据表明，美国农村教育在美国教育系统中占据举足轻重的地位，研究美国农村教师问题对于同样地大物博但农村教育落后、农村教师问题突出的我国有重要借鉴意义。

---

① https://nces.ed.gov/programs/coe/indicator_tla.asp#info.

在阐述这个问题之前，我们先要明白在美国，农村的含义是怎样界定的。2006年，美国国家教育统计中心(NCES)与人口普查局合作，修订了学校地点类型的定义，建立了一个新的被称为“以城市为中心”的地区分类系统，这一分类系统被NCES沿用至今。新的分类系统有四大地区类别——城市、郊区、镇和农村，每一种分类又被细分为三个亚类。四大地区类别及其亚类的具体划分标准和定义如下。

(1) 城市。位于城市化地区及主城区内，分为大、中、小三个类型，其中，大型城市人口数在25万人及以上，中型城市人口数在10万人至25万人之间，小型城市人口数不足10万人。

(2) 郊区。在城市化地区范围内但在主城区之外，也分为大、中、小三个类型，大型郊区人口数在25万人及以上、中型郊区人口数在10万人至25万人之间，小型郊区人口数不足10万人。

(3) 镇。在城市群之内，分为边缘、较远、偏远三类，以与城市化地区的距离为分类标准，10英里(1英里＝1609.344米)以内的为边缘镇，超过10英里而少于或等于35英里的为较远镇，超过35英里的为偏远镇。

(4) 农村。在城市群之外，人口普查界定的农村地区也分为边缘、较远、偏远三类，以距离城市化地区及城市群距离为分类标准，距离城市化地区5英里内及距离城市群2.5英里以内的为边缘农村，距离城市化地区超过5英里而少于或等于25英里及距离城市群2.5英里以上但少于或等于10英里的为较远农村，距离城市化地区超过25英里而距离城市群超过10英里的为偏远农村。

NCES根据学校的实际地址及其相应的纬度和经度坐标，将所有学校以四大地区类别及其亚类分为十二类学校。这不仅意味着可以准确地确定任何学校的位置，而且意味着可以利用距离测量来识别城镇和农村的亚型。不像以前按照人口规模划分城镇的分类制度，以城市为中心的制度根据城镇和农村地区与较大城市中心的邻近程度来区分城镇和农村地区。这一关键功能使NCES能够识别和区分相对偏远地区的农村学校和学区，以及那些可能位于城市中心之外的学校和学区，并根据各地区学校和学区的实际情况制定恰当的制度，以保证美国教育系统的完整运行。

第一节　美国农村教师队伍建设面临的困境

尽管美国国会出台了各种政策解决教育系统中出现的各类问题，其农村教育却因经济较为落后、地理位置偏僻等各种因素导致农村教育发展缓慢，其突出问题就是农村教师问题。美国农村教师队伍建设从大的方面来说主要面临两大困境：教师短缺问题、教师专业化发展问题。

一、教师短缺问题

美国农村教师队伍短缺问题主要表现在以下三个方面。

1. 全美师资数量总体不足

美国教师问题由来已久。20 世纪末 21 世纪初，美国教育部预测，在未来 10 年里美国公立学校将需要增加 220 万名新教师。统计表明：伊利诺伊州未来 4 年将缺 6.4 万名中小学教师；加州有 4.2 万名教师无执照，未来两年更将扩大至 6.5 万名；佛罗里达州单单迈阿密地区就缺 7000 名中小学教师。随着经济社会的发展，全美教师短缺问题有了一定解决。根据 2014 年美国国家教育数据统计中心的数据，2012 年全美招聘新教师 32.1 万人，预计到 2020 年将招聘新教师 36.2 万。然而，通过对比 2007—2008 年与 2011—2012 年美国各地区教师人数数据(见表 8-1)，我们可以发现，在这几年间，美国教师总量呈下降趋势，且城郊和镇的教师数量下降是总量下降的主要原因。虽然农村地区教师数量呈增长趋势，但农村师资不足问题逐步显现。

表 8-1　2007—2008 年与 2011—2012 年美国各地区教师人数

年份	2007—2008 年	2011—2012 年
所有公立学校教师总数	3404500	3385200
城市	882400	958800
城郊	1200700	1098400
镇	467500	411400
农村	853900	916600

(数据来源：https://nces.ed.gov/surveys/sass/tables/sass1112_2014_01_t1n.asp.)

美国国家教育统计中心(NCES)以地区分类系统统计包括农村地区在内的最新数据可知，截至 2013 年秋季，全美注册的公立学校学生数、学区数与学校数基本情况如表 8-2 所示。可以看出，农村和镇的学生数占所有公立学校学生总人数的比例约为 30%。关于教师人数，NCES 的调查数据显示，农村教师人数约为 916 万，虽然教师人数在美国国家调查数据中有上升，但是美国农村教师人数远远低于城市及城郊教师人数。农村学校师生比约为 1∶10，城市学校师生比约为 1∶6，这也就是说，一个农村教师大约需要教 10 个学生，而 1 个城市教师则大约只需要教 6 个学生。显而易见，农村学校和城市学校师生比更凸显了农村师资总数严重不足。

表 8-2　美国四大地区注册公立学校情况统计表(2013 年秋)

学校类型和注册数	学生数/人	学区数/个	学校数/所
所有公立学校总计	49709977	13491	94758
城市	15117863		
大型	8027328	190	13556
中型	3394136	178	5614
小型	3696399	396	6444
城郊	19776759		
大型	16971902	2497	25125
中型	1821209	342	3127
小型	983648	246	1836
镇	5682748		
边缘	1436104	536	2871
较远	2505686	1076	5569
偏远	1740958	874	4310
农村	9132607		
边缘	5216343	1582	9908
较远	2887100	3145	10126
偏远	1029164	2429	6272

(数据来源:美国教育部,国家教育统计中心,共同核心数据(CCD),“公立中小学全国调查”,2013—2014 年(1a 版)。)

美国农村师资除总数不足之外,规模不同的各乡村学区学校普遍存在不同程度的师资短缺问题,农村地区教师短缺问题一直未得到妥善解决。

美国农村师资不足还体现为,农村学区存在某些学科和专业领域教师短缺现象。根据美国教育部 2011—2012 年度美国学校学科领域很难或无法填补岗位空缺程度统计表(见表 8-3),可以清晰地看出,随着科技的发展和进步,在整个美国,不管是城市地区还是农村地区,对于应用学科领域和特殊教育方面的师资需求度大概一致,然而农村小规模学校由于经济、地缘等原因更难招聘到足够的师资。

表 8-3 2011—2012 年度美国学校学科领域很难或无法填补岗位空缺程度统计表

学校类型和学生注册数	很难或无法填补的学科岗位比例						
	普通基础学科	特殊教育	英语	计算机科学	数学	生物学	物理学
所有公立学校	1.5	17.1	5.8	15.0	19.1	18.8	25.5
农村/小镇招生人数	3	39.5	13.3	27.7	41.4	44.8	48.8
不足 100	13.2!	38	12.2!	31.5!	27.1	22.8	23.4!
100～199	2.3!	20.4	8.9!	20.3!	24.5	23.5!	31.8
200～499	1.3!	16.4	8.1	18	19.3	18.1	26.8
500～749	≠	14	4.4	11.3!	17.2	19.3	21.1
750～999	≠	16	3.9!	≠	15.3	18.1	20.2
1000 及以上	#	18.2	3.7	12.4	19.5	17.7	28

（资料来源：https://nces.ed.gov/surveys/sass/tables/Sass1112_480_s1n.asp.）

注：

#：归零；

!：谨慎处理数据，该估计值的变异系数(CV)介于 30%至 50%之间(即标准误差为估计值的 30%至 50%)；

≠：未达到报告标准。此估计值的变异系数(CV)为 50%或更大(即标准误差为估计值的 50%或更多)。

数学、计算机科学、英语作为基础教育的核心科目，其重要性不言而喻。农村地区在这些方面的教学优势本就不明显，多数农村学生不能保质保量地完成学习任务。在这些学科和专业领域师资力量不足，对落后于城市地区的农村教育来说，无疑更加扩大了城乡教学质量的差距，对美国农村教育的长期持续性发展也会造成不利影响。

2. 教师流失严重

行业间就职人员进行职业流动属于正常现象，但是较高的流动率容易造成该行业就职人员流失。教师行业人员不仅仅是从事一门职业进行谋生，其行业特点表明，教师还担负着教书育人的崇高使命。“十年树木，百年树人”，教育是一项长期的事业，教师作为这项事业中的中流砥柱，更应该发挥其长效、稳定的育人职能。

教师流动尤其是农村教师流动作为市场经济发展的产物，是一种正常的社会现象和社会流动。有学者认为，进入农村工作的教师人数少不是农村教师短缺的最主要因素，更深层次原因是大量教师离开其工作岗位，也就是教师流动呈非良性流动，出现教师流失现象。有数据表明，有 1/3 的新教师在其工作 3 年内离开教育领域，有一半新教师会在其工作 5 年内离开。教师行业人员总量减少，从而导致农村地区教师数量在原本就不大的教师人口基数基础上更加减少。

从美国全国范围来看，教师流动率约为 15%，农村地区教师流动率有时高达 30%和 40%。[①] 这种高流动率使得美国农村教育面临着教师高流失的风险，一些较

① http://www.hispanianews.com/archive/2005/05/21/08.htm.

小规模的校区极有可能会在教师流动中沦为弱势校区，流失率远远高于大中型规模校区，从而更难保留住原有的教师队伍，加重教师短缺问题。受课程难易度、课程多寡等因素影响，中学教师流失率往往高于小学教师流失率。

表 8-4 为不同规模学区中小学教师流失情况表。

表 8-4　美国不同规模学区中小学教师流失情况表

学区规模	小学教师流失比例/(%)	中学教师流失比例/(%)
250 人及以下	4.4	13.8
251～600 人	1.7	5.2
601～1500 人	1.7	4.1
1501～2500 人	1.1	3.5
2501～10000 人	1.6	5.8
10000 人以上	0.4	1.3

(资料来源：Terri Duggan Schwartzbeck, Cynthia D Price, Doris Redfield, Helen Morris, Patricia Cahape Hammer. How are rural school districts meeting the teacher quality requirements of no child left behind? [R]. American Association of School Administrator & Appalachia Educational Laboratory, 2003.)

美国的农村教师流动处于不健康的状态。有数据表明，2004—2005 年，美国 25%的流动率较低的学校年均教师流动率为 8%，而另外一些流动率排名位于前 25%的学校有超过 32%的平均年流动率，占全部流动的 45%。在流失的教师中，科学教师和数学教师所占比较大。这一数据也佐证了前文提及的，在美国农村，某些学科和专业领域教师短缺现象严重的事实。其中，高贫困、高少数族裔的城市和农村公立学校的数学和科学教师流失率和迁移率最高。此外，校际流动呈现显著的不对称，农村和城市中贫穷的、少数族裔学生聚集的学校呈现的是数学教师和科学教师的绝对流失。相对而言，非贫困、非少数族裔学生聚集的郊区学校在数学教师和科学教师方面则有绝对的盈余(教师流入)。农村超过半数离开原来岗位的科学教师和数学教师报告说，他们离开的主要原因是为了追求另一种工作或更好的工作，或是因为不满于教学工作的某些方面，由于这些原因而离开的比由于退休而离开的多好几倍。[①]

从教育系统内部看，教师流动呈正向移动，也就是说，由边远落后地区流向工作条件优越、福利待遇好的地区；地理位置由农村流入县城、县城流入中小城市、中小城市流入大城市、中西部地区流向沿海发达地区。虽然对于教师个人而言实现了良性流动，但对于教师队伍整体而言，农村教师队伍呈现非良性流动，不利于教育系统内部教师生态系统平衡，流失现象愈演愈烈。

3. 高质量教师短缺

美国农村教师总量不能满足数量较多的中小型规模农村学校教学功能的发展需

① 卢锦珍. 美国农村教师补充政策的研究[D]. 重庆：西南大学，2016.

要，在此严峻形势下，高质量教师短缺也是造成美国农村教育落后的一个重要因素。美国 NCLB 法案提高了对教师和教辅人员的资格要求，这一法案的提出，使美国农村学校对于教职人员质量和数量的需求及要求面临更加严峻的挑战。

NCLB 法案规定，各州必须确保所有核心科目的教师都是高质量的。核心科目包括英语、数学、科学、外语、阅读与语言技能、公民与政府学、经济学、艺术、历史与地理。在 NCLB 法案中，高质量教师是指获得学士学位、州教师资格证书，同时能展示其所教授科目领域内的教学能力的教师。[①]

与中国一样，教师资格考试也是美国教师进入教师行业的第一道门槛，美国联邦和各州针对教师资格认证制定了合乎当地实际情况的标准，虽然各地标准略有不同，但对新教师入职也会经过层层筛选考核（见表 8-5）。

表 8-5　2003—2004 年度美国教师入职资格要求程度情况表

学校类型和学生注册人数	通过州教师资格认证标准	通过州教学基本技能测试	通过州教学专业实践考核	通过州第二次教学实践考核
所有公立学校	77.4	64.1	29.1	26.9
农村/小镇	79.2	59.7	26.7	25.2
学生注册人数				
250 人以下	73.8	53.2	11.8	9.4
250～999 人	77.3	64.3	25.3	21.5
1000～1999 人	79.8	68.3	36.3	33.8
2000～4999 人	80.5	69.1	40.2	38.9
5000～9999 人	77.3	68.9	42.3	44.5
10000 人及以上	72.1	66.8	38.3	39.4

（资料来源：NCES 2003—2004 年度学校和师生人数调查，各地区数据文件。）

注：在美国教育部官方网站未找到最新的关于教师入职资格要求的数据。

表 8-5 清晰地展现了美国农村教师的入职标准及新教师考核通过率。不难看出，农村地区新教师通过州教师资格认证标准的比率高于所有公立学校平均通过率，但通过州教学基本技能测试、州教学专业实践考核、州第二次教学实践考核的比率均低于所有公立学校平均值。由此我们可以推断，美国农村地区尤其是中小规模学校对于新教师通过入职考核标准是很松懈的，农村教师的入职门槛低于美国联邦平均水平。

很多农村学校还存在招收综合素质较差或者不合格教师的情况。这些教师的学

① Cynthia Reeves. Implementing the No Child Left Behind Act: implications for rural schools and Districts[R]. Educational Policy Publications, 2005.

历层次、大学期间所获学业成绩、毕业学校排名等方面跟非农村学区相比略低。就学历层次而言，不管是在市区、郊区还是农村，98.3%的高中教师拥有学士及以上学历，但拥有硕士及以上学历的教师在城市和农村地区有较大差异。有数据表明，所有城市公立学校中，48.1%的教师拥有硕士及以上学位，农村学校的这一数据为41.9%；此外，美国有1.2%的高中教师拥有博士学位，在这些博士中又只有13.4%的人任教于农村高中，其余则是在城市或者规模较大的非农村学校任教。[①] 就大学期间获得的学业成绩而言，在大学时期的教育类课程考试中，来自农村地区的师范生课程考试成绩比不上来自城市地区的学生，这些农村地区准教师在通过教师资格认证或其他有关教学的认证考试时，通过率不如城市地区的教师高。就毕业学校排名而言，罗伯特·吉布斯于2000年进行的一项调查研究发展，与城市地区同行相比，毕业于排名前列的学院或大学的农村教师只有7%。城市地区教师可能会有15%毕业于此类学校，而且农村教师往往受教育程度较低。[②]

从某种意义上说，农村教师教学技能和教学质量低于城市教师，农村地区高质量教师缺乏这一难题的解决迫在眉睫。而各地区教学实际情况又不能一概而论，高质量教师的评判标准涉及教师专业化发展问题。

二、教师专业化发展问题

美国农村地区地域广阔，人口、经济、文化、生态等千变万化，在这个生存土壤基础上存在的教育自然也呈现多样化态势。美国农村的动态变化特点也使得教师专业发展问题千差万别，但美国农村教师专业化发展问题主要为农村教师教育及其专业发展边缘化。

想要弄清楚并解决教师专业化发展问题，首先我们要弄清教师专业化发展的内涵。教师专业化发展从词源上可从两方面理解：一是“教师专业”的发展；二是教师的“专业发展”。[③] 教师专业的发展着眼于教师教育作为一种专业领域，实现其发展的系统性、权威性、制度性。教师的专业发展着眼于教师群体和教师个人的专业技能方面的发展。

从教师专业的发展角度而言，教师专业化指教师作为一项职业具有自己独特的职业要求、职业道德规范和执业资格准入条件，有专门培养系统及管理制度。教师专业形成与否及其评判标准主要包括以下四个方面。第一，教师专业既包括学科专业性，也包括教育专业性。国家对教师任职既有规定的学历标准，也有必要的教育知

---

① Tammy Kay Kreuz. The status of teacher quality in rural high schools: a descriptive analysis[D]. Austin: The University of Texas, 2005.

② Robert Gibbs M. The challenge ahead for rural schools[J]. Forum for Applied Research and Public Policy, 2000, 15(1).

③ 刘万海. 教师专业发展：内涵、问题与趋向[J]. 教育探索, 2003(12).

识、教育能力和职业道德要求。第二，国家有教师教育的专门机构、专门教育内容和措施。第三，国家有对教师资格和教师教育机构的认定制度和管理制度。第四，教师专业化是一个发展的概念，既是一种状态，又是一个不断深化的过程。[①]

从教师的专业发展角度而言，教师专业发展是教师专业水平不断提高的过程，在此过程中教师的专业知识、专业技能得到发展，专业情感不断健全。有学者将教师专业发展的内涵归结为：教师专业发展是以教师专业自觉意识为动力，以教师教育为主要辅导途径，教师的专业知识与能力素质和信念系统不断完善、提升的动态发展过程。[②] 也有学者认为，教师专业发展的内涵为：教师是专业人员，是发展中的人，是学习者，是研究者。[③] 在这个过程中，教师实现自身重新定位，全面系统地掌握教育科学知识，成为教学专业领域方面的专家型教师。美国学者凯兹根据前人的观念，发展性地提出了教师专业发展的四个阶段。

阶段一：求生期。在工作的第一年，努力适应以求生存。

阶段二：强化期。一年后，对一般学生的情况有了基本的了解，开始把注意力放在有问题的学生身上。

阶段三：求新期。在第三至第四年时，教师开始寻求新的教育教学方法。

阶段四：成熟期。教师花费三至五年或更长的时间，成为一个专业工作人员，能够对教育问题做出反省性思考。[④]

从以上概念可以看出，美国农村教师专业发展在此概念的两个层面都没有得到满足。美国的教师教育计划虽然关注了教师的培养等问题，但是没有针对农村地区的确定指向性教育，对农村学校教师的现实教学需求及技能培养缺少一定的关注，国家没有专门的农村教师培养机构。在美国，培养教师是综合大学教育学院或文理学院教育系的职能，然而这些高等教育机构没有单独的系或机构为农村地区培养教师，大部分甚至没有设立针对农村学校教师的专门课程，农村教师教育及其专业出现边缘化现象。更让人失望的是很多人甚至从来没有意识到农村学校的特殊需要，也没有意识到需要考虑设备较差、设施不全、生活在较闭塞地区的教师的实际需要。欠缺农村教师发展问题现状意识的后果就是，大学或学院的资源不能很好地组织起来解决农村教师专业发展和农村教育面临的问题，即使是坐落在农村地区的大学似乎也忽视了农村教师及农村教育这一重要研究领域，遑论位于城市地区的各种职业教育和师范培训机构。[⑤] 前面我们提到美国农村缺少高质量教师，农村教师入职需要通过州教师资格认证，但是通过率较高的事实也让我们发现农村教师的资格认定和管

① 毛光寿. 教师专业发展的理论综述[J]. 浙江教学研究，2004(6).

② 刘万海. 教师专业发展：内涵、问题与趋向[J]. 教育探索，2003(12).

③ 韩冬云. 教师专业发展的内涵、问题与趋向[J]. 辽宁教育研究，2005(3).

④ 凯兹. 与幼儿教师对话[M]. 廖凤瑞，译. 南京：南京师范大学出版社，2004.

⑤ 李国丽. 二十世纪美国农村学校教师培训浅谈[J]. 外国教育研究，2007(1).

理相对松懈，没有严密的针对农村教师的教师资格认定制度和管理制度。而且有些农村教师自身专业素养不足，在农村极其缺少教师的情况下被招聘为教师。这些教师缺乏专业自觉意识，专业知识和专业技能未经过系统训练，专业情感不健全，面对知识基础本就相对较差的农村学生，不能适应学情，其教学技能没有得到更好的提升，相反，随教学进程的推进而出现教学技能退步，不能成长为专家型教师。

总体来说，美国农村教师专业化发展出现掣肘，农村教师教育及其专业发展边缘化造成的专业疏离和缺少专业支持会极大地影响美国农村教师队伍的稳定性，其作为问题本身的同时也是造成教师短缺的一个因素。可以说解决了教师专业化发展问题，美国农村教师短缺的问题也会得到一定程度的解决。

第二节 美国农村师资队伍建设困境归因

造成美国农村师资队伍建设困境的原因有很多，一些全国性的趋势也加速了农村师资队伍建设困境，如强调教师质量，教师流失严重、流失率高等。总体来说，造成美国农村师资队伍建设困境的原因可以归为四类：第一，教师薪酬问题，主要表现为工资少；第二，教师的高流失率；第三，一系列政策法案提高了教师入职标准；第四，农村地缘及经济因素导致教学环境差及农村教师社会孤立。

一、教师薪酬问题

随着市场经济的发展，薪酬在劳动力资源配置方面发挥着越来越重要的作用。作为劳动力价格的信号，薪酬调节着劳动力的供求和流向。由于教师行业薪酬低于大部分行业薪酬水平，美国教师行业对大学毕业生就业吸引力不足，教师整体数量不足，农村教师数量也大打折扣。而薪酬高低是关系到教师是否选择到农村地区任教的重要因素。

（一）教师行业整体工资较低

美国教师联合会（AFT）作为美国劳工组织的一部分，在维护教师合法权益、保障教师工作权利、提升教师专业素养和专业水准方面一直发挥着积极作用。随着当前美国教育改革的推进及NCLB法案的颁布，教师的工作环境和公众对教师任职要求的深刻变化，使得教师问题引发公众越来越广泛的关注。在此背景下，美国教师联合会于2005年对美国教师工资状况进行了年度调查并在2007年3月公布了调查结果。调查展示了近几十年美国教师工资变化趋势，并以具体数字展示了教师行业与其他相关行业工资薪酬的情况对比，说明美国教师行业工资薪酬不足以吸纳足够多的人才的事实，工资薪酬是影响美国教师尤其农村教师数量和质量的重要因素。

2005年，美国公立学校300多万名教师的平均年薪是47602美元，比2004年增长了2.2%，但教师行业工资增速跟不上经济和物价增速及其他行业工资增速。美国2004年的经济增长率为5.8%,2005年的经济增长率为5.4%,相比之下教师工资增速还不及经济增速的一半。2005年美国物价增幅为3.4%,相比而言教师工资实际上是负增长。2004—2005年,教师平均工资的购买力实际下降1.6%,达775美元。1995—2005年,私营企业工人平均工资增长4580美元,但教师的平均工资仅仅增长了487美元。[①] 那么2005—2018年,美国教师行业工资又发生了什么变化呢?经济政策研究所对联邦数据的分析显示,教师的薪水比同等教育水平的同类工人要低。自1996年以来,教师周平均工资在2015年减少了30美元,降至1092美元,而所有大学毕业生的周平均工资增加了124美元,达到1416美元,这些数字是根据通货膨胀进行调整的。

美国全国教育协会公布的数据显示,美国公立学校教师2015—2016年的平均工资为58353美元。根据美国劳工部的统计,2017年美国人的工资中位数为47000美元。名为《2017年教育一览》的报告显示,美国教师的工资只相当于美国受同等教育工人工资的55%~59%。其中,美国初中教师的工资只相当于受同等教育工人工资的58%,这在经合组织中是第二低的水平,仅次于捷克。

在美国50个州中,各州教师年薪差距很大,排在前3名的是纽约州(79152美元)、加利福尼亚州(77179美元)及马萨诸塞州(76981美元),垫底的3个州是南达科他州(42025美元)、密西西比州(42744美元)及俄克拉荷马州(45273美元)。[②] 纽约州教师的年薪比南达科他州教师高37127美元,高出近89%,而垫底的3个州恰恰是农村占比较大的州。在这10年里,美国教师平均工资增长了10751美元,但是根据物价和房价的增长速度,教师行业工资仍处于较低水平,且农村地区教师工资还处于10年前教师的平均工资水平。

跟其他行业工资相比,教师行业工资水平也偏低。表8-6显示的是1995—2015各行业工资水平。随着经济的发展,各行业工资均有所增长,但是教师行业工资远低于其他行业工资。AFT还把教师与劳动统计局确定为需要大学学历的23种职业进行了比较,教师的平均工资比从事这些职业的人员的平均工资少16000美元,而且工资差距在过去的5年内变大了。一项新的分析显示,教师和类似专业人士之间的工资差距随着时间的推移而增长,教师现在的收入比其他接受过大学教育的工人低18.7%。[③]

---

① 王静,洪明.美国中小学教师工资的当前状况——美国教师联合会(AFT)2007年教师工资调查报告简介[J].外国中小学教育,2007(10).

② https://club.kdnet.net/dispbbs.asp? boardid=1&id=12859956.

③ http://blogs.edweek.org/edweek/teacherbeat/2018/09/teachers _ wage _ penalty.html?cmp=eml-enl-eu-news2-rm&M=58601019&U=2279352.

表 8-6　1995—2015 年行业工资对比情况表(单位:美元)

专业	1995 年工资 (相对 2005 年物价水平)	2005 年工资	2015 年工资
律师	83231	100852	113530
教授	86577	97648	108749
采购员	58308	61553	70000～90000
工程师	76567	80122	104463(软件工程师)
助理教授	49158	51249	63827
计算机系统分析员	72769	75709	79680
会计	53110	54053	63550
教师	47115	47602	58353

(资料来源:美国教师联合会调查报告(2007)。)

注:2015 年数据来源于 http://www.southmoney.com/shuju/hysj/201507/376506.html。

(二) 农村地区教师工资低于非农村地区及全国平均水平

总体来说,在美国全国范围内,农村教师的工资比其他地区的教师要低,这适用于入职初始工资、平均工资和最高工资标准。尽管也有一些例外,但在农村地区,向教师提供较低工资的趋势在全国各地都有。例如,美国国家教育统计中心按最高学位收入和地点分别统计了 2011—2012 年美国四大地区的公立中小学教师平均基本工资即平均基薪(见表 8-7),我们能明显看出,农村地区教师薪酬低于非农村地区及全国平均水平。

表 8-7　按最高学位收入和地点分别统计的公立中小学全日制教师平均基薪(单位:美元)

地点	全体教师		低于学士学位		学士学位		硕士学位		教育专家		博士学位	
	平均基薪	标准误差	平均基薪	标准误差	平均基薪	标准误差	平均基薪	标准误差	平均基薪	标准误差	平均基薪	标准误差
总体	53070	(213)	51330	(793)	46343	(352)	57831	(352)	59678	(641)	60228	(1774)
城市	54860	(437)	51360	(2131)	48449	(728)	59359	(728)	60989	(1283)	60204	(2358)
城郊	58470	(426)	56970	(1413)	49939	(600)	63266	(600)	64434	(1135)	66313	(4433)
镇	47780	(431)	47590	(1560)	42955	(435)	51798	(435)	52705	(1059)	58837	(4050)
农村	47130	(237)	47980	(1238)	42633	(303)	50899	(357)	53506	(817)	52812	(1982)

(资料来源:https://nces.ed.gov/surveys/ruraled/tables/c.1.b.-1.asp.)

由表 8-7 可以看出,农村地区教师的平均基薪在任何学位层面均低于总体平均基薪。在学士学位层面,镇和农村地区教师平均基薪低于城郊和城市教师平均基薪的数值为6000美元左右;在其余学位层面,镇和农村地区教师平均基薪均比城郊和城市地区教师平均基薪低约10000美元,不得不承认这是很大的工资差距。

由于国家数据只是平均水平,各州的农村教师工资范围并不明显,各农村学校规模不同,农村教师个人工资具体数额不得而知。但是在大多数州,农村教师的工资经常比州平均水平要低得多,这就形成一个非常明显的趋势,在全国范围内,农村教师在各自的州比其他人挣得少。不幸的是,对于很多农村地区,总体平均值低估了农村和非农村地区的实际教师工资差别,农村教师在很大程度上处于弱势地位。

因而,为了追求更高工资水平,一部分农村地区教师流动到非农村地区,且有能力流动的往往为具有较高教学水平和专业素养或者学历较高的农村教师,从而出现农村高质量教师流失问题。

二、NCLB法案

NCLB法案规定,从法案签署之日起,即从2002年1月8日起,新雇用的教学辅助人员必须:至少接受过两年高等教育;获得准学士以上学位;达到基本的素质要求,通过州或地方的学术知识测评并有能力在教学、阅读、写作、数学方面进行辅助工作。而原来的教学辅助人员必须在NCLB法案签署之日起4年内,即在2006年1月8日前达到以上要求。同时,主要从事为非英语语种学生提供翻译服务,或进行家长联谊活动,或进行特殊教育非学术活动的教学辅助人员,可以除外。[①] 法案还明确规定:如果学区没有实现高质量教师目标,就要受到制裁;如果学区在两年内不能实现“满意的年度进步”(AYP),学区就应该提供补偿服务,并且将失去部分联邦资助。[②] NCLB法案要求教师必须是高质量教师,对不同学段的高质量教师任职要求也有具体规定(见表8-8)。

表8-8 NCLB法案对美国高质量教师的要求

项目	具有州认证与执照	学士学位	需说明的学科知识要求(各州可以不同)					
			评估	学术专业	研究生学位	相当于专业的课程	高级认证或证书	高级目的的国家统一标准评价
新任小学教师	√	√	√					
小学教师	√	√	√					√
新任中学教师	√	√	√	√	√	√	√	
中学教师	√	√	√	√	√	√	√	√

(资料来源:U. S. Department of Education. Elementary and Secondary Education Act (ESEA), Title II, Part A, Non-Regulatory Guidance, Revised, 2005.)

注:评估是指对教师的评估,通过实践II(Praxis II)的系列测验或其他考试(各州不同)进行。

① 杨亚敏. 21世纪初美国农村基础教育改革研究[D]. 昆明:云南师范大学,2006.

② 韩娇. 美国21世纪初农村教师招募和保留对策研究[D]. 长春:东北师范大学,2009.

表 8-8 直观地说明了中小学高质量教师的具体要求，可以看到对小学阶段的教师没有设置具体的专业要求，只要拥有学士学位、通过国家和州的教师标准评价、拿到教师资格认证即可任教，且初任小学教师可以没有通过高级目的的国家统一标准评价。但是，对新任中学教师尤其是具有教学经验的中学教师要求很严苛，需要具备研究生学位且必须拥有教育相关学术学位，需学习过教育相关专业课程。就拥有研究生学位而言，农村学校仅有 41.9%的教师拥有硕士学历，全美有 1.2%的高中教师拥有博士学位，在这些博士中又只有 13.4%的人任教于农村高中。从数据来看，农村学校将会有至少一半教师不符合 NCLB 法案的高质量教师标准。举例来说，在纽约州 2001 年 10 月的教师资格考试中，有 16%的中小学教师没有通过考试，纽约州有近 8 万名教师，那就意味着有大约 12800 名教师是不合格的。规模如此庞大的不合格教师群体面对的将不仅仅是能否教育好学生知识和技能的问题，他们的师德、对于学生造成的潜移默化的人格影响以及对学生今后的人生选择道路都将造成深远的不可逆转的影响，这对于基础教育而言后果是十分严重的。因此，出台政策严格要求教师质量是必不可少的，然而面对农村学校教师的现实情况，NCLB 法案的出台也引发了不少争议。

考虑到经济等因素，如果在农村学校教师招聘中，严格按照 NCLB 法案规定招聘教师，其招聘形势定然不理想。选择进入教师行业的人数整体较少，农村学校已然在招聘中失去经济和地缘优势，法案对高质量教师的要求势必会加剧教师招聘的竞争。这样一来，城市地区因其良好的经济和地缘优势，将抢占一大部分优质大学毕业生甚至硕博毕业生任教。农村学校能招聘到的教师将少之又少，而为了满足广大农村学校学生的求学需要，农村学校将不得不降低标准招聘标准之下的人员，这显然违背了 NCLB 法案颁布的初衷。尽管 NCLB 法案对于农村地区教师有针对性地延长达标年限，然而部分不合格农村教师本身的素质不是短时间内能迅速提高并达标的。

那么，在现有的教师队伍中，能够满足 NCLB 法案标准的教师又有多少呢？我们以表 8-9 来进行说明。

表 8-9 美国教师达到 NCLB 法案高素质教师要求的情况① （单位：%）

高素质教师要求	总体群体	靠近城市的农村学校	远离城市的农村学校
教师执照	95.9	94.1	96.2
学士学位或以上	96.4	96.8	96.3
熟悉所教学科领域	92.9	93.0	92.9

（资料来源：Patricia Cahape Hammer，Georgia Hughes，Carla McClure，Cynthia Reeves，Dawn Salgado. Rural teacher recruitment and retention practices: a review of the research Literature，national survey of rural superintendents，and case studies of programs in Virginia[R]. Appalachia Educational Laboratory，2005.）

① 李娟，秦玉友. 美国农村教育师资队伍建设探析[J]. 教育发展研究，2009，28(Z2).

可见，现有教师队伍也没有完全达到法案对于高质量教师的标准，即使是在拥有教师资格执照、拥有学士或以上学位、熟悉所教学科领域的基本要求下，仍有一部分教师不合格。现有教师未能完全达标，加之即将进入教师行业的准教师也不一定能全部达标，这种现象在十几年后的今天仍然存在。在这种形势下，美国高质量教师整体缺乏，更不必说农村高质量教师的数量了。

三、农村地缘条件差，教师工作环境及条件处于劣势

美国农村学校所在地区大多位置偏僻，人口分布稀疏。相比城镇地区，农村地区地缘条件差。就生活环境而言，农村学校相对城市而言不仅住房条件差，而且生活娱乐设施也相对较少，又远离经济、文化中心。很多初到农村学校工作的教师，都由于对农村环境知之甚少而难以适应在农村环境的工作。正如哈尔和卡尔文在《美国公共教育》中所言："纵令乡村教师待遇提高，不使教师为别种收入丰富的职业所吸引，但由于农村生活条件差，特别是缺乏充分的文化刺激，乡村学校也不易聘任和保留水平高的教师，更不消说美丽姑娘从不肯轻易嫁给在农村学校任教的青年，有前途的男子也不乐意和农村学校的女教师结婚。"

就工作环境和条件而言，农村学校的情形也不容乐观。工作环境包括学校规模、学校基础设施建造、学生数量和质量、教师间关系等。农村地区往往学校基础设施建造不及城镇地区，不能给教师提供教学中会应用到的技术和达成学生学业的硬件设施，学生的素质和数量较低、教师消极任教问题等，也会对农村教师的教学激情和教学能力提升造成一定程度的不利影响。

在学校规模方面，农村由于学生住所分散等原因，存在很多小规模学校。小规模学校限制了教师的专业成长，要求教师具有多方面学科背景知识且具有多种学科的教师资格证书。这在农村中学更为明显，拥有单一学科背景的高校毕业生可能被要求担任多门学科课程。学生数较少同样会影响到学校的稳定发展。相比规模较大的学校，小规模学校对政策变动的应变能力不足。如根据州政府的改革政策对学生人数少的学校。进行裁减或合并，在很大程度上增加了这些小规模学校教师的失业风险，工作条件的不稳定性会对吸引优秀教师从教产生消极影响。

在学校基础设施建设方面，美国教育部的相关研究显示：46％的公立学校缺乏支持计算机及教学现代化通信技术的最基本网络设施。在此类急需建设的公立学校中，又有一半以上是农村学校。37％的农村学校缺乏适当的科学实验设施，40％的农村学校没有可供举行大型活动的场所，13％的农村学校没有适当的图书中心，70％的农村学校急需资金对学校进行全面维修。[①] 很多农村学校缺乏现代化教学设备，没有基础性的计算机网络电缆，不能获得或利用网络上的教育资源。据美国的相关报告，美国 51.7％的农村学校至少有一幢建筑物不合标准；54％的农村学校至少有一

① http://nces.ed.gov/pubs2002/digest2001/.2005-6.5.

个环境指标不达标，如能源（39%）、室内空气质量（18%）、通风（24%）；农村学校大量的设施需要更新等。[①] 除此之外，农村学校各类教材和教学工具也存在残破甚至缺失的现象，给教学带来诸多不便。

在学生数量和质量方面，农村学生由于接触到的知识广度和深度水平低于城市地区，给教师教学带来很大挑战。美国作为一个移民国家，国内种族众多、语言各异，学生尤其是农村学生在知识背景、文化背景、家庭背景等方面存在很大的个体差异，除非拉美裔白人之外的许多少数族裔的学生分布在农村地区，这些学生对于教师的需求跟白人相比是有很大不同的。首先在语言这一关，这部分学生不是英语为母语的学习者，而合乎教师资格标准的教师往往以英语为母语，缺乏足够的教学经验和教学技能来应对这些少数族裔的移民学生。马克·格雷研究发现，英语为第二语言的农村在校学生的英语学习能力较差，直接相联系的是众多这类学生所在的学校教师流失率更高。职前教师由于缺乏相应的教师技能训练和足够的相关知识文化背景，无法很快投入教学活动。根据 2011 年的相关测试结果，少数族裔学生在科学测试中表现较差，63%的非裔和 52%的西班牙裔学生的相关表现低于基本水平，只有 10%的非裔和 16%的西班牙裔学生对知识熟练掌握。[②] 面对这样的学生，教师难以提高教学技能，缺乏教学成就感，因而倾向去学生素质更高的城市学区教学，从而加重了教师缺乏危机。

在教师关系层面，主要表现为出现农村教师本地化趋势。唐纳德·白义德和他的同事们对 1999—2002 年纽约州公立学校承担教学任务的新教师进行调查研究发现，有 61%的新教师在离家 15 英里范围内的学校任教，有 81%的新教师在 40 英里范围内学校任教。这些教师是通过师范教育或大学教育后回到家乡任教的农村学生。虽然这是建设家乡的良好举措，但是这些农村学生需要经过选拔才可任教，他们中相当一部分在校成绩并不优良且部分学生缺乏教师资质，即使是师范生，其教师资格认证考试通过率也低于城市学生，这批学生走上教学岗位无疑会降低农村教师质量和农村学校的教学质量。

四、农村教师教学压力大，且面临社会孤立

前文提及在农村学校某些学科和专业领域教师缺乏现象十分严重，因此许多教师不得不跨专业顶岗教学。教师缺乏的现状促使学校合并课堂进行上课，导致大班额课堂的出现。如此一来，能力较强或者专业素养过关的农村教师就要承担很多额外的教学任务，存在身兼数职不得不教授两门或两门以上学科的现象，学科领域的多样性和年级的跨度使得这些教师存在很大的教学压力。

这些身兼数职的教师在教学中不仅要衡量所教授不同课程科目的难易程度，且

---

① 田静，王凌．美国农村高素质师资短缺的原因及对策[J]．基础教育参考，2004(5)．

② 王依依．美国农村教师合作培训模式研究[D]．武汉：华中师范大学，2015．

备课过程和批改学生作业过程所用的时间将大大增加。另外，许多科目在其所在学校或者地区只有一名或者寥寥数名教师，导致许多教师要负责多个年级的教学，缺少与本学科同事交流的机会，更加剧了教师的负担，且不利于教师教学能力的提高，降低了教学质量。2014 年美国全国教育协会的调查数据表明，有 72%的学校与学区管理者在受访时表示“有压力”和“非常有压力”，绝大多数教师感到在如何提高学生考试分数的问题上压力巨大，近一半的教师想离开工作岗位。[①] 由表 8-10 可知，岗位调动、教师个人生活及学校因素是教师校际流动的主要原因，而个人生活及职业因素是教师离开教师行业的重要因素。

表 8-10　美国教师校际流动或离开教师行业的原因及所占比例

	原因	比例/(%)
校际流动	岗位调动	28.3
	个人生活因素	24.7
	作业与课堂因素	4.6
	薪金及其他工作福利	2.9
	学校因素	22.0
	学生表现因素	0.5
	其他因素	17.0
离开教师行业	偶然因素	9.7
	个人生活因素	39.3
	作业与课堂因素	2.6
	薪金及其他工作福利	5.3
	学校因素	7.5
	学生表现因素	3.4
	职业因素	13.5
	其他因素	18.7

(资料来源:美国教育部，国家教育统计中心，教师跟踪调查(TFS)，“当前教师和前教师数据档案”，2012—2013 年。)

除此之外，由于所处学校地理位置偏僻，农村教师往往处于与世隔绝状态，在当地经济、科技不发达的情况下，对于外界各种变化如科技发展现状、人民生活现状、流行娱乐现状等消息的获取存在滞后，从而将来重新步入城市生活会造成跟不上时代

① http://neatod. y. org /2014/11/02/ nea-survey- nearly-half -of-teachers- consider-leaving-profession -due-to-standardized- testing-2/.

发展步伐的情况。尤其是越来越多的年轻人步入教学岗位，这种社会孤立使得相当一部分教师预备军对进入农村学校任教存在退却心理。相关研究显示，在吸引农村教师困难的原因中，社会孤立排在首位（见表8-11）。

表8-11　美国吸引农村教师困难的原因①

吸引教师困难的原因	认定“重要”或“非常重要”的比例/（%）
社会孤立	75
地理孤立	71
工资薪酬低	71
缺乏充足住房	56
周边社区经济情况	49
远离高校	35
教师需教授多学科	37
教师需教授多年级	27
贫困学生集中	24
生活费用高	9

（资料来源：Terri Duggan Schwartzbeck，Cynthia D. Price，Doris Redfield，Helen Morris，Patricia Cahape Hammer. How are rural school districts meeting the teacher quality requirements of no child left behind?［R］. American Association of School Administrator & Appalachia Educational Laboratory，2003.）

由表8-11可以看出，与我们前文提及的原因相吻合，可见想要解决农村教师队伍建设困境，必须从以上方面着手。这不仅关系到美国教师队伍质量问题，更关系到美国基础教育的成败及国家建设。美国是如何处理教师队伍建设困境难题的？我们又可以从其措施中吸收什么样的经验教训？

第三节　美国农村师资队伍的建设路径

针对美国农村教师队伍存在的诸多问题，阿帕拉契亚实验室（AEL）的研究者通过调查和分析，认为建设高质量农村教师队伍需要采取以下策略：

（1）收集国家和地方的教师供给和需求数据；

（2）基于数据分析开展招聘工作；

（3）通过扩大或改进招聘工作，以增加可能前来应聘的教师数量；

（4）所有重要合作伙伴协同努力；

① 李娟，秦玉友. 美国农村教育师资队伍建设探析[J]. 教育发展研究，2009，28(Z2)：117-121.

(5) 提供有针对性的奖励;

(6) 定期进行评估工作;

(7) 向“发展你自己倡议”项目投资,以促进教师发展;

(8) 鼓励大学开发教师教育课程;

(9) 要求专业人员参与聘用过程;

(10) 创制正式的上岗程序;

(11) 在工作第一年为教师提供奖励;

(12) 改善学校的文化和工作条件;

(13) 让社会参与欢迎新教师;

(14) 投资于学校的发展。①

上述 14 个路径涵盖了美国农村师资队伍建设的方方面面,总体来说,可以从培养、招募、保留、提高四个方面展开论述。

一、培养:提高教师预备军储备,保证教师质量

解决教师队伍建设问题首先要从源头上保证,即教师的培养问题。这里主要围绕以下几个方面展开论述。

(一) 法律法规政策层面

美国联邦政府在国家发展的不同时期针对农村教师问题出台了一系列法律法规政策。

1965 年,美国联邦政府出台《中小学教育法》,为农村薄弱学校拨付及时足额的联邦政府资金并规定教师待遇与学生成绩挂钩,虽没有明确的关于农村教师培养的条款,但从侧面强调了教师的教学能力。同年出台的《高等教育法》的两个子项目涉及农村教师政策,即教师进修项目和教师团队项目,项目旨在通过大学和中小学合作模式进行区域性的师资培训。培训的主要方式为:当地大学或教育学院的教师深入农村地区的中小学课堂展开针对性教学,而不是在大学教室坐而论道;建立以骨干教师为首的优秀教师团队,满足农村地区师资数量和质量要求。

1983 年,针对社会各界对教师质量的关注和呼声,美国国家高质量教育委员会针对教师质量发表了《国家处在危险之中:教育改革势在必行》的报告,在美国掀起一场持续至今的高质量教师教育改革运动。针对农村地区,该报告明确指出:“联邦政府和地方政府开展合作,共同满足下列四种类别学生的需要:具有天才的学生、家庭经济困难的学生、少数族裔或使用第二语言的学生,以及残疾学生。”“用补助和贷款来吸引优秀毕业生到缺乏师资的学校任教,为严重缺乏师资的地区和国家重点课程

① Hammer P C, Hughes G, Mcclure C, et al. Rural teacher recruitment and retention practices: a review of the research literature, national survey of rural superintendents, and case studies of programs in Virginia[R]. Appalachia Educational Laboratory, 2005.

培训教师。"报告发表后，与农村教师相关的大量政策报告和法案出台，引起了公众和教育界对农村师资培养的关注。

1994年颁布的《2000年教育目标》提出了基础教育的八项国家目标，其中四项目标与21世纪教师队伍建设和教师专业发展相关，提出农村教师要具有培养合格学生的专业知识和专业技能及专业素养，规定要解决教师居住于边远地区的问题，教师应获得专业成长的资源，教师具有继续教育和专业进修的机会等。[①] 虽然方案并没有体现具体的农村教师政策，但提出各州制定的农村教师政策规定不得低于联邦法案的最低要求。

2001年出台NCLB法案，要求从2005—2006学年起，所有公立学校和核心科目的任课教师必须是"高度合格的"。该法案首次以联邦立法的形式对公立学校教师的素质做出了相关规定。针对农村地区教师质量不达标的现实情况，时任美国教育部部长玛格丽特·斯佩林斯签发了两份推迟达标的文件——《农村地区教师弹性达标条款》和《国家统一评价标准》。

《农村地区教师弹性达标条款》目的是延长农村学校教师达标的时间，且该法案只适用于经过农村学校和社区信托机构认证的美国教育部农村小型学校教育成就项目学校的教师，条件是学校所在地人口稀少，学校学生数少于600人，该学校有经验教师可以推迟一年通过高质量教师认证。

《国家统一评价标准》为农村地区的小型学校教师质量认证提供了更为详细的规定，主要包括学生学业成绩、工作年限、专业发展学习和相关学科认证考试等相关方面的内容，目的是推迟NCLB法案对未能达到高质量教师学校的处罚，高质量教师认证期限是2006年至2007年。[②]

（二）组织层面

"为美国而教"(TFA)始于1990年。在随后的几十年里，尤其是在2008年经济大衰退引发的全国范围内的教师裁员潮之后，在许多地区，教师短缺已经不复存在，TFA继续安置"军团成员"。作为对日益增长的批评的回应，TFA已经改变了它的公开言论，现在表明他们的"军团成员"比传统的训练有素的教师表现要好，包括资深教师在内。并且这些军团教师通过平等的雇佣程序而不是以军人身份得到优待。

TFA旨在通过派遣精英学院的毕业生(大多数没有教育背景)向低收入的农村和城市学校教授两年的承诺来解决教师短缺问题。虽然这些毕业生的影响引起了激烈的争论，但是该组织通过吸引一些美国顶尖学生进入教学领域改善了教师供给的方式，在一定程度上缓解了教师短缺的状况。

---

① 吕达，周满生. 当代外国教育改革著名文献(美国卷·第三卷)[M]. 北京：人民教育出版社，2004：339.

② 傅能荣. 美国农村教师政策的历史发展与改革研究[D]. 福州：福建师范大学，2010.

（三）加强师范教育

师范教育是教师职前培训和培养新教师的主要途径，承担着发展基础教育的第一位工作。要培养优秀教师，首先需要鼓励和支持优秀学生报考师范院校。“只有当能力强的学生被吸收为师范生或毕业后应聘到学校任教时，质量控制才对提高教育专业的质量和地位有效。”[①]美国除传统的在大学中设置专业培养师范生的师范教育之外，有两种新的培养教师的教育模式可供我们学习参考，即美国教师专业发展学校(PDS)和 UTEACH 项目。

1. 美国教师专业发展学校

美国教师专业发展学校(PDS)并非一所特定的专门培养教师的培训学校，而是通过制定专业教育方案，美国 P-12 学校(公立中小学)与大学中的教育学院合作并形成伙伴关系，共同培训师范生，以及承担在职中小学教师培训任务的具有创新性的教师教育培养模式。这种模式产生于美国 20 世纪 80 年代中期并被持续应用至今，既提高了教师的教学质量，又提高了学生的学习质量。

PDS 经常被比作教学医院，后者也是 20 世纪初创建的混合机构。作为执业职业，教学和医学都需要一个健全的学术计划和紧张的临床准备。教学医院旨在为医学生和实习生提供临床准备，PDS 则为教师候选人和在职教师提供同样的功能，这两种环境都为在实际环境中进行实践的专业学习提供了支持。

PDS 伙伴关系有四大使命和五个定义性标准。四大使命包括：准备新教师，促进和实现教师发展，旨在改进实践的调查，提高学生成绩。五个定义性标准包括以下内容。标准一，学习社区。解决在 PDS 伙伴关系中创建的支持专业发展和儿童学习的独特环境。标准二，问责和质量保证。处理 PDS 伙伴关系的责任，以维持教与学的专业标准。标准三，协作。致力于发展和实施一个独特的大学/学校社区，在不同的机构之间分担责任。标准四，公平和多样性。转变 PDS 伙伴关系的责任，即培养专业人员，以满足不同学习者的需要。标准五，结构、资源和角色。处理 PDS 伙伴关系使用或者创建的支持其工作的基础设施。

2. UTEACH 项目

UTEACH 是由得克萨斯大学奥斯汀分校自然科学学院和教育学院管理的教师认证项目。它成立于 1997 年，目的是解决合格的中学数学、科学和计算机科学教师的短缺问题，以及进入这一领域的人的素质问题。专家估计，到 2020 年，美国将需要 10 万名数学和科学教师，以确保学生准备好应对 21 世纪最严峻的挑战。[②] 为了满足这一需求，美国商界、科学界和教育界于 2007 年共同发起了国家数学和科学行动(NMSI)，NMSI 与 UTEACH 研究所在得克萨斯大学奥斯汀分校，将创新的

---

① 胡森，等. 教育大百科全书(第八卷)[M]. 贵阳：贵州教育出版社，1990:125.

② http://www.nms.org/Our-Approach/STEM-Teacher-Pathways.aspx.

UTEACH 教师准备项目扩展到全国各地的大学。自 2007 年以来到现在，全国 UTEACH 网络已经扩展到 22 个州和哥伦比亚特区的 44 所大学。UTEACH 为大学提供了一个全国性的可扩展项目，培养了数量迅速增长的教师群体，这些教师正在培养美国未来的科学家和工程师，使他们在美国经济增长中发挥至关重要的作用。

UTEACH 项目的概念可表述如下：UTEACH 项目是一个独特的在大学中培养中学 STEM（科学、技术、工程、数学）教师的预备项目，旨在缓解数学、科学等学科教师短缺的现状，满足各州和全国对合格 STEM 教师的迫切需求。这种模式是科学和教育学院之间的一种独特的伙伴关系，它使未来的教师在 STEM 学科和教学策略中具备深刻的内容知识，从而促进学生对核心概念和原则的掌握。该项目使主修 STEM 专业的本科生能够获得中学教学证书，而无须为四年制学位增加成本或时间。这些大学的教师和工作人员代表全国专家团体的意愿，他们的重点是加强中学教师的准备工作。

UTEACH 项目成功的要素包括：设置将数学和科学内容与教学最佳实践相结合的重点课程；学生从第一学年开始有早期和强化的教学经验；为应届毕业生提供全面支持，包括参加 NMSI 的基础工作；来自经验丰富的教师的持续答疑和指导。以下是关于 UTEACH 项目主要特点的描述。

（1）招生和选择策略。STEM 专业的本科生在大一的时候就被招入 UTEACH 项目，没有任何入学标准。该项目提供学位计划，允许 STEM 专业学生在 4 年内完成他们的学位和认证。此外，UTEACH 还为感兴趣的本科生提供两门免费的“一个小时一个学分”的实地课程，允许本科生在选择教师工作前尝试教学。根据他们在这些课程上的经验，本科生要么选择继续学习，要么在大学生涯的早期就选择放弃就读 UTEACH 项目的课程。

（2）为在职教师提供准备和支持。除了专业所学课程之外，继续 UTEACH 项目的学生还需要完成一系列“STEM-specific”教育学课程。这些课程强调探究式教学、注重教育学理论与教学实践之间的联系、强调数学和科学之间的联系以及多样化的历史方法论观点的重要性。

（3）高度结构化的实地经验。在 UTEACH 课程中注册的 STEM 专业学生在学生教学前要进行 40 个小时有组织的实地体验，所有这些课程都由高级教师（有教学经验的非终身临床教师）和经过培训的课堂导师指导。在进入学生教学学期之前，学生要与当地的老师进行配对，由当地的老师对 UTEACH 项目的学生进行监督和观察。当地教师对这些准教师进行多个评分，以反映他们的优势和需求。

UTEACH 项目的成功开展缓解了美国教师队伍整体数学科学等学科教师短缺的状况，也在一定程度上为美国农村教师尤其是数学等学科教师短缺问题的解决提供了人才储备。

值得注意的是，除了 UTEACH 项目培养 STEM 教师、缓解学科教师短缺情况外，美国也有其他有关教师资格认证的项目来为想成为教师的人服务。例如 Teach Now 项目和 J-1 项目。

Teach Now 项目是美国首府华盛顿特区指定的美国教师资格培训项目，它可以为申请人提供在线的美国教师培养课程。在完成课程并且通过相应的考试后，申请人将会获得标准的美国教师资格证。获得美国教师资格证有两个条件：一是通过州教育局指定的美国教师资格证考试；二是完成教师培养项目（Teach Now 就是这样的项目之一，只不过采取的是网络授课的方式）。

J-1 项目的教师将会获得美国的临时教师资格证，直接上岗任教。但是，临时教师资格证不可以更新，会随着任期的结束而失效。Teach Now 项目提供美国标准的教师资格证书，可以更新。J-1 项目是教师来美国任教的交流项目，Teach Now 项目是美国的教师资格证培训项目。

通过 Teach Now 项目或 J-1 项目获得教师资格证的人中有很多人去要求较低的农村学校任教，也在一定程度上缓解了美国农村教师短缺的情况。

二、招募：扩大教师来源，招聘高质量教师

在招聘人员方面，扩大教师招聘选择面，面向社会各领域、各阶层招募各类教师候选人。招聘对象可以为刚毕业的大学生、半路转行的人士、已在学校中工作的准专业人员、军界和政府部门的退休人员等。在招聘方式方面，可以采用替代认证、自我成长倡议、家乡教师项目、军转教计划等方式。

所谓替代认证（AC），是指那些采用变通的方式，为已经获得学士学位但未接受过师范训练的人提供教师教育课程和教学指导，使其成为合格教师的非传统的教师教育方式的统称。为了吸纳优秀人才进入教师行列，替代模式广开门路招纳贤才，招生要求相对于教育学院而言要宽松一些，但是也有特定要求：①具有学士或以上学位；②有一定的学科或专业背景工作经验；③有较为丰富的社会阅历并且愿意在教师短缺地区承担较为困难的教学工作；④善于与低收入家庭、各种不同文化背景的学生群体建立良好关系等。替代性教师认证项目根据不同地区及不同人群的需要和特点培养教师，培养时间也随之变化，或者几个月，或者两三年不等。通过替代认证的教师也可成为教师。[①] 美国教育部网站有数据表明，在 2015 至 2016 学年参加工作的 380 万名公立学校教师中，约有 676000 人是经由替代认证途径通过教师资格认证方案的。虽然传统的认证途径通常要求认证人完成中学后的学位教育，但许多替代路线方案是为那些在没有教师教育课程的情况下已经在不同领域取得学位的个人设计的。这些进入教师职业的替代途径可能对劳动力市场上教师的供应产生重要影响，特别是可以应对教育领域授予学士和硕士学位的人数不断减少的情况，以及某些学科和类别学校的教师持续短缺的状况。[②]

与 2007—2008 年相比，2011—2012 年通过替代认证方式进入教师行业的人数

---

① 梁深．美国替代性教师认证模式述评[J]．中小学教师培训，2008(5)．

② https://nces.ed.gov/programs/coe/indicator_tlc.asp.

呈增长趋势，且通过替代认证方式成为教师的人的比例也不断提升。另外，这些替代认证教师的最高学历水平逐年提高，可见这是扩大教师来源、提升教师质量的有效途径。

自我成长倡议是除一般性招聘外，针对出身于农村地区的学生和教师提出的招聘策略。自我成长倡议的核心理念是招募来自农村的学生到农村任教，因为他们对农村情况更加了解，更有可能回到农村任教。自我成长倡议主要包括原居民教师教育计划、教育职业阶梯和可选择性的证书计划等三个方面。以原居民教师教育计划为例，该计划每年培养 12～15 名合格的小学教师到印第安人学校任教，学员可以获得生活补贴，享受免收学费等待遇，毕业生将会获准从事小学教师职业。①

所谓家乡教师项目，是指各个州从农村地区选拔愿意从事教育工作的学生或者其他领域的人才到当地高等教育机构进行学习，毕业之后回到自己家乡的农村学校任教的项目。② 该项目主要以农村中小学校与高等教育机构合作的方式，培养适合本地区的教师，以满足所在农村地区对优秀教师的需求。家乡教师项目与自我成长倡议的区别在于以下几点。第一，家乡教师项目招收对象广泛，不仅招募农村高中的在校生，农村地区其他领域的教师、在校的教学辅助人员、工作在农村社区中的人等均可被招收。第二，该项目的课程内容本土化，在农村高中就读的学生只要志愿将来成为农村学校教师，并愿意留在农村学校工作，均可以参加该项目，并且在高二阶段就可以选修教育基础知识和教学基本理论。第三，在社区学院两年的学习中，除学习从事教学工作所需要的相关课程外，还要学习诸如农村社会、农村文化、农村环境等跟乡村有关的通识内容，这些课程是由农村学校和相关指导教师根据其已有的基础知识和未来职业规划设置的。第四，家乡教育项目注重实践，学生要经常到农村中小学去了解农村教育现状等。学生进入大学阶段后，学习的主要任务是学习更高深的知识和进行更为具体的教学实践，如听课、上课、担当教学助手等。大学教师和农村学校的指导教师会分别根据学生在校学习情况和在农村学校的实习表现给予评价及针对性指导。第五，参加家乡教师项目的学生可以享受学费、住宿费等方面的优惠政策，各州政府和各级教育部门也为家乡教师项目提供经费支持。项目规定，参与该项目的人员毕业后必须回到农村中小学任教 3 年或 3 年以上，否则将受到法律处罚；此外，网络信用系统和就业系统会将其直接列入黑名单。美国大部分州都实施了家乡教师项目，并且取得了一定的成效。例如，在佐治亚州，阿姆斯特朗州立大学与农村学区合作设立了教学辅助人员项目，专门招收愿意从教的农村学校教学辅助人员，进行专业培训，到目前为止，已为农村学校培养多名优秀教师。

军转教计划是国防部与教育部合作的一个项目。专门为符合条件的、已经退伍

---

① 金睿. 美国农村教师队伍建设科学化路径及其启示[J]. 基础教育研究，2011(9).

② 付淑琼. 美国农村教师保障机制研究——以弗吉尼亚州家乡教师项目为例[J]. 中国教育学刊，2012(2).

或即将退伍的现役军人及预备役军人进入教师短缺的中小学校，特别是农村学校任教而设置的，主要通过为退伍军人提供薪金或奖金的方式来吸引他们到贫困学校任教。该计划从1994年就已开始实施，2000年正式更名为军转教计划，并于2002年纳入NCLB，并扩大了招收对象。军转教计划招收对象十分广泛，范围由起初的陆、海、空三军现役退伍军人扩展至国民警卫队、预备役人员及在服役期间致残的退伍军人，后来还扩大到其他行业中途转行的专业人士，所以军转教计划也属于替代认证的一种类型。

三、保留：多管齐下留任教师

（一）提高农村教师工资待遇，改善教学条件

经济基础决定上层建筑，要想稳住农村教师投入农村教育事业，就要采取相应的经济激励措施。黛西·里德和多丽丝·巴斯比对弗吉尼亚州67个农村学区的负责人进行了问卷调查，数据显示，在67个农村学区所雇用的教师中，77.6%的教师选择了有较高雇用奖励的学区，只有22.4%的教师选择了有较低雇用奖励的学区。此外，调查还表明，提供优越的经济激励的学区教师的流失率远低于那些未提供经济激励的学区。[①] 截止到2013年8月，美国教育部宣布，通过影响援助项目用于学校设施修缮及提高学校现代化水平的资金投入超过2亿美元。[②]

除了简单地增加农村教师工资的数额外，针对农村地区，美国州议会创建了为在职教师提供贷款等服务的项目，例如密西西比州为农村教师提供激励贷款、进修奖学金、住房贷款和租房服务。[③]有数据显示，高需求学科从教奖金更加受新教师的欢迎，60.7%的工作1～3年的教师将其列为重要的经济激励措施，而工作4～6年的教师的这一比例有52.5%，工作20年以上的教师的这一比例只有34.3%。贷款减免措施更加受到新教师的青睐。但无论工作多久的教师都将减免收入所得税及定居和住房补助之类的措施视为重要的激励措施。

一些州和学区认为，新教师在第一年工作负荷过重、精神压力大可能是造成教师流失的原因之一。因此，这些学区以引导和培养为主，适当减少新教师的任教班级和教学外事务，在学校的发展规划和决策中融入新教师的声音，在学科教学范围内给予新教师更大的自主权，尽量避免其教授非本专业的学科，有条件的学校严格实行小班化教学（美国全国教育协会建议的班级人数为15人）。

---

① Daisy F. Reed, Doris W. Busby. Teacher Incentives in Rural Schools[J]. Rural Education, 1985(3).

② http://www. ed. gov/news/press-releases/us-educationdepartment-announces-more-20-million-awarded-school-facility-repair.

③ 宋南争.美国农村学校教师队伍建设方法与启示[J].长江大学学报（社科版），2014, 37(4).

（二）开展新教师入职指导项目

为使教师尽快融入教学岗位，美国大部分地区提供了新教师入职指导项目。如密歇根州的农村学区、印第安纳州的农村学区、俄亥俄州的农村学区都采用这项计划。①

美国全国教育协会调查发现，新教师离开教学职业的一个重要原因是，他们没有为从教做好充分准备。全国教学和美国未来委员会 2003 年发布的报告指出，良好的职业准备，可以有效降低职业初级阶段的磨合障碍。这些准备的核心部分包括扎实的专业基础、过硬的实践能力及娴熟的现代教学技术。新教师需要的不仅是熟悉学科内容，而且要掌握使所有学生参与到学习过程中并获得进步的技能，特别是在那些办学绩效低、少数族裔学生众多及师资短缺的农村学校。

美国中北部地区教育实验室在 2000 年的一次调查中发现，52%的新教师认为，入职教育计划“非常成功”。2001 年该实验室针对“加利福尼亚新教师计划”的调查结果显示，精心设计和切实执行的教师入职教育计划使教师流失率降低了近 67%，少数民族教师和师资短缺学校教师的巩固率也呈上升趋势。②印第安纳州在 1988 年就开始实施为期一年的新教师见习项目，是美国最早实施新教师指导项目的州之一。2003 年开始的印第安纳门特和评价项目要求新教师参加为期两年的由门特指导的新教师入职教育项目。在第二年末会通过档案袋来评估新教师的表现。如果新教师的档案袋不被认可，则其必须参加第三年的门特项目并递交另外一份档案袋。③

（三）采取非财政性激励政策

提高农村教师工资、提供住房贷款等财政性激励措施属于物质层面，要想长远留住农村教师在农村学区任教，还需要采取非财政性激励政策，即在精神层面留下农村教师。马斯洛需求层次理论显示，自我实现的需求处在金字塔最高处，也就是说教师作为学生精神的领路人，更要在教学中形成扎根于农村教育事业的理想追求。例如，为美国而教（TFA）项目就是非营利性项目。除了 TFA 项目，家乡教师项目也多半通过激发农村学生为家乡服务的奉献精神来招募对象。由于这些学生自身来自农村，对农村环境很熟悉，不少人也愿意为家乡的发展贡献自己的力量，因此较容易接受农村教师岗位并长期留任。

四、提高：实现在职教师专业化发展

一个选择从教的青年学生在完成师范教育阶段学习初次进入工作岗位后，只是获得了从教的最基本的专业知识和初步的教学技能。但是由于师范生在校学习期间

---

① 李祖祥. 农村教师职后教育的新动向[J]外国教育研究. 2010(1).

② 胡庆芳. 美国引导新教师流向薄弱学校[N]. 中国教育报，2007-06-04(8).

③ 龚冬梅. 美国印第安纳州农村教师招聘和留任举措探析[J]. 当代教育理论与实践，2014(6).

形成的知识结构只是理论性的，尚缺乏教学实践的基本经验。这种情况下，新任教师不懂得如何正确地启发学生的思维、不懂得如何正确调动学生的学习积极性。因而初入职场的新任教师更应该在工作岗位上适应并完成从师范教育生向正式教师这一角色转换过程。教师在职提高的途径主要有教学反思、远程网络教育、高等教育学校培训，在美国，高等学校在农村教师入职培训和在职提高方面发挥着重要作用。

高等教育机构应该追求以地方为基础的模式，研究如何从外部有效地干预农村教育并与农村教育者合作。美国全国的州立大学和学院都在制订专门的农村教师培训计划，以帮助教师更好地在农村学校工作，扩大并加强农村学校教师和行政人员的在职培训。此外，高等学校还应向农村学校及学校所在地提供必要的技术援助。内布拉斯加州立大学科尼分校把同农村教师合作、为农村教师服务作为学校的重要理念。由于位于典型的以农村为主的州中心，学校采取多种策略，充分利用学校现有资源开展专门针对农村教师专业发展的项目。这些策略包括：①设计学校证书获取通道方案；②提供专业支持；③创建学徒式培养方案和实习基地；④为已经完成合格证书的农村教师提供其他学科的培训。

随着科技的发展，远程网络技术被应用到教育领域。美国联邦政府很早就认识到教育技术对于教育均衡发展的重要作用，为了更好地促进农村教育的发展，联邦政府拨出专项资金用于发展农村学校互联网建设，2003 年曾注资 5.76 亿美元用于 11576 所农村学校和图书馆的互联网建设。[①]

第四节　美国农村师资队伍建设实践对中国的启示

我国作为农村地区和农村人口占主流的国家，农村教师队伍建设也存在跟美国类似乃至比其更甚的问题。据 2012 年官方数据统计，我国农村地区学生少于 240 人的小学（含教学点）有 16 万余所（个），占当时全国小学总数的 70%左右；学生人数少于 120 人的小学（含教学点）有 11 万余所（个），占当时全国小学总数的 48%左右。[②]截至 2015 年，全国小学教职工数中共有代课教师 146683 人，其中 70443 人在农村，农村代课教师数占总代课教师数的比例高达 48%。在如此大数量的小规模学校面临着教师少且不专业的严峻形势下，美国农村师资队伍建设策略及实践对中国有较大参考意义。

一、制定全面的国家政策，各级政府须落实教育投资主体责任

作为联邦制国家，美国教育投资主体包括学区、州和联邦政府。根据财政能力，各级政府明确规定了各自的义务教育事权责任和经济责任，确立了较为完备的教育

① 赵彦俊，崔宏观. 美国农村基础教育优先发展政策探析[J]. 外国教育研究，2012(5).

② http://www.jyb.cn/basc/sd/201411/t20141119_604632.html.

投资系统和财政机制。联邦政府是强制性基础教育的主要投资主体。虽然农村教育成就项目(NCLB法案附属计划项目)并不完美,但这是美国政府首次关注农村社区发展基础教育需要的举措。

2001年,中国颁布了《国务院关于基础教育改革与发展的决定》,决定实施“以县为基础”的行政管理机制,建立新的义务教育管理机制。在这一机制下,义务教育的主要责任主体是县级人民政府,中央和地方政府给予必要的政策和财政支持。但是,由于中国仍处于社会主义初级阶段,各县区经济发展不平衡,“以县为基础”的教育机制难以承担教育责任。因此,改革中国农村教育的关键之一是提高政府教育投入行政级别,制定更全面的政策,切实落实各级地方政府特别是市级以上政府教育投资主体的责任。与此同时,《乡村教师支持计划(2015—2020)》建议将农村教师队伍建设作为优先发展战略定位,并发挥国家机制的作用,协调城乡差距,落实国家主体责任。

二、发挥高等教育职能,确定高质量教师培养

美国高校在农村教师培养方面发挥着重要作用,如对美国农村和农村教育的需求进行深入调查取证研究,与农村学校建立合作关系,派遣专家组对农村学校的课程进行组织建构,为农村学校开展特别培训等。

中国实行的免费师范生教育政策也是高校发挥教师培养作用的重要手段。但是,该政策实施过程中存在诸多问题,如师范生违约率呈攀升趋势,教师职业技能不踏实,因就业处位于协议规定的偏远地区,相当多的学生在就业一两年后就离开教师行业等。因此,有师范专业的综合大学和国家部属师范院校应结合当前经济发展形势与师范学生的特点有针对性地开展师范教育,也可学习美国,建立与农村贫困地区及学校的合作机制,高校的专家级教师也应深入基层切实了解农村学校及农村教师培养方面存在的问题,在培养高质量教师方面发挥高等教育的精准、高层次培训作用。

三、拓宽教师招聘来源,多渠道促进农村教师专业发展,增强使命感

美国教师招聘渠道多样,有通过TFA组织招募军人担任的教师,也有通过替代认证、军转教计划等多种招聘方式招募的教师,涉及各行各业经营人士。而我国的教师招募渠道则较为单一,主要为传统的师范教育。虽然《乡村教师支持计划(2015—2020年)》也提到了拓展乡村教师补充渠道的做法,但更多的是着眼于政府力量及农村教师特岗计划、培养师范生等方面,且因经济等多方面因素的限制,这种多元化结构并未完全实现。

我们应该转变传统的招聘观念,针对农村学校所处的地理环境及特有的校本课程实现多渠道招募教师。采用灵活的教师资格认证方式,除招聘以往的学历教师外,广罗各行各业人才,不单纯以学历为导向而是针对当地农村学校的特殊情况招募行业精英人才,培养出适应农村教育的专门型教师,增强这些教师扎根农村教育事业的

使命感和自豪感。

四、提高农村教师待遇，提高农村教师社会地位和职业幸福感

面对农村教师流失严重的现状，美国政府实行了较大力度的财政经济激励，除增加农村教师工资外，还为农村教师的培训、进修、住房等方面提供了政策性支持。而我国教师尤其是农村教师则处于很尴尬的境地：一方面，农村教师的工资待遇远低于城镇教师；另一方面，比起城镇教师，农村教师社会地位较为低下，农村教师很难有职业幸福感。因此，在提高教师工资的前提下，缩短农村教师与城镇教师工资的差距，提升农村教师的社会地位迫在眉睫。尤其是在老少边穷地区，政府更应制定诸如增加特殊津贴、为教师提供政策性住房或者租房补贴等措施，吸引教师前来就职，并为教师能长久留教农村制定相应的后续政策。

参考文献

[1]《中国教育年鉴》编辑部.中国教育年鉴1991[M].北京:人民教育出版,1992.
[2]《中国教育年鉴》编辑部.中国教育年鉴1949—1981年[M].北京:中国大百科全书出版社,1984.
[3] 安克思.中华人民共和国现行教育政策法规文件全集(共十卷)[M].延吉:延边人民出版社,2001.
[4] 财政部文教行政财务司.社会文教行政财务制度选编(1987.1—1988.12)[M].北京:中国财政经济出版社,1989.
[5] 陈大白.北京高等教育文献资料选编1977—1992[M].北京:首都师范大学出版社,2008.
[6] 冯克诚.中华人民共和国教育法律法规(基础教育·2005版)[M].北京:学苑音像出版社,腾图电子出版社,2005.
[7] 龚德隆.学校法律实务大全(下卷)[M].呼伦贝尔:内蒙古文化出版社,2000.
[8] 国家计委体改法规司.企业经营管理适用法规文件集成下[M].北京:中国法制出版社,1992.
[9] 国家教委高校师资培训交流北京中心.高等师范学校师资队伍建设有关文件资料汇编[M].北京:北京师范大学出版社,1988.
[10] 国家教育委员会教师管理办公室.中小学教师职务试行条例及有关文件汇编[M].武汉:武汉大学出版社,1986.
[11] 国家教育委员会政策法规司.中华人民共和国基础教育现行法规汇编1949—1992[M].北京:北京师范大学出版社,1993.
[12] 国务院法制办公室.中华人民共和国法规汇编1985—1986(第7卷)[M].北京:中国法制出版社,2005.
[13] 何东昌.中华人民共和国重要教育文献[M].海口:海南出版社,1998.
[14] 何东君.中华人民共和国改革开放30年年鉴1978—2008[M].北京:新华出版社,2008.
[15] 何明清.最新教育法百科全书(第三卷)[M].长春:吉林电子出版社,2004.
[16] 黑龙江语言文字工作委员会办公室.语言文字规范化工作手册[M].哈尔滨:黑龙江教育出版社,1991.
[17] 候海涛,等.新编工资与工资法规实务全书(工资宝典)[M].北京:企业管理出版社,1996.
[18] 教育部法制办公室.高等教育法律法规规章选编[M].北京:教育科学出版社,2005.

[19] 教育部师范教育司.师范教育工作资料汇编(1996 年—2000 年)[M].长春:东北师范大学出版社,2001.

[20] 教育部政策研究与法制建设司.中华人民共和国现行教育法规汇编 1996—2001(下卷)[M].北京:高等教育出版社,2002.

[21] 金国华.教育行政法规汇编与点评[M].北京:中国法制出版社,2012.

[22] 聂阳阳.青少年发展政策选编及评析(下)[M].北京:北京理工大学出版社,2012.

[23] 全国人大常委会法制工作委员会研究室.中华人民共和国法律法规及司法解释分类汇编行政法卷(第 6 卷)[M].北京:中国民主法制出版社,2000.

[24] 全国人民代表大会常务委员会法制工作委员会.中华人民共和国法律及有关法规汇编 1985 年—1986 年[M].北京:法律出版社,1987.

[25] 石长林.中国教师政策研究——基于教育政策内容的视角[D].武汉:华中师范大学,2005.

[26] 宋嗣廉,韩力学.中国师范教育通览(中卷)[M].长春:东北师范大学出版社,1998.

[27] 孙承文.体育理论与实践教程[M].4 版.北京:中国林业出版社,2016.

[28] 孙琬钟,张春生,吴念祖,等.中华人民共和国法律释义全书(第 2 卷)[M].2 版.北京:中国言实出版社,1997.

[29] 孙霄兵.常用教育法律法规[M].北京:教育科学出版社,2010.

[30] 特岗教师招聘考试命题研究中心.教育理论综合知识(小学含幼儿园)[M].北京:中国经济出版社,2011.

[31] 魏峰.弹性与韧性:乡土社会民办教师政策运行的民族志[M].上海:上三联书店,2009.

[32] 杨放.教育法规全书[M].海口:南海出版公司,1990.

[33] 张乐天.高等教育政策的回顾与反思(1977—1999)[M].南京:南京师范大学出版社,2008.

[34] 中华人民共和国审计署财政审计司.财政审计法规选编[M].北京:中国财政经济出版社,1991.

[35] 郑新蓉,杜亮,魏曼华.中国特岗教师蓝皮书[M].北京:教育科学出版社,2012.

[36] 高闰青.教育公平视阈下"特岗计划"实施成效研究——以河南省为例[M].北京:中国社会科学出版社,2013.

[37] 中央教育科学研究所.中小学工作手册[M].北京:法律出版社,1985.

[38] 孟旭,马书义.中国民办教师现象透视[M].南宁:广西教育出版社,1999.

[39] 唐松林.中国农村教师发展研究[M].杭州:浙江大学出版社,2005.

[40] 雷万鹏.中国农村教育焦点问题实证研究[M].武汉:华中科技大学出版社,2007.

[41] 吴康宁.教育社会学[M].北京:人民教育出版社,1998.
[42] 刘海民,周霖.义务教育均衡发展的理论与对策研究[M].长春:东北师范大学出版社,2007.
[43] 祁晓玲,刘世民.四川农村教师生存状态调查及分析[M].成都:四川人民出版社,2006.
[44] 翁乃群.村落视野下的农村教育:以西南四村为例[M].北京:社会科学文献出版社,2009.
[45] 王洁.教师的生态环境[M].长春:东北师范大学出版社,2002.
[46] 刘铁芳.乡土的逃离与回归:乡村教育的人文重建[M].福州:福建教育出版社,2011.
[47] 蔡首生.我国改革开放以来教师教育政策的反思[D].长沙:湖南师范大学,2012.
[48] 张素雅.免费师范生教育信仰现状、原因与对策研究——以某部署师范大学为例[D].武汉:华中师范大学,2014.
[49] 王轶欧.当前我国师范生免费教育政策研究[D].桂林:广西师范大学,2007.
[50] 贺红凤.美国"教师教育资助项目"研究——兼与我国师范生免费教育政策比较[D].重庆:西南大学,2013.
[51] 仲红俐.师范生免费教育政策问题与对策研究[D].南京:南京农业大学,2010.
[52] 高雪春.免费师范生培养模式研究——以S试点大学为个案[D].武汉:华中师范大学,2009.
[53] 杨琼.关于免费师范生政策认知的调查研究[D].武汉:华中师范大学,2011.
[54] 李迎春.我国农村小学优秀教师资源流失问题研究[D].开封:河南大学,2013.
[55] 杨建荣.省属师范大学实施师范生免费教育政策的对策研究[D].南京:江西师范大学,2013.
[56] 田彩霞.2007年我国师范生免费教育政策研究[D].沈阳:东北大学,2009.
[57] 李秉中.教育均衡发展的制度化研究[D].长春:东北师范大学,2004.
[58] 郭安宁.义务教育阶段教师资源均衡配置研究[D].大连:辽宁师范大学,2005.
[59] 赵燕婷.农村"特岗教师"职业认同的调查研究——以甘肃省三县调查为例[D].兰州:西北师范大学,2009.
[60] 成轶.我国农村教师队伍建设的政策分析与建议[D].武汉:华中师范大学,2008.
[61] 陈颖.美国选择性教师证书计划述评[D].重庆:西南大学,2008.
[62] 杨廷树.贵州省W县"特岗教师计划"实施中的问题及建议[D].长春:东北师范大学,2010.
[63] 刘祯干.特岗教师的生存状态研究——以安徽省LQ县特岗教师为例[D].上海:华东师范大学,2011.

[64] 廖朝华.我国特岗教师专业发展问题与对策研究——以贵州省D县为例[D].长沙:湖南师范大学,2011.

[65] 冉旭.农村"特岗计划"实施现状与对策建议——以甘肃省G县为例[D].兰州:西北师范大学,2013.

[66] 陈琳.特岗+硕士结合实施政策效能的研究——以四川省南充市为例[D].成都:四川师范大学,2013.

[67] 雷洪.海南省特岗教育硕士培养现状调查与分析——以学科教学(语文)专业为例[D].海口:海南师范大学,2014.

[68] 刘雪晴.海南省农村教育硕士培养现状调查与分析——以学科教学(语文)专业为例[D].海口:海南师范大学,2013.

[69] 张健龙.S县"特岗计划"实施现状、问题及对策研究[D].石家庄:河北师范大学,2014.

[80] 常璐.新疆X县"特岗计划"政策执行现状分析及对策研究[D].石河子:石河子大学,2015.

[71] 杨姗.少数民族地区"特岗教师"的职业认同现状调查研究——以新疆维吾尔自治区库尔勒市调查为例[D].西安:西安外国语大学,2016.

[72] 韩琳琳.云南省特岗教师政策研究[D].昆明:云南师范大学,2016.

[73] 黄健美."特岗计划"实施存在的问题及对策研究——以湖南省平江县为例[D].岳阳:岳阳理工学院,2018.

[74] 朱霞.教师的流动及其适应性问题研究[D].上海:上海师范大学,2006.

[75] 齐新林.透视贫困地区农村中学教师流动[D].桂林:广西师范大学,2006.

[76] 孟令熙.教师流动及其管理对策研究[D].曲阜:曲阜师范大学,2004.

[77] 姜勖.经济欠发达地区乡镇中学教师流动的现状及对策研究[D].福州:福州大学,2004.

[78] 郑爱英.应用于农村教育硕士培养中的电子学档设计[D].南京:江西师范大学,2010.

[79] 范先佐.乡村教育发展的根本问题[J].华中师范大学学报(人文社会科学版),2015(5).

[80] 唐松林,丁璐.论乡村教师作为乡村知识分子身份的式微[J].湖南师范大学教育科学学报,2013(1).

[81] 金连平.特级教师"誉后"发展的困局及化解对策[J].教育理论与实践,2011(31).

[82] 杨柳,张旭.乡村教师编制困境的现实省思[J].教育发展研究,2016(15).

[83] 刘善槐.我国农村教师编制结构优化研究[J].教育研究,2016(4).

[84] 唐松林.理想的寂灭与复燃:重新发现乡村教师[J].中国教育学刊,2012(7).

[85] 吴亮奎.乡村教师专业发展的矛盾、特质及其社会支持体系构建[J].教育发展

研究,2015(24).

[86] 高慧斌.乡村教师职称(职务)评聘制度演变及改革策略[J].当代教育科学,2017(1).

[87] 付卫东,范先佐.《乡村教师支持计划》实施的成效、问题及对策——基于中西部6省12县(区)120余所农村中小学的调查[J].华中师范大学学报(人文社会科学版),2018(1).

[88] 蔡群青,夏海鹰.中小学教师职称制度改革探究[J].教育探索,2016(5).

[89] 安雪慧.完善中小学教师退出机制的政策路径[J].华中师范大学学报(人文社会科学版),2011(6).

[90] 宋南争.美国农村学校教师队伍建设方法与启示[J].长江大学学报(社科版),2014(4).

[91] 李祖祥.农村教师职后教育的新动向[J].外国教育研究,2010(1).

[92] 孙德芳.保障农村教师发展的国际经验[J].中国教育学刊,2012(12).

[93] 刘丽群,任卓.美国乡村学校的历史跌宕与现实审视[J].教育研究,2018(12).

[94] 史航,于忠海.免费师范生政策之两难:"大"公平与"小"自由[J].河北师范大学学报(教育科学版),2015(4).

[95] 赵准胜,张德利.农村教师特岗计划实施成效研究——基于吉林省区的调查数据分析[J].河北师范大学学报,2011(12).

[96] 周晔."特岗教师"政策的现实困境与出路[J].教育发展研究,2009(22).

[97] 涂苏琴,张翌鸣.农村教师"特岗教师"的实施及优化对策——以江西省为例[J].教育学术月刊,2011(7).

[98] 贾涛.农村特岗教师计划的实施:问题与对策[J].教育理论与实践,2010(8).

[99] 邬跃.教育政策分析——以农村学校教师"特岗计划"为例[J].教育理论与实践,2010(1).

[100] 王敏.利益的博弈:理性视角下的"特岗计划"[J].现代教育管理,2011(1).

[101] 廖朝华.西部农村地区特岗教师职业状况调查报告——以云南省鲁甸县为例[J].基础教育,2010(8).

[102] 杨廷树.杨颖秀西部农村学校特岗教师现状调查与思考——基于贵州省Z中学的个案研究[J].教育理论与实践,2010(8).

[103] 樊万奎,吴支奎.农村特岗教师计划的"优"与"思"——以安徽省F县为例[J].中小学管理,2011(7).

[104] 宋扬,王锃,池溢.河北省特岗计划教师调查报告[J].河北青年管理干部学院学报,2010(2).

[105] 为农村造就更多高素质骨干教师——教育部有关负责人就2010年农村学校教育硕士师资培养计划实施答记者问[J].中国农村教育,2009(11).

[106] 王云兰."农村高中教育硕士师资培养计划"政策实施过程中的问题及思考

[J]. 江西教育科研,2006(11).
[107] 冯涛,成爱武. 高素质师资培养与新农村和谐教育环境的构建——农村学校教育硕士师资培养计划探析[J]. 黑龙江高教研究,2007(5).
[108] 郭时印,欧百钢,等. 农业推广硕士教育服务于社会主义新农村建设的途径探析[J]. 学位与研究生教育,2008(3).
[109] 张瑞芳. 教育硕士现状调查[J]. 中国教师,2006(35).
[110] 姚赛男. 农村教育硕士:该确立怎样的培养观[J]. 教育理论与实践,2011(2).
[111] 单永新,徐德华,范钦杰. 农村教育硕士:落实农村科学发展观的生力军[J]. 吉林师范大学学报(人文社会科学版),2006(4).
[112] 邓超华,王云兰. 农村教育硕士的学位性质与培养[J]. 黑龙江教,2007(4).
[113] 杨卫安. 农村教育硕士发展的困境与出路——兼论教育硕士培养的城乡二元化倾向[J]. 湖南师范大学教育科学学报,2011(5).
[114] 周其国,张朝光,周淑芳. 农村教育硕士政策分析[J]. 教育与职业,2008(15).
[115] 范才清,黄超文. 农村学校教育硕士师资培养的困境与出路[J]. 教师教育,2010(22).
[116] 闫苹. 关于教育硕士课程设置现存问题的分析与建议[J]. 中国教师,2006(35).
[117] 李高峰,杨祖培. 教育硕士专业学位论文中的问题、原因与对策[J]. 学位与研究生教育,2011(2).
[118] 张天雪,刘冬仙. 十年来我国教育硕士学术成效的调查研究[J]. 高等教育研究,2007(8).
[119] 胡玲琳,潘武玲. 学术性学位与专业学位研究生培养模式的现状调查及对策[J]. 教育发展研究,2005(10).
[120] 陆水东. 农村教师继续教育经费的困境、成因与对策[J]. 教育与职业,2008(35).
[121] 张作岭,刘艳清,赵朋. "硕师计划"研究生质量保障体系的构建[J]. 教育探索,2012(7).
[122] 俞迎达,陈越奋. 硕师计划研究生培养质量监控研究[J]. 继续教育研究,2015(3).
[123] 谢东晴. 美国"城市教师驻校计划"与中国"硕师计划"的比较研究[J]. 教育与教学研究,2016(11).
[124] 王娜. 关于提高硕师计划研究生课程教学质量的研究[J]. 长春师范大学学报,2018(11).
[125] 付淑琼. 美国农村教师保障机制研究——以弗吉尼亚州家乡教师项目为例[J]. 中国教育学刊,2012(2).

后记

postscript

历经近 10 年之久，本书终于出版，其中甘苦只有自己知道。

早在 2011 年，本人就申请了湖南省高校创新平台开放基金项目并获得立项。由于其间行政、科研、教学事务繁重，特别是课题组成员的工作变动及流失，本书直到 2015 年才形成初稿。后来因出国访学加上工作变动，到 2017 年书稿初稿才得以修改。但又因种种原因，本书差点胎死腹中，幸亏有湖南科技大学副校长兼教育科学研究院院长胡石其教授的大力支持，本书才得以出版。

“三农”问题始终是我国的老大难问题，如何解决这一问题需要社会的共同努力。在我看来，发展教育，特别是发展农村教育，是解决“三农”问题的根本路径之一。这在振兴乡村、建设美丽乡村的当下，其意义更加突出。

新中国成立以来，特别是改革开放以来，我国各级政府颁布了大量的相关政策，这些政策在不同的历史时期发挥了应有的作用，当然，因为复杂的历史原因，有的也造成了一定程度的负面效应。教育政策（包括教师政策）是教育改革的先导或指针，是具体教育行政管理活动的依据，所以出台科学的教育政策（包括教师政策）十分重要。那么，评价教育政策（包括教师政策）科学性的依据又是什么呢？我想，应该是其绩效性。历来的农村教育政策（包括教师政策）效果如何，其问题在哪里？该如何改进？由此，系统回顾和反思我国农村教育政策（包括教师政策）执行绩效并发现其中存在的问题的意义就不言而喻了。

本书的意图实际上也就在这里：在回顾与反思中发现问题并为未来农村教师政策的制定提供参考。

当然，能否达到这个目的，我们还是缺乏自信。一是我国各级政府制定的教育政策（包括教师政策）难以计数，整体合理地把握这些政策，对时间、精力及能力的要求之高是难以想象的。我们只能选取其中一些政策作为研究对象，这样难免挂一漏万、以偏概全。二是相关政策的变动性、非连续性很强，如何评价其绩效，是个对专业性要求很高的问题，没有必备的宏观把握能力和科学的评价方法，要做到客观评价将是十分困难的。农村教育政策（包括教师政策）执行绩效评价研究，好比一座深埋的富矿，我们暂时只是用很原始的工具在开采而已。

本书主要是在相关的硕士研究生学位论文基础上修改而成的。虽然经过较大幅度修改，但仍不能令我们自己满意。我们只能怀着惴惴不安的心情期待读者批评指正。聊以自慰的是，我们的作者基本都在农村教育教学一线，有的本身就是因“特岗计划”而成为农村教师的，因此这本书很大程度上是作者自己写自己，相对而言，它还是比较接地气的。此外，本书试图抛砖引玉，在批评甚至非议中希望能吸引广大读者关注农村教师政策，思考农村教师政策的执行绩效问题，为改进农村教师政策执行绩效问题而努力。如能如此，吾愿足矣！

作　者

2020 年 8 月